KB121905

진로를

:THIS

디스하다

김현섭·김덕경·이강은·정연석·백선아

한국협동학습연구회
Korea Cooperative Learning Association

Vision
Coordi

요즘 진로 교육에 대한 관심이 높아지고 있습니다. 수년전 진로상담교사제가 도입되고 진로 수업이 정규 교육과정 속에 편성되었고 자유학기제를 통해 중학생들의 진로 탐색을 강화하는 흐름이 있습니다. 미래를 준비해야 하는 청소년 시기에 있어서 진로 교육은 앞으로 더욱 강조되어야 할 부분이라고 생각합니다.

그런데 진로 교육에 대한 관심이 높아지면서 다양한 진로 교육 관련 자료를 개발되어 현장에 보급되고 있습니다. 그런데 대부분의 진로 교육 자료들이 자기이해 및 직업 탐색 정도에 치중된 부분이 있습니다. 자기가 잘하는 것이 무엇인지 발견하고 이를 통해 자기에게 맞는 직업을 선택할 수 있도록 도와주자는 것입니다. 하지만 이러한 진로 교육에 대한 접근은 자칫 개인주의 범주에서 벗어나지 못할 가능성이 있습니다.

진로 교육은 자기 이해와 직업 탐색 수준을 넘어서야 한다고 생각합니다. 자기 이해를 넘어 자기 가치관을 점검하고 어떠한 가치를 위해 살 것인지 고민해야 합니다. 직업을 통해 세상과 사회를 어떻게 섬겨야 할지를 진지하게 고민해야 합니다. 직업이 생계유지나 자아실현을 넘어 세상과 사회에 기여하는 통로라는 것을 이해해야 합니다. 모든 사람들에게 인기 있는 직업을 향해 매진하는 것을 넘어 직업을 통해 어떤 가치를 지향하고 사람들과의 관계를 세울 것인가에 대하여 고민해야 합니다. 의사를 생각하면 높은 보수나 사회적 인정을 떠올리는 것이 아니라 환자의 건강과 생명을 다루는 것을 먼저 생각해야 합니다. 판검사를 생각하면 사회적 지위나 권력을 떠올리는 것이 아니라 사회적 약자를 위해 사회 정의를 세우는 것을 먼저 생각해야 합니다. 청소부를 생각하면 3D 직업으로 먼저 떠오르는 것이 아니라 환경을 깨끗하게 하고 위생과 건강을 지키는 것을 먼저 생각해야 합니다. 지난 세월호 사건은 직업인으로서 가치관에 대한 중요성을 다시 한 번 일깨우는 일이었습니다. 진로는 진학과 직업 탐색을 넘어 소명(Calling)을 찾는 일입니다.

청소년은 미래 시대를 살아가야 할 사람들입니다. 그런데 많은 사람들이 미래사회를 유토피아보다는 디스토피아의 모습으로 예견합니다. 즉, 취업전쟁과 안정적인 일자리에 대한 경쟁은 더 심화되고, 로봇과 자동화로 발전된 산업사회에서 전체 일자리 수 또한 감소할 것이며 실업문제도 심각해질 것이라 예상합니다.

또한 많은 학자들은 학습의 시기, 일하는 시기의 구분이 사라질 것이라고 이야기하고 있습니다. 평생에 걸쳐 15개 이상의 직업을 갖기 위해 이직과 전직을 해야 하고, 기업과 국가의 프로젝트를 중심으로 여러 가지 일을 한꺼번에 해야 하는 등 역동적인 미래직업의 세계가 펼쳐질 것이라 예상하고 있습니다.

따라서 대학진학을 위한 초중고 진로교육, 졸업 후 취업을 위한 경력 쌓기 중심의 진로교육의 형태를 뛰어넘어 평생 학습적 측면에서 학업과 취업 및 창업이 이루어질 수 있도록 해야 합니다. 진로 교육은 직업이 자신을 넘어선 사회와 공공을 위해 행복한 가치를 찾아 직업을 가질 수 있도록 상황에 따라 다양하게 이루어지고 해야 합니다.

진로 교육은 진로 탐색을 위한 지식을 알려주는 것을 넘어 진로를 고민하고 선택할 수 있는 힘(역량)을 기르는 데 초점을 맞추어야 합니다. 미래 사회에 필요한 핵심 역량에 맞추어 진로 교육이 이루어져야 합니다.

그렇다면 청소년 시절, 자기 진로를 선택할 수 있는 힘은 무엇일까요? 바로 생각의 힘(The strength of Thinking), 마음의 힘(The strength of Heart), 안목의 힘(The strength of Insight), 선택의 힘(The strength of Selection)이라고 생각합니다. 즉, 디스(THIS)입니다. 진로 교육은 디스(dis)를 넘어 디스(THIS)해야 합니다. 디스(dis)라는 표현은 미국 속어로 disrespect의 준말로 '경멸하다', '헐뜯다', '자신의 솔직한 이야기로 남을 비판하다'는 말입니다. 하지만 여기에서 이야기하는 디스(THIS)는 세상과 다른 사람을 섬기기 위한 전략을 말합니다. 우리는 생각하는 대로 살아가거나 살아가는 대로 생각합니다. 자칫 진로 문제는 살아온 방식대로 별 고민 없이 이루어질 수 있습니다. 그래서 다르게 생각할 수 있도록 생각의 힘을 강조했습니다. 생각이 행동으로 연결되지 않는 경우는 대부분 마음의 힘이 약할 때입니다. 내면을 단단히 다질 수 있도록 해야 합니다. 마음의 힘을 바탕으로 세상을 바라보는 안목의 힘이 필요합니다. 직업을 통해 세상을 섬겨야 하므로 직업과 세상을 어떠한 관점으로 이해해야 하는지 고민해야 합니다. 마지막으로 우유부단함을 넘어 자기 인생을 적극적으로 개척하고 대안을 선택할 수 있는 힘을 가져야

합니다. 선택이란 한 가지를 선택하고 나머지 수많은 가능성을 상실하는 것입니다. 그러기에 선택이란 쉽지 않는 행위입니다. 하지만 선택과 집중없이 이루어질 수 있는 일은 없습니다. 그러므로 올바른 선택을 할 수 있도록 선택의 힘을 길러야 합니다. 그 힘을 통하여 적성에 맞는 대학을 찾고, 직업을 선택하는 진로교육을 넘어서, 자신에게 펼쳐질 미래의 다양한 환경가운데서 자신의 직업적 가치를 찾도록 도와주어야 합니다.

여기에서는 진로 프로그램의 흐름을 'THIS' 전략에 따라 구성하였습니다. 진로하면 "이것"이라고 말할 수 있는 핵심단어를 중심으로 구성하였습니다. 여기에서는 진로 프로그램을 크게 생각의 힘(The strength of Thinking), 마음의 힘(The strength of Heart), 안목의 힘(The strength of Insight), 선택의 힘(The strength of Selection) 등으로 구성하였습니다. 학생들이 적극적으로 참여할 수 있도록 다양한 학습 활동을 넣어 수업 디자인을 하였습니다. 협동학습, 프로젝트 수업, 매체 활용 수업 등 다양한 학습 활동을 통해 학생들이 자기 진로에 대하여 고민할 수 있도록 하였습니다.

이번에 청소년진로교육연구회 '비전코디'와 한국협동학습연구회가 연대하여 아이들의 행복한 진로를 꿈꿀 수 있도록 도와주는 진로 교육 프로그램을 기획하였습니다. 이 책은 중학생을 대상으로 자신이 30년 후 살아갈 미래 세대의 모습을 간접적으로 보여줌으로써, 미래에 심화 될 수 있는 사회격차를 해소하기 위한 사회적 통합 가치와, 개인의 능력과 노력에 따라 보상 받을 수 있다는 가치, 자신의 삶에 행복과 보람을 느낄 수 있는 가치를 설계할 수 있는 진로역량을 함양할 수 있도록 고안된 진로교육 매뉴얼입니다.

이번 "진로를 디스(THIS)하다"를 통해 진로 교육에 대하여 고민하는 현장 교사들에게 실질적인 매뉴얼로 활용되길 바랍니다. 이 책이 나오기까지 수고한 많은 분들에게 감사를 전합니다. 무엇보다 하나님께 감사를 드리며...

2014년 8월 5일 저자 일동

본문에 제시된 학습지의 파일은 한국협동학습연구회 홈페이지(http://cooper.or.kr)
자료실에서 다운로드 받아 사용 하실 수 있습니다.

Thinking

⊕

Heart

⊕

Insight

⊕

Selection

▶ The **Strength** of Thinking

⊕

Heart

⊕

Insight

⊕

Selection

생각의 힘

The strength of Thinking

수업을 위한 첫걸음

수업을 어떻게 시작할 것인가는 매우 중요하다. 첫 수업을 통해 학생들에게 배움에 대한 기대를 심어주느냐 아니면 식상함으로 다가갈 것인가가 결정된다. 이번 진로 수업에 있어서 핵심 가치와 방향에 대하여 학생들에게 잘 설명할 수 있도록 한다. 진로를 관계적인 측면에서 이해하고 누군가의 필요를 채우는 것이 직업이라는 것을 강조할 수 있도록 한다. 특히 진로 교육에 있어서 생각, 마음, 안목, 선택이 왜 중요한지에 대하여 이야기하도록 한다.

수업 규칙 세우기 활동을 통해 수업 속의 관계와 질서 세우기의 기본 틀을 만든다. 수업 규칙의 중요성을 학급에서 공유할 수 있도록 한다. 수업 규칙을 세울 때는 현실적으로 의미 있고 일관성 있게 운영될 수 있는 것으로 결정하도록 한다. 모둠 구성을 하고 모둠 세우기 활동을 통해 학생들이 협력하려는 마음을 심어줄 수 있도록 한다. 모둠 세우기 활동을 통해 학생 상호 간에 친밀감을 세우는 동시에 신뢰감까지 나아갈 수 있도록 노력한다.

🗳 학습 목표

1. **지식 (이해)** : 수업 활동 계획을 학생들이 이해할 수 있고 수업 규칙을 이해한다.

2. **기능 (활동)** : 수업 규칙을 정하고 모둠 구성을 한다.

3. **태도 (실천)** : 모둠 세우기 활동을 통해 모둠에 대한 공동체 의식을 가진다.

💬 마음 열기

▶ 교사 소개

- 수업을 담당한 교사에 대하여 소개한다.

- 하얀 거짓말 찾기를 통해 교사를 간단히 소개한다. 하얀 거짓말 찾기란 3개의 이야기 중 하나의 거짓말을 심고 이를 학생들을 찾을 수 있도록 하는 것이다.

  예) 나는 어렸을 때 꿈이 대통령이었다. 나는 운전을 할 줄 모른다. 나는 최근에 미국 연수를 다녀온 적이 있다. 등

✏ 생각 키우기

▶ 진로 수업의 기본 방향 및 철학 제시

- 이번 수업에 있어서 기본 방향과 가치를 설명한다.

- 진로 수업은 단순히 직업을 선택하도록 돕는 것이 아니다. 관계적 측면에서 진로 교육을 바라보아야 한다. 직업은 내가 하고 싶은 일을 선택하는 것이 아니라 누군가의 필요를 채우는 일이다. 진로 설계는 진학, 취업을 넘어 문화를 고민하는 것이다. 남들보다 뛰어나지 않아도 필요에 따라 재능을 개발하여 활용할 수 있다.

- 진로 수업은 진로 진학과 관련한 지식을 단순히 쌓는 것이 아니라 인생에 있어서 좋은 선택을 할 수 있도록 힘을 부여하는 것이다.

- 생각(T)의 힘, 마음(H)의 힘, 안목(I)의 힘, 선택(S)의 힘을 강조하여 설명한다.

▶ 수업 활동 계획 소개

- 워크북(학습지) 차례를 통해 연간 수업 운영 계획을 제시한다.
- 수업 활동에 따른 평가 계획에 대하여 설명한다.

▶ 수업 규칙 정하기

- 수업 규칙의 중요성에 대하여 설명한다.
- [활동지1]를 배부하고 수업 규칙을 학생들과 함께 만들어 나간다.

▶ 모둠 구성

- 이질적인 학생들끼리 모둠을 구성한다. 모둠 구성의 기준은 성별, 성격 등이 있다. 진로 수업에서는 성적보다는 성별이나 성격이 더 큰 영향을 미친다. 그러므로 성별의 경우, 남학생 2명, 여학생 2명으로 기본적으로 구성하고 성격의 경우, 외향적인 학생 2명, 내성적인 2명으로 구성하는 것이 좋다. 즉, 평상시 친하지 않는 친구들끼리 모둠을 구성하는 것이 좋다.
- 프로젝트 활동을 할 때에는 관심 있는 직업군끼리 모둠을 구성하는 것이 좋다. 동질 집단으로 모둠 구성을 하는 경우, 직업과 상관없이 성적이 비슷하거나 친한 학생들끼리 모둠을 구성할 수 있다. 이러한 경우, 모둠 간의 학습 편차가 벌어지기 쉽다.
- 모둠 구성 전에 학생들에게 모둠 구성의 원칙과 그 이유를 말하고 구성하는 것이 좋다.

▶ 모둠 내 개인별 역할 정하기

- 이끔이(사회자, 진행자), 칭찬이(칭찬하기, 분위기 메이커), 기록이(기록자, 발표자), 지킴이(시간 관리 및 학습 도구 관리 등)
- 교사가 하나 둘 셋(동시다발적으로 선택하기) 방법으로 학생 상호 간에 역할을 정하게 할 수 있다. 이끔이 학생만 교사가 선정하고 나머지 역할은 모둠 안에서 협의를 통해 세부 역할을 선정하는 것도 좋다.

🎵 삶에 반응하기

▶ 모둠 세우기 활동(1) : 텔레파시 게임

- **짝 텔레파시 게임**
  - 어깨짝 학생끼리 두 손을 마주 대고 손이 큰 학생이 눈을 감고 하나의 단어나 이미지를 연상하도록 한다. 나머지 손이 작은 짝 학생이 상대방의 생각을 10초 동안 집중하여 알아보도록 한다.
  - 10초 뒤 상대방의 생각을 말하고 알아맞힌 학생들에게 보상한다.
  - 역할을 바꾸어 텔레파시 게임을 한다. ex) 생각한 단어들

- **매직 넘버 게임**
  - 모둠원들이 한 손을 주먹 쥔 상태에서 내민다.
  - 교사가 무작위로 숫자를 외친다. 외침과 동시에 학생들은 무작위로 손가락을 뻗는다.
  - 교사가 외친 숫자와 모둠 내 학생들이 뻗은 손가락 개수 합이 일치되면 교사가 보상한다.

- **텔레파시 슝슝슝**
  - 모둠에서 대표 학생을 한명 씩 교실 앞쪽으로 내보낸다.
  - 교사가 학생들에게 문제를 보여준다. 정답은 1-10 사이의 숫자, 과일, 걸그룹 등의 범주를 주고 거기에서 문제를 낸다.
  - 모둠 대표 학생은 자기 모둠원 학생들에게 눈빛으로만 마음으로 문제를 10초 동안 보낸다.
  - 나머지 모둠원들은 상의하여 정답을 모둠 칠판에 기록한다.
  - 정답을 알아맞힌 모둠에게 교사가 보상한다.

▶ 모둠 세우기 활동(2) : 꼬마 출석부 및 3단계 인터뷰 활동
  - 교사가 학생들에게 꼬마출석부 카드를 배부한다.
  - 교사가 말한 질문에 대하여 학생들이 꼬마 출석부 카드 내용을 기록한다.
    예) 자기 이름, 학번, 자기를 표현할 수 있는 형용사 3가지, 내가 잘하는 것, 내가 관심있는 직업, 올해 1년 동안 꼭 이루어보고 싶은 것 등

- 짝끼리 번갈아 가며 꼬마 출석부 내용을 통해 서로 소개한다.
- 모둠 안에서 돌아가며 이야기한다. 이때 자기 이야기를 직접 하는 것이 아니라 짝이 한 내용을 기억하여 대신 소개한다.

▶ 모둠 세우기 활동(3) : 포토 스탠딩
- 모둠별로 교사가 솔라리움 그림 카드 세트를 배부한다.
- 50장의 그림 카드 중 자기를 잘 표현할 수 있는 그림 카드를 각자 3장을 선택하도록 한다.
- 모둠 안에서 돌아가며 그림 카드를 보여주면서 그 이유에 대하여 설명할 수 있도록 한다.

▶ 모둠 세우기 활동(4) : 모둠 이름 정하기
- 자기가 좋아하는 단어 2가지를 기록한다.
- 총 8개의 단어 중 모둠원들이 상의하여 2개의 단어를 선택한다.
- 2개의 단어를 결합하여 모둠 이름을 만든다.
- 모둠 이름을 모둠 팻말이나 모둠 꼴라쥬 형태로 만든다.

▶ 모둠 세우기 활동(5) : 직업 모둠 게임 빙고
- 모둠별로 자기가 알고 있는 직업 이름들을 모둠 내에서 빙고판에 기록한다. [활동지2]
- 모둠별로 돌아가며 직업을 이야기하면 나머지 모둠에서 해당되는 직업 이름을 지워나간다.
- 지운 부분이 가로, 세로, 대각선 등으로 3개가 되면 빙고라고 소리를 외친다.
- 빨리 빙고라고 외친 모둠에게 교사가 간단한 보상을 실시한다.

▶ 그 밖의 다양한 모둠 세우기 활동
그 밖에도 다양한 모둠 세우기 활동이 있다. 세부적인 것은 참고 문헌을 참고하자. 시간에 맞추어 적절하여 교사가 모둠 세우기 활동을 선택하여 운영할 수 있도록 한다.

Tip

직업 빙고의 사례

의사	아나운서	상담가	프로그래머	회사원
교사	수학자	목사	조사원	어부
엔지니어	운동선수	작가	대학 교수	소방관
농부	판매원	운전기사	경찰	공무원
광부	화가	디자이너	군인	유통업자

직업 모둠 빙고 게임은 모둠 세우기 활동의 의미도 있지만 학생들이 알고 있는 직업수가 생각보다 적다는 것을 알려줄 수 있는 의미로 활용할 수 있다. 직업 모둠 빙고 게임이 마치고 나서 다양한 직업들을 보여주는 것은 매우 의미가 있다. 다양한 직업 자료는 커리어넷을 참고하면 다양한 직업들을 찾아서 보여줄 수 있다.

┌─ **참고자료** ─

» 김현섭 외(2014), "사회적 기술", 한국협동학습센터
» 김현섭 외(2012), "협동학습1", 한국협동학습센터
» 커리어넷 www.career.go.kr

수업 규칙 세우기

1. 우리 교실에서 필요하다 생각하는 교실 규칙에는 무엇이 있을지 생각해 보고, 아래 표에 자신이 생각한 규칙과 그 이유를 써 보세요.

	규칙	이유
1		
2		
3		
4		
5		

2. 이제 우리들의 생각을 모아 우리 학급의 수업 규칙을 정해봅시다.

규칙	규칙 내용	규칙을 잘 지키거나 잘 지키지 않을 때
1		
2		
3		
4		
5		
6		
7		

활동지 2

직업 모둠 빙고 게임

많은 청소년들이
꿈이 없는 이유는?

많은 청소년들이 꿈이 없는 이유에 대하여 고민하는 것이 필요하다. 꿈이 없다고 다그치는 것이 아니라 청소년들이 꿈을 잘 가지지 못한 현실적인 이유들을 이해하는 것이다.

많은 청소년들이 꿈이 없는 이유는 무엇인가? 첫째, 청소년들이 꿈 자체가 없어서가 아니라 나의 꿈과 현실이 거리가 있기 때문이다. 의사가 되고 싶은 사람은 많아도 의사가 되려면 그에 맞는 실력과 여건이 갖추어야 하는데, 현실적으로 쉽지 않다. 꿈이 클수록 현실 속의 실망감도 크게 느껴진다.

둘째, 우리 미래 사회가 불확실하다는 것이다. 신자유주의 시대가 도래하면서 소위 좋은 일자리는 점차 줄어들고 있다. 많은 사람들은 우리 미래 사회를 긍정적인 유토피아보다는 부정적인 디스토피아로 예견하고 있다. 과거나 현재에는 안정을 주었던 것들이 미래에는 안정을 주기 힘든 시대로 바뀌고 있다. 과거의 경험이나 현재의 사실로는 청소년들이 살아갈 미래 사회를 충분히 준비시키기에는 한계가 있다.

셋째, 우리 사회의 구조적인 문제점이 존재하고 있다는 것이다. 학벌주의 구조가 공고히 자리잡고 있고 부의 대물림 현상이 존재하고 있다. 개인의 노력만으로는 풀 수 없는 사회구조적인 한계를 이해해야 한다. 사회 구조적인 개선 노력이 병행되어야 한다는 것을 인식해야 한다.

넷째, 자기를 알아갈 수 있는 기회가 부족하다는 것이다. 공부 외에 다양한 경험을 할 수 있는 기회가 그리 많지 않다. 다양한 경험을 통해서 내가 무엇을 잘하고 잘하지 못하는지를 스스로 깨달아야 한다. 이를 통해 자기가 원하는 것과 잘하는 것은 다를 수 있다는 것을 알아야 한다. 그 외에도 청소년들이 꿈을 가지기 쉽지 않는 여러 가지 이유가 있을 것이다.

이번 수업에서는 청소년들에게 꿈이 없는 것은 이상한 것이 아니고 앞으로 자기의 꿈을 찾아가는 것이 중요하다는 것에 초점을 맞추어 진행하는 것이 필요하다. 개인 뿐 아니라 사회구조적인 측면에서 진로를 고민할 수 있도록 접근한다.

📖 학습 목표

1. **지식 (이해)** : 많은 사람들이 꿈이 없는 이유를 이해하고 설명할 수 있다.
2. **기능 (활동)** : 모둠 토의를 통하여 상대방의 이야기를 경청하고 자신의 의견을 논리적으로 표현할 수 있다.
3. **태도 (실천)** : 자기 성찰을 할 수 있고 불확실한 미래에 대하여 위축되지 않고 도전적인 용기를 가진다.

🏦 마음 열기

▶ 나의 꿈

- 교사가 학생들에게 카드를 배부한다.
- 카드 앞쪽에는 나의 꿈을 쓰고 뒤쪽에는 그 이유에 대하여 기록한다.
- 모둠 안에서 카드를 보여주면서 꿈과 그 이유에 대하여 말하게 한다.

▶ 선택이 어려워요

- 학생들에게 [활동지1]을 배부하고 각자의 생각을 기록하게 한다.
- [활동지1]을 통해 선택의 어려움에 대하여 이야기를 한다.

✏️ 생각 키우기

▶ 청소년들이 꿈이 없는 이유

- 교사가 [활동지2], [활동지3], [활동지4], [활동지5]를 모둠별로 각 1장씩 배부한다.
- 1번 학생은 [활동지2], 2번 학생은 [활동지3], 3번 학생은 [활동지4], 4번 학생은 [활동지5]를 공부한다.
- 각자 자기에게 주어진 학습지를 가지고 개별 학습을 한다.
- 자기가 공부한 내용을 모둠원들에게 서로 설명해 준다. (과제분담학습모형)

▶ 미래 사회에 대한 전망 토의

- 앞으로 다가올 미래 사회 모습을 예측하고 장밋빛 미래인지, 우울한 미래인지 두 팀으로 나누어 토의 활동을 전개한다.
- 서로 마주보게 하거나 모둠별로 비슷한 의견을 가진 학생들끼리 모둠을 구성한다.
- 모둠별 토의 의견을 정리하여 칠판 나누기 방식으로 발표한다.

🖒 삶에 반응하기

▶ **청소년들이 꿈이 없는 이유에 대한 이야기**

- 청소년들이 꿈이 없는 이유들에 대하여 교사가 요약하여 이야기한다.

- 개인적인 차원 뿐 아니라 사회 구조적인 차원에서도 이야기한다.

▶ **꿈을 찾아가는 인생 과정의 의미**

- 주변에서 쉽게 찾을 수 있는 사람들의 이야기(자기 인생의 방향을 찾아가는 이야기)를 통해 꿈을 찾아가는 과정에 대한 중요성을 이야기한다.

- sbs 스페셜(299회)이나 세상을 바꾸는 15분(202회) 동영상을 보여주고 자기 인생의 과정을 잘 살아가는 사람들의 삶 이야기를 통해 자기 진로에 대하여 고민할 수 있도록 한다. 유튜브에 들어가면 쉽게 검색하여 볼 수 있다.

- [활동지6]을 활용하여 이야기를 풀어가도 좋다.

참고자료

» sbs 스페셜 299회, '나는 산다-꿈의 파노라마', 2012.7.8

» 세상을 바꾸는 15분 202회, '김수영(쫄지마, 질러봐, 될거야)'

선택이 어려워요

1. 지금까지 살아오면서 선택해야 할 상황과 그 결과는?

	선택의 상황	선택의 대안	각 대안의 결과	최종 결정
(예)	동아리 선택	기타반	- 기타 실력 향상 - 기타 구입비 부담	
		독서반	- 독서 능력 향상, 편하게 활동할 수 있음 - 독서에 대한 흥미는 부족함	
		풍물반	- 전통 악기를 다룰 수 있음, 축제때 발표를 통해 그 결과를 주변 친구들에게 보여줌 - 많은 시간과 노력이 필요	
1				
2				

2. 요즘 선택을 내리기 힘든 것과 그 이유는?

불확실한 미래

포브스의 전망

미국의 경제 전문지 포브스는 11일 미래의 도시는 블레이드 러너 속의 유토피아(이상향)와 디스토피아(암흑의 세계)가 아닌 개도국 대도시의 방대한 슬럼화가 특징적인 모습이 될 것이라고 예상했다. 포브스는 인구의 도시 집중화 현상이 지속되면서 2030년 전 세계 인구 81억명 중 60% 이상인 50억명이 도시에 살게 되며, 도시 인구의 40%인 20억명은 슬럼가로 밀집할 것이라고 보도했다.

포브스에 따르면 올해는 인구통계학적으로 매우 중요한 해가 될 것으로 보인다.

처음으로 도시 인구가 비도시(시골) 인구를 넘어선다는 것. 점점 더 많은 사람들이 시골에서 도시로 이주하고 개발도상국의 많은 이민자들도 선진국의 도시로 몰려들기 때문이다.

인구의 도시 집중화에는 여러 가지 문제점이 뒤따를 수밖에 없다.

생활용수가 오염되고 쓰레기들이 넘쳐나면서 각종 질병이 발생하고, 특히 아프리카와 아시아 같은 제3세계 지역에선 식수 부족과 환경 오염이 더욱 심각해질 전망이다.

토머스 맬서스가 1798년 예견한 '인구 악몽'이 점점 다양한 형태로 가시화되고 있는 것이다.

일부 도시에선 이 같은 현상이 진행되고 있다.

맬서스의 예견대로 식량 부족으로 인한 기근이 가장 큰 문제로 떠오른 건 아니지만, 각종 환경 문제들이 심각한 도시 문제를 야기하고 있는 것.'슬럼의 행성(Planet of Slums)'이란 책을 펴낸 마이크 데이비스에 따르면 나이지리아 도시 인구의 80%인 4160만명의 사람들은 슬럼가에서 살아가고 있다.

인도 역시 전체 도시 인구의 56%인 1억5800만명의 사람들이 제대로 된 집 하나 갖추지 못한 채 슬럼 생활을 하고 있다. 그럼에도 도시 집중화 현상은 지속돼 2030년에는 전 세계 인구의 60% 이상이 도시에서 살아갈 전망이다. 1990년의 경우 세계 최대의 도시였던 런던도 인구 650만명에 불과했지만 현재 세계 최대 도시인 도쿄의 인구는 3520만명에 달하고 있다.

이 밖에도 현재 메가시티(인구 1000만명 이상)의 반열에 올라 있는 뭄바이,멕시코시티,상파울루, 뉴욕, 델리, 상하이 등도 2015년까지 인구가 계속 증가할 것으로 예상되고 있다.

그러나 2100년이 되면 몇몇 도시는 지구상에서 자취를 감출지 모른다고 포브스는 예상했다.

아프리카 감비아의 반줄은 해수면 상승으로 사라질 수 있고,디트로이트나 이바노보와 같은 도시는 인구 감소, 나폴리는 화산 폭발, 샌프란시스코는 지진, 베니스는 지반 침하 등으로 사라질 수 있다고 전망했다.

한국경제신문, 2007.6.12

디스토피아(Dystopia)

카코토피아(Kakotopia/Cacotopia), 안티유토피아(Antiutopia)라고도 한다.

처음 디스토피아라는 말이 사용된 것은 영국정부의 아일랜드 억압정책을 비판하면서부터라서 어원상 억압적인 사회, 강제적인 정부정책등 사회비판적인 요소를 포함하고 있다. 다시말해 유토피아처럼 보이는 세계이지만 개개인이 사회에 억눌려 인간적인 삶을 누리지 못하는 세상을 말한다.

유토피아가 문명의 이상으로 모든 사람들이 행복하게 살아가는 세계를 일컫는 반면, 디스토피아는 대부분의 사람들이 불행하게 살아가는 문명 세계를 그린다. "언뜻 보기에는" 유토피아로 보이지만, 실상을 파고들면 암울한 것들이 많다.

디스토피아는 처음부터 사회의 부정적인 모습을 비판하면서 나온 말이기 때문에 디스토피아 세계관은 문명이 없어지거나 망한 상태가 아니다. 오히려 미래의 사회를 그리는 경우가 많기 때문에 과학기술은 지금보다 더 진보한 경우가 많다. 문제는 그 과학기술이 개인을 억압, 통제할 목적으로 악용되기 때문에 행복한 사회라고 말할 수 없는 것이다.

---

1. 유토피아와 디스토피아의 뜻은 무엇입니까?

2. 미래 사회는 유토피아일까요? 아니면 디스토피아일까요?
   미래 사회 전망에 대하여 여러분의 생각을 기록해 보세요.

청년 실업 문제

세계적인 청년 실업 현상

"한 달에 1,000유로(약 138만원)를 벌 수 있다면 요즘 젊은이들에게는 꿈의 직장이죠. 이제는 500유로·700유로짜리 일자리도 구하기 어려워요. 청년들의 삶은 갈수록 팍팍해지고 있습니다."

지난 2006년 이탈리아 청년들의 삶을 조명한 책 '1,000유로 세대'로 큰 반향을 일으켰던 안토니오 인코르비아(38)씨의 말이다. 최근 유럽 경제가 조금씩 살아나고 있다고는 하나 심각한 청년 문제는 조금도 나아지지 않고 있다. 인코르비아 역시 책을 낸 지 8년이 흘렀고 마흔을 앞뒀지만 생활은 그때와 별다를 바가 없다.

청년 문제, 특히 고실업 문제는 유럽의 가장 골치 아픈 현안이다. 프란치스코 교황조차 최근 저출산과 실업청년층 증가로 유럽이 지쳐가고 있다고 우려했을 정도. 유로스타트에 따르면 유럽연합(EU) 28개국 내 25세 이하 청년 실업률은 1·4분기 기준 22.7%다. 이는 전 분기의 23.1%에 비해 소폭 낮아진 수치지만 2007년 말의 15.2%에 비해서는 여전히 7.5%포인트 높다. 유럽 청년 고실업의 일차적 원인은 글로벌 금융위기 이후 이어진 경기침체다. 이 같은 경기순환적 요인과 더불어 글로벌화에 따른 제조업 이전, 인구구조 변화에 따른 구조적 저성장, 기성세대 위주의 복지 및 보호제도, 고비용·저효율 교육제도 등이 얽히면서 해법도출을 더욱 어렵게 하고 있다.

2013년 기준 유럽의 청년 실업률은 23.5%로 성인 실업률 10.8%에 비해 12.7%포인트나 높다. 두 그룹 간 실업률 격차는 2007년 8.5%포인트에서 갈수록 확대되고 있다. 유럽뿐 아니라 한국을 비롯한 전세계 대부분의 국가가 비슷한 문제를 안고 있다. 국제노동기구(ILO)에 따르면 전세계 성인과 청년 간 실업률 격차는 올해 8.5%포인트로 지난해에 이어 사상 최대 수준을 이어갈 것으로 전망된다.

1월 스위스 다보스에서 열렸던 세계경제포럼(WEF)은 올해 글로벌 리스크 보고서에서 1980~2000년에 태어난 세대를 '위기의 세대'로 지칭하며 장기적 관점에서 글로벌 경제의 발목을 잡을 수 있는 요인으로 지목했다. 금융위기 이후 사회에 진출한 청년세대는 일자리가 절대적으로 부족한 상황에서 장기 실업자로 노동시장에 머물 가능성이 높기 때문이다. 알베르토 마티넬리 밀라노대 명예교수는 "예전에는 교육이 계층상승의 사다리 역할을 했으나 이제는 인력시장 미스매치를 초래하고 청년들에게 출발부터 과도한 빚 부담을 안기고 있다"고 지적했다. 인구구조 변화 역시 청년을 둘러싼 경제·정치·사회 지형을 바꾸고 있다. 유엔 인구보고서에 따르면 전세계 인구에서 생산가능 인구가 차지하는 비중은 오는 2015년을 정점으로 갈수록 떨어질 것으로 예상된다. 생산가능 인구 감소로 저성장 구조가 고착되는 '인구 오너스 시대'로 접어들고 있는 것이다.

서울경제 2014.7.1

대학생 고민

치열하게 한 학기를 보내고 방학을 맞은 대학생들은 이 시점에 어떤 고민을 할까. 대학생은 물론 여러 세대가 공감할 수 있도록 그들의 고민을 직접 들어보는 설문조사를 진행하였다. 본 설문조사는 경희대, 외대, 서울시립대 학생 178명을 대상으로 진행되었고 학년별로는 1학년 62명, 2학년 54명, 3학년 33명, 4학년 29명이 응답해주었다.

학교를 다니면서 겪는 문제들 중 가장 큰 고민거리를 택하는 것이었다. 이에는 1,2학년과 3,4학년이 극명한 차이를 보여주었다. 1학년의 경우 취업과 미래에 대한 불안감이 차지하는 비율이 18%, 학점과 시험에 관한 문제는 50%였다. 2학년은 취업과 미래에 대한 불안감이 46%, 학점과 시험에 관한 문제는 29%가 고민거리라고 선택했다. 3학년은 각각 51%, 16%가 4학년은 무려 63%가 취업과 미래에 대한 불안감을 원인으로 꼽았고 학점과 시험에 관한 문제는 11%가 선택했다.

그렇다면 취업과 불확실한 미래에 대한 불안감을 느끼는 원인은 무엇일까?

가장 큰 원인은 취업을 위한 스펙쌓기였고 그 뒤를 이어 국가고시와 학점관리가 큰 요인이었다. 두드러진 특징은 3학년 까지는 스펙을 쌓는 것이 가장 큰 문제로 보이지만 4학년이 되면서 국가고시를 제외한 요인들이 고루 불안감의 요인이 되는 것으로 나타났다. 설문결과 각 학교마다 학생면담이 이루어지고 있긴 하지만 학생들의 참여가 부족하고 형식적인 면담에 그치고 있어 그 효과가 반감되고 있다.

유남열 안랩 블로그 (http://blogsabo.ahnlab.com)

청년 강박증

강박장애를 호소하는 환자들 중 절반은 20~30대인 것으로 밝혀졌다. 2일 건강보험심사평가원은 지난 2012년 강박장애로 진료를 받은 환자는 총 23,846명으로 지난 2009년 이후 최근 4년간 13.1% 증가했다고 밝혔다.

강박장애는 불안장애의 일종으로 실제로 거의 일어날 일이 없는데도 나쁜 일이 생기지는 않을까 걱정하거나 불안해하는 '강박성 사고'와 손 씻기, 청소하기, 헤아리기, 검토하기 등 특정행동을 여러 번 반복하는 '강박행위' 등이 있다.

주로 젊은 층에게 더 많이 나타나 지난해 강박장애 환자 가운데 20대가 24%, 30대 21.2%, 40대 16.3%, 10대 14.3% 순으로 나타났다. 특히 환자 전체의 절반에 가까운 45.2%가 20~30대여서 눈길을 끈다. 젊은 층의 환자가 많은 것은 구직활동 등 불확실한 미래에 대한 불안감, 임신 및 출산 스트레스 등 심리적 원인이 작용하기 때문인 것으로 보인다.

강박장애 절반은 20~30대 소식을 접한 누리꾼들은 "강박장애 절반은 20~30대, 정말 충격이다" "강박장애 절반은 20~30대, 웬지 나 같은데" "강박장애 절반은 20~30대, 쓸쓸한 현실"이라는 등의 반응을 보였다.

세계일보 2014.3.2

---

1. 청년 실업이 전세계적으로 문제가 되는 이유는 무엇입니까?

2. 대학생과 청년들이 느끼는 고민은 무엇입니까?

학벌사회와 부의 대물림

왜 우리는 학벌사회에서 벗어나지 못할까?

우리나라의 교육은 시작과 끝은 '명문대, 좋은 학벌'이다. 아니, 끝이 있다고 말하는 것은 옳지 못한 표현이라고 생각된다. 대학을 졸업하고서도, '좋은 직장(이름있는 직장)'을 가기 위해서 아등바등하고 있으니까. 어떻게 해서든 남들보다 조금이라도 더 좋은 대학, 더 좋은 직장을 가기 위해서 매일같이 많은 학생과 학부모가 애를 쓰고 있다.

우리는 이러한 것을 학벌주의라고 부른다. 학벌주의는 출신 학교의 지위를 중요하게 여기는 입장이나 태도, 개인의 재능이나 능력은 잘 고려하지 않고 높은 학력을 중요하게 여기는 입장이나 태도라는 사전적인 의미를 가지고 있다. 이러한 학벌주의는 고등학교 때부터 심해지지만, 최근에는 유치원부터 시작해서 그 경쟁이 더욱 치열해지고 있다. 어떻게 보면, 정말 코웃음밖에 나오지 않는 일이다. 왜 코웃음밖에 나오지 않느냐고? 잠시 함께 생각해보자.

유럽이나 미국 등 해외에서도 "이 대학은 세계 순위권 대학이기 때문에 좋다."부터 시작해서 "이 대학은 어떤 학과가 정말 좋다."는 식으로 순위가 매겨지곤 하지만, 우리나라처럼 이렇게 비정상적으로 모든 것의 순위를 하나하나 매겨서 차별을 만들어내는 것은 아주 특이한 경우이다. 미국이나 유럽 등의 나라에서는 대학은 자신이 배우고 싶은 것을 더욱 전문적으로 배우기 위해서 가는 곳이다. 그래서 어느 대학마다 어떤 학과가 좋은지 상대적으로 순위가 매겨져 있다. 아니, 순위가 매겨져 있기보다는 사람들에게 인식되어있다고 말하는 것이 옳은 표현이라고 생각한다.

하지만 우리나라는 전혀 그렇지가 않다. 그냥 무조건 인서울에 사람들이 인지하고 있는 대학이면, '좋은 대학'이라고 부른다. 거기서 손에 꼽히는 하늘(SKY)를 가게 된다면, '천재다.', '인재다.', '쟤는 성공했다.'라는 말을 하곤 한다. 하지만 실상은 상당수가 신용불량자에 실업자, 생각없이 대학 도서관에서 스펙쌓기나 고시공부만을 하고 있다. 그것이 천재, 아니, 인재가 성공한 모습일까?

아니다. 우리는 그런 것을 '성공'이라고 말하지 않는다. 그럼에도, 이러한 사람들의 착각은 좀처럼 바뀌려고 하지 못하고 있다. 사람들이 버리지 못한 채, 붙잡고 있는 학벌주의 때문에 말이다. 우리사회는 오래전부터 학벌주의 사회를 벗어나지 못하고 있다. 그것은 많은 사람이 가지고 있는 잘못된 고정관념이 그런 잘못된 학벌주의 사회를 벗어나지 못하도록 막고 있기 때문이다.

무슨 소리냐고? 이전부터 우리는 '대학을 나오면 성공할 수 있다.'라는 인식을 가지고 있었다. 그래서 모든 사람이 어떻게 해서든 대학만은 가려고 아등바등 쳤으며, 대학을 가는 것이 당연시 되자, 이번에는 '서울에 있는 하늘(SKY) 대학을 포함한 순위권 대학을 가면 성공할 수 있다.'라는 착각을 하게 되었다.

이러한 것은 사람들의 한 가지 착각으로부터 비롯되었다. 그것은 바로 '내가 대학을 안나와서 이렇게 살고 있다.' 혹은 '내가 좋은 대학을 가지 못했기 때문에, 남들보다 불행한 인생을 살고 있다.'라는 착각이다. 그래서 많은 사람이 '명문대를 나와야 성공할 수 있다.'라는 학벌주의에 찌들어 있는 것이다.

우리는 이 잘못된 고정관념을 벗어날 필요가 있다. 그래야만 지금까지 막대한 영향을 미치고 있는 '학벌주의 사회'를 벗어날 수가 있기 때문이다. 그러나 많은 사람이 이 사실을 인지하지 못하고 있다. 참으로 슬픈 일이 아닐 수가 없다. 사람들이 이 같은 사실을 인지하지 못하는 것은, 스스로 열등감을 느끼면서 '차별'이라는 벽을 만들어 '학벌주의'를 고집하는 것도 있지만, 기득권 세력들이 자신이 가지고 있는 것을 잃어버리지 않기 위해서 사람들에게 차별감을 느끼게 만든 것도 하나의 원인이다.

http://nohji.com

명문대·의대 진학률, 최상위 가정 학생이 최하위의 17배

서울·경기도와 지방 학생들의 대학수학능력시험 학업성취도 격차가 확대되고 있다. 서울 내에서도 서울대 진학생 수는 자치구별로 최대 10배까지 차이가 벌어졌다. 성적 차이는 사교육 의존도가 큰 수리·외국어 영역에서 더 컸다. 부모의 경제력과 지역별 사교육 환경이 교육 양극화를 낳고 '부의 대물림'으로 이어지고 있는 것이다. 한국개발연구원(KDI)이 5일 발표한 '대학진학 격차의 확대와 기회형평성 제고방안' 보고서는 돈 있는 집, 부자동네 아니면 서울대 진학률이 '낙타가 바늘구멍 들어가기'처럼 좁아지는 한국 사회를 분석·고발하고 있다.

2011학년도 수능에서 서울 학생들의 5.0%가 수리 1등급을 받았다. 경기도에선 3.9%, 부산·인천 등 6개 광역시는 3.5%, 경기도를 뺀 8개 시·도는 3.4%였다. 서울 학생들의 수리 1등급 성취도는 전국 평균(3.9%) 대비 127%를 기록했다. 반대로 경기도는 98%, 6개 광역시는 89%, 지방 8개도는 86%에 그쳤다. 서울·경기도와 나머지 지역의 격차가 뚜렷한 것이다.

일반적으로 부모의 경제력과 교육환경의 영향을 더 받는 외국어 영역의 격차는 더 컸다. 서울 학생들의 외국어 영역 1등급 성취도(5.8%)는 전국 평균(4.3%) 대비 135%를 기록했다. 경기도(4.3%)는 전국 평균과 같았고, 6개 광역시(3.8%)와 지방 8개도(3.3%)는 평균보다 처졌다.

성적 격차는 명문대 진학률 차이에서도 두드러지게 나타났다. 서울 일반계고 졸업생 1만명당 서울대 입학생 수는 강남구 173명, 서초구 150명이었다. 반대로 금천·구로구는 18명이었다. 자치구별 격차가 최대 9.6배에 달한 것이다.

실제 아버지의 직업·학력·월평균 가구소득을 기준으로 10분위로 나눴을 때 가장 지위가 높은 10분위 자녀들의 4년제 대학 진학률은 74.5%(수능평균 4.3등급), 최하위 1분위의 진학률은 33.8%(수능평균 5.6등급)로 차이가 컸다. 특히 30위권 대학 진학률은 최상위 10분위가 23.4%, 최하위 1분위가 2.3%였으며, 상위 9개 대학 및 의대 진학률은 10분위 13.8%와 1분위 0.8%로 더 벌어졌다. 9개 명문대·의대 진학률은 17배 이상 격차가 생긴 것이다. 김영철 KDI 연구위원은 "지역 간, 계층 간 교육격차가 확대되고 사회적·경제적 이동성이 약화되는 것은 장기적으로 사회의 복지비용을 증대시키고 인재양성 체계의 효율성을 훼손한다"고 밝혔다. 그는 "정부는 교육 낙후지역 학생들과 저소득층 자녀의 학업능력 지원책을 확대하고 사교육 과열에 적극 대처해야 한다"며 "균등한 교육기회를 실현하기 위해 기회균형선발제 확대와 입학사정관제의 올바른 구현도 필요하다"고 지적했다.

경향신문 2012.11.5

---

1. 학벌사회의 문제점은 무엇입니까?

2. 개천에서 용이 난다는 말이 현재에는 잘 적용되지 않는다고 보는 이유는?

특별한 꿈이 없어요

진로에 대한 청소년들의 고민

학교도서관 관련 전문 월간지 '학교 도서관 저널'이 청소년들의 진로 현실을 파악하고 진단하기 위해 전국 9개 고교(서울 관광고, 서울여고, 인천 경인여고, 성남여고, 충주 충원고, 전주 신흥고, 원주 여고, 구미 상모고, 산청 간디학교) 1·2학년 학생 823명을 상대로 진로 관련 설문조사를 실시했다. 설문은 학생들이 설문지에 스스로 기입하는 식으로 지난 9월29일부터 2주간 진행됐다.

조사 결과 전체의 67.5%는 자신의 진로를 결정했다고 응답했다. 또 자신의 진로를 잘 알고 있다는 응답은 70.0%였다. 꿈을 이루기 위해 가장 필요한 것은 '공부'라는 응답이 67%를 차지했다. '실제 경험'이라는 응답은 27%였다. 진로 방향에 대해서는 '대학 진학'이라는 응답이 84%로 가장 많았다.

진로를 결정한 시기는 고등학교 때라는 응답이 62%, 중학생 때가 31%, 초등학생 때가 1%였다. 진로를 결정하는 데 가장 큰 영향을 준 사람은 본인(63%)이라는 응답이 가장 많았고 다음으로 부모(21%), 교사(7%) 등의 순이었다.

지금 학교에서 배우고 있는 것이 진로나 꿈을 결정하는 데 도움이 되었느냐는 질문에는 '보통'과 '별로' '전혀'라는 응답이 각각 47%와 25%, 14%로 나타나 학교 교육이 진로 탐색과 결정에 거의 도움이 되지 못하는 것으로 조사됐다.

경향신문 2010.12.20

청소년들의 고민거리 설문 조사 결과

한국YWCA연합회(회장; 강교자)가 YWCA 청소년 회원을 대상으로 진행한 'YWCA청소년 고민 설문조사'에서 청소년들의 가장 큰 고민은 성적인 것으로 드러났다.

설문에 답한 1,442명 중 55.6%에 해당하는 800명이 가장 큰 고민으로 성적을 꼽았으며, 직업(25.6%), 고민없음(4.9%), 친구관계(2.5%)가 뒤를 이었다.

공부에 대해서 청소년들이 '스트레스를 받는다'(69.9%)라는 답변이 '즐겁다'(30.1%)라는 답변보다 많았으나, 그래도 공부를 '꼭 해야 한다'(70.4%)는 답변이 '왜 하는지 모르겠다'(29.6%)는 답변에 크게 앞서는 것으로 드러났다.

청소년들은 공부를 하는 이유에 대해 '꿈을 이루기 위해'(44.8%), '대학에 가려고'(23.3%), '돈을 많이 벌려고'(11,7%) 순으로 답변하였다.

이와 관련해 '나는 갖고 싶은 직업이 있다'(86%)고 답변한 학생이 '없다'(14%)고 답변한 학생보다 압도적으로 많았다.

학생들은 고민을 있을 때 학교친구(38%)와 가장 많이 상담을 하며 어머니(23.3%), 아버지(10.8%) 순이었다. 스스로 해결하는 경우는 9.3% 정도였다.

이번 설문조사는 2010년 5월 15일부터 24일까지 열흘간 거제, 군산, 대구, 마산, 목포, 사천, 서울, 성남, 안산, 안양, 여수, 의정부, 인천, 전주, 진주, 청주 등 16개 지역에서 진행되었다. 설문에 참가한 청소년들의 소속된 학교 구성은 인문고등학교가 64,65%(944명), 중학교가 24.06%(346명), 실업고등학교가 9.18%(132명), 기타가 1.11%(16명)였다.

YWCA 2010.6.8

전 꿈이 없어요.

요즘 제가 듣기 싫은 질문은 "네 꿈이 뭐니?"라는 것이예요. 왜냐하면 저에게는 꿈이 없기 때문이예요. 솔직하게 꿈이 없다고 말하면 왠지 다른 사람들이 나를 부정적으로 볼 것 같기도 하고 꿈이 있다고 말하면 일종의 거짓말을 하는 것 같아 참 난처해요.

물론 꿈이 아예 없었던 것은 아니예요. 초등학교때는 간호사가 되는 것이 꿈이었어요. 흰 옷을 입고 환자들을 돌보는 모습이 멋있어 보였기 때문이예요. 의사라고 하면 왠지 부담이 되는 것 같구요.

그러다가 학교에서 선생님을 보니까 선생님이라는 직업이 멋있게 느껴졌어요. 아이들을 가르치는 일도 참 좋은 일이라는 생각을 했어요. 하지만 중학교에 올라가서 생각해보니 교사라는 것이 현실적으로 쉽지 않다는 것을 알게 되었어요. 제 성적이 아주 뛰어난 것도 아니고, 의지가 남들보다 뛰어난 것 같지도 않고...

현재 제가 좋아하는 것은 요리예요. 글쓰는 것도 좋아요. 요리를 하는 것은 좋아하지만 주변에서는 별로 제 실력을 인정하는 것 같지는 않아요. 특히 아빠는 제가 요리하면 별로 좋아하지 않으세요. 컴퓨터 앞에서 생각나는 대로 글 쓰는 것이 좋아요. 글 쓰는 것은 좋아하지만 그렇다고 남들보다 글 실력이 뛰어나다고 생각하지는 않아요.

앞으로 전 어떻게 살아가면 좋을까요?

---

1. 청소년들의 고민거리는 무엇입니까? 이에 대하여 여러분은 어떻게 생각합니까?

2. 꿈이 없다고 말한 학생의 이야기에서 문제점의 원인은 무엇이라고 생각합니까?

3. 꿈이 없다고 말한 친구에 대하여 여러분이 상담자라면 어떻게 조언을 해줄 것입니까? 위의 학생과 비슷한 고민이 있다면 간단하게 자기 생각을 기록해 보세요.

김수영의 인생 이야기

❖ **동영상을 보고 다음의 질문에 대하여 답해 봅시다.**

1. 동영상을 보고 난 소감을 간단히 기록해 보세요.

2. 김수영 님의 꿈들은 구체적으로 무엇입니까?

3. 김수영이 선택한 진로 결정의 기준은 무엇입니까?

4. 내가 이루고 싶은 꿈들을 자유롭게 기록해 봅시다.

    (1) ....

    (2) ....

    (3) ....

    (4) ....

    (5) ....

5. 진로에 대한 나의 고민을 솔직하게 기록해 봅시다.

생각의 힘 03

세상을 향해
말문을 터라!

배운다는 것은 어떤 것에 대한 질문이 생기는 것이다. 배웠는데도 불구하고 아무런 질문이 생기지 않았다면 제대로 배운 것이라고 보기 힘들다. 진로 교육에 있어서도 중요한 것은 질문을 던지는 것이다. '앞으로 미래 사회는 어떻게 변할 것인가? ', '나는 어떠한 사람인가? ', '어떠한 가치를 위해 살아갈 것인가? ', '내가 원하는 것과 가지고 있지 않는 것은 무엇인가? ' 등등

사람은 두 가지 방식의 삶을 살아간다. 생각하는 방식대로 살아가거나 살아가는 방식대로 생각한다. 세상을 바꾼 사람들은 자기의 삶 속에 묻혀서 살아가는 것을 거부한 사람들이다. 사소한 질문에서 시작하여 세상을 바꿀 수 있는 힘으로 발전할 수 있다. 이번 수업을 통해 학생들에게 질문에 대한 연습을 할 수 있도록 한다. 특히 관심있는 직업과 자신에 대한 질문을 많이 만들어 볼 수 있도록 노력한다.

🕎 학습 목표

1. **지식 (이해)** : 질문의 중요성을 인식한다.
2. **기능 (활동)** : 다양한 질문을 던지고 그 질문에 대한 자신의 생각을 표현하고 발표할 수 있다.
3. **태도 (실천)** : 다양한 질문을 가지고 인생을 살아갈 수 있다.

🕎 마음 열기

▶ 질문의 중요성

- 교사가 질문의 중요성에 대하여 간단히 설명한다. 진로 문제에 있어서 자기 질문을 가지고 있는 것이 얼마나 중요한지에 대하여 이야기한다. 질문의 방향과 내용에 따라 익숙한 것도 전혀 새롭게 보일 수 있다는 것을 강조한다.

▶ 동영상 시청

- EBS 다큐 '우리는 왜 대학에 가는가?' 중 '말문을 터라'를 시청한다.

◈ 생각 키우기

▶ 활동지 활동

- 학생들에게 [활동지1]을 배부한다.
- 동영상을 보면서 [활동지1]을 기록할 수 있도록 한다.

▶ 모둠별 토의

- [활동지 1] 내용을 토대로 자신의 진로에 관한 질문들을 모둠 토의 한다.

▶ **전체 학급 발표**

- 칠판 나누기 등을 활용하여 모둠별 토의 내용을 학급 전체에서 발표하도록 한다.

▶ **사물을 관찰하기 및 질문하기**

- 주변의 사물을 한 가지 선택하여 잘 관찰하고 관찰 결과를 [활동지2]에 기록할 수 있도록 한다.

- 사물에 대한 질문을 5가지 이상을 만들 수 있도록 한다.

- 모둠 안에서 질문들을 모아 10개 이상의 질문을 찾도록 한다.

- 그중에서 자기가 가장 궁금한 질문 한 가지를 선택하여 그 이유를 기록할 수 있도록 한다.

- 장난으로 흐르지 않도록 교사가 주의를 준다.

삶에 반응하기

▶ **관심있는 직업에 대한 질문 만들기**

- 교사가 [활동지3]를 배부한다.

- 직업 동영상을 보여준다.

- 관심 직업과 그 직업에 대한 질문을 만들어 본다.

- 직업과 관련한 나의 모습에 대한 질문을 만들어 본다.

> **Tip** 질문 만들기는 정답보다는 질문 자체에 초점을 맞추어 진행될 수 있도록 한다.

┌─ **참고자료** ─────────────────────────┐
» EBS 다큐 '우리는 왜 대학에 가는가?' 중 '말문을 터라' 편
» EBS '극한직업' 시리즈
└─────────────────────────────────────┘

말문을 터라

❖ **EBS 다큐 '우리는 왜 대학에 가는가?' 중 '말문을 터라'를 시청하고 다음의 질문에 답하세요.**

1. 오바마 대통령이 한국 기자들에게 질문할 기회를 주었을 때 한국 기자 중 질문을 하지 못한 이유는 무엇입니까?

2. 한 대학교 강의실에서 실험자가 의도적으로 5가지 이상의 질문을 던졌을 때 나머지 학생들의 반응은 어떠했습니까? 여러분도 수업 시간에 비슷한 경험이 있습니까?

3. 동영상을 보면서 느낀 점을 간단히 기록해 보세요.

4. 내 진로 문제와 관련하여 질문 거리를 찾아 기록해 보세요.

   (1) ....

   (2) ....

   (3) ....

   (4) ....

   (5) ....

   (6) ....

   (7) ....

사물을 관찰하고 질문하기

❖ **주변의 사물(종이컵, 볼펜 등)을 한 가지 찾아 이를 잘 관찰하고 다음의 질문에 답해보세요.**

    1. 사물을 관찰하고 그 특징을 5가지 이상 기록하세요.

        (1) _____

        (2) _____

        (3) _____

        (4) _____

        (5) _____

        (6) _____

        (7) _____

    2. 사물을 관찰한 것을 토대로 5가지 이상 질문을 만드시오.

        (1) _____

        (2) _____

        (3) _____

        (4) _____

        (5) _____

    3. 몇 가지 질문 중 하나를 선택하여 그 이유에 대하여 나의 생각을 기록해 보세요.

        (1) 질문 : _____

        (2) 내가 생각하는 이유 :

내가 관심있는 직업에 대한 질문 던지기

1. 직업 동영상을 보고 질문을 찾기

    (1)

    (2)

    (3)

    (4)

    (5)

2. 내가 관심있는 직업 중 한 가지를 선택하여 그와 관련한 질문을 10가지 이상 만들어 보세요.

    • 내가 관심있는 직업 :

    (1)

    (2)

    (3)

    (4)

    (5)

    (6)

    (7)

    (8)

    (9)

    (10)

3. 나와 관심 직업을 연결하여 질문을 3가지 이상을 만들어 보세요.

    (1)

    (2)

    (3)

4. 질문 만들기 활동을 통해 느낀 점을 간단히 서술해 보세요.

행복의 조건은 무엇?!

일반적으로 사람들은 행복해지기 위해 성공해야한다고 생각한다. 성공하기 위해 돈도, 가족도, 명예도, 시간도, 모든 것을 희생하지만 정작 성공하고 나면 허무해져서 삶의 진정한 의미를 찾기 위해 방황하는 사람들의 많이 있다. 하지만 가끔은 성공하면 행복한 듯 보이는 사람들도 있어서 정말 모든 것을 희생하며 성공을 향해, 좋아하는 것도, 하고 싶은 것도 모두 접고 무조건 좋은 학교로 진학하고 좋은 직업에 올 인해야하는 것처럼 착각하기도 한다. 즉 삶의 다양성 앞에 우리는 어떤 것이 먼저 여야 하는지에 대해 고민하게 되지만 히말라야 산맥 동쪽 인도와 티벳 사이에 위치한 한반도 5분의 1 크기의 작은 나라, 은둔의 땅이며 가난한 나라인 부탄의 국민행복지수가 세계에서 가장 높은 나라로 알려지는 것을 보면 분명 성공하는 것이 행복의 필수충분 조건은 될 수 없다. 진로 교육을 시작하면서 성공과 행복과의 관계와 무엇이 사람들을 행복하게 하는지에 대한 근본적인 고민이 필요함을 인식하게 함으로써 삶의 화두를 가치 있는 삶에 둘 수 있도록 한다.

🖳 학습 목표

1. **지식 (이해)** : 행복해 지기위한 자신의 행복 지수를 생각해 보고 행복의 조건을 점검한다.
2. **기능 (활동)** : 행복이란 무엇인가? 행복하기 위한 조건들을 교환하고 순위를 부여한다.
3. **태도 (실천)** : 진정한 행복한 삶을 위한 가치로운 인생에 있어서 중요한 요소를 설정한다.

🐴 마음 열기

■ 행복지수

- [활동지1]을 배부한다.

- 현재 자신의 행복 점수를 적는다.

- 행복 점수를 이용하여 100점은 맨 앞에 서고 낮은 점수 순으로 한 줄 서기를 한다.

- 줄을 반으로 접어서 앞에서부터 4인 1모둠으로 모둠을 구성한다.

- 자신의 뇌구조를 적어 넣은 후 서로의 삶에 대해 돌아가면 이야기한다.

- 이를 통해 친구들의 행복감이 얼마인지, 그 내용은 어떤지 살펴본다.

✏️ 생각 키우기

■ 행복이란

- [활동지2]를 배부한다.

- 행복했던 또는 앞으로 행복할 순간들을 떠올리면서 [활동지2]를 채운다.

- 행복한 순간들을 모두 살펴 본 후 행복이 무엇인지 한 문장으로 정의하게 한다.

- 칠판에 모든 팀의 행복의 정의를 적게한 후 행복에 대한 모둠 정의를 살펴보게 한다.

- [활동지2]에 각 개인이 자신의 행복을 정의하게 한다.

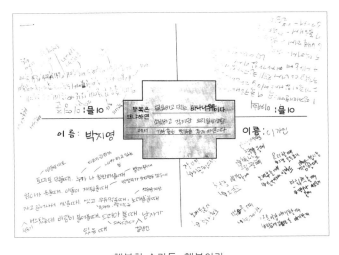

행복한 순간들, 행복이란..

■ **행복 조건의 순위**

- [활동지3]을 배부한다.

- 행복한 삶을 위한 조건들을 모둠별로 생각한다.

- 가장 행복한 일을 5개를 뽑아 순서를 매긴다.

- 유인물에 내용을 적는다. 포스트잇으로 가장 낮은 5순위는 1개, 1순위는 5개의 포스트잇에 적는다.

- 교사는 학생들의 포스트잇을 칠판에 붙이게 한 후 같은 주제끼리 모은다.

- 붙어있는 포스트잇의 갯수가 가장 많은 것을 1순위로 해서 해당 학급의 행복하기 위한 조건들의 순위를 매겨본다.

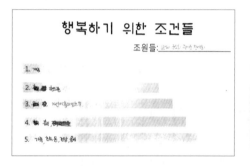

행복하기 위한 조건들

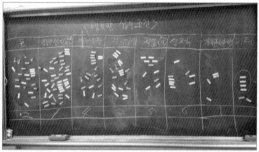

행복의 조건 순위

👍 삶에 반응하기

■ **나의 행복 조건은?**

- [활동지4]를 배부한다.

- 서울대 행복연구소 제공 행복이란 무엇인가 동영상 시청동영상 시청을 통해 행복하기 위한 조건들에 대해 생각해 보게 한다.

- 〈참고할 수 있는 동영상〉

  성공과 행복의 조건 1부

  http://www.youtube.com/watch?v=PGqnUXIQmh0

  성공과 행복의 조건 2부

  http://www.youtube.com/watch?v=lSWfN-0pCqM

서울대 최인철 교수의 행복이란?
  http://www.youtube.com/watch?v=NX6-HCGbVoc

MBC 심리과학다큐 행복 - 제2부 행복에 이르는 10단계
  http://www.youtube.com/watch?v=_b9r_2OO1Zw

- 하버드대 심리 연구소에서 제공한 전 세계 사람들이 생각하는 행복한 조건들을 제시하여 학생들이 갖고 있는 행복하기 위한 조건들과 비교한다.
- 가치로운 삶을 살기 위한 행복 조건을 위해 무엇을 해야 하는지 적고 나눈다.

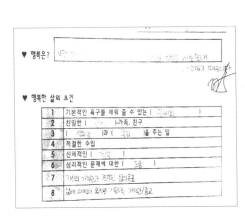
행복의 정의

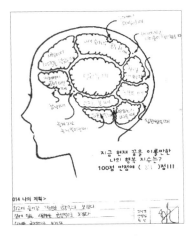
뇌구조 그리기 및 각오

행복한 삶의 조건 ♥   -하버드대학교 행복연구소 제공

8위	기본적인 욕구를 채워 줄 수 있는 민주사회에 살 것
7위	친밀한 관계 - 가족, 친구
6위	성취감과 몰입을 주는 일
5위	적절한 수입
4위	신체적인 건강
3위	심리적인 문제에 대한 도움
2위	자신의 가치관과 결부된 삶의 목표
1위	삶의 의미와 목적을 제공하는 가치관이나 종교

당신의 행복지수는 얼마인가요?

❖ 당신은 어떤 생각을 하고 있나요? 당신의 머릿속에 있는 생각들을 위치와 크기를 생각해서 적어 넣어 보세요. 또 그 이유도 덧붙여 보세요. 사이사이에 들어있는 작은 생각들도 적어 보면서 자신의 생각의 흐름을 적은 후 모둠 안의 친구들과 나눠보세요.

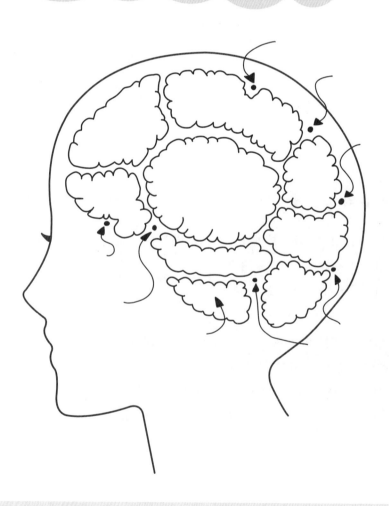

지금 현재 나의 행복 지수는?

100점 만점에 (   )점!!!

행복은 무엇일까요?

❖ **여러분이 행복하게 생각하는 순간은 언제인가요? 행복하기 위한 조건은 어떤 것일까요? 행복은 무엇일까요?**

> 1단계: 자신이 행복한 순간을 떠 올리며 자기 앞의 빈칸에 그 내용을 구체적으로 적어보세요.
>
> 2단계: 모둠원들은 '행복이란 ＿＿＿＿＿ 이다. 왜냐하면 ＿＿＿＿＿ 때문이다.' 에 대해 논의한 후 가운데 적어 넣어보세요.
>
> 3단계: 칠판에 행복의 정의를 적어 보세요.

행복이란

이다.

왜냐하면

때문이다.

우리 모둠 행복 순위 매기기

• 1단계: 모둠원들은 행복하기 위한 조건을 5가지 정한다.

• 2단계: 유인물에 적은 후 포스트잇에 순위의 반대 개수만큼 중복해서 적는다.
    (예: 1순위는 5개, 2순위는 4개, 3순위는 3개, 4순위는 2개, 5순위는 1개)

• 3단계: 포스트 잇을 칠판에 붙여서 우리반이 생각하는 행복의 조건을 살펴본다.

순위	항목	포스트잇 갯수			
1					
2					
3					
4					
5					

행복하게 생각하면 꿈도 이룬다

♥ 내가 정의하는 행복^＊^

행복은＿＿＿＿＿＿＿＿＿＿＿＿＿＿＿＿＿＿이다.

왜냐하면＿＿＿＿＿＿＿＿＿＿＿＿＿＿＿＿＿＿＿이기 때문이다

♥ 행복한 삶의 조건   -하버드대학교 행복연구소 제공

8위	기본적인 욕구를 채워 줄 수 있는 (　　　　　　　　　　)
7위	친밀한 (　　　　　　) - 가족, 친구
6위	(　　　　　　)과 (　　　　　　)을 주는 일
5위	적절한 수입
4위	신체적인 (　　　　　)
3위	심리적인 문제에 대한 (　　　　　)
2위	
1위	

♥ 행복한 삶을 위한 나의 각오

1.

2.

3.

4.

생각의 힘 05

어떠한 인생을
살 것인가?

　삶의 목적과 가치는 깊은 관련이 있으며, 참된 행복은 그 자체로 가치 있는 것을 추구했을 때 얻어지는 것이다. 즉, 궁극적 가치를 추구해야 하며, 이를 통하여 사람다운 삶을 발견할 수 있다. 아울러 진정한 행복에 이르는 길은 자신이 좋아하는 일을 하고, 그것으로 인해 기쁨을 느꼈을 때이다. 사회와 주변 환경에 따라 가기위해, 남들처럼 돈을 많이 벌고, 좋은 직장을 갖는 것이 행복을 필수조건은 아니다. 조금만 아이의 입장에서 귀기울여주고, 아이들이 무엇을 할 때 즐거워하는지 원하는 것은 무엇이고 장래희망은 무엇인지 알아주고 인정해줄 때 비로소 행복감을 느끼고, 스스로 선택할 수 있는 힘을 기르고 책임감도 기를 수 있다. 자신의 인생이 자기의 것이 될 수 있도록 지지와 격려, 지원을 해주는 것과 더 나아가 행복한 삶이란 자아실현과 선한 삶을 살아가는 것이라는 인식을 바탕으로 자신에게 진정으로 의미 있는 가치를 찾고, 이것을 이루기 위해 실천하는 자세를 갖도록 돕는다.

🎬 학습 목표

1. **지식 (이해)** : 가치 있는 삶의 목적의 중요성을 이해한다.

2. **기능 (활동)** : 색깔카드를 맞추며 꿈을 찾아가는 활동을 통해 중간목표의 중요성을 안다.

3. **태도 (실천)** : 가치 월드컵 활동 속에서 나에게 의미 있는 가치를 실현할 의지를 다진다.

₿ 마음 열기

▶ **나의 길, 나의 인생**

- 〈지식채널e- 엄마 말 들어〉를 보고 [활동지1]을 작성해본다.

- 모둠원들과 〈들쥐 레밍〉이야기 4장의 카드를 내용이 보이지 않게 잘 섞은 후 한 장씩 나누어 가진다.

- 돌아가면서 자신이 들고 있는 카드의 내용을 소리내어 읽는다. 모둠원들과 의논하여 카드의 순서를 차례대로 배열한다.

- 활동을 통해 삶의 목적이 있는 것과 없는 것의 차이를 알고 이를 정의해본다.

✏️ 생각 키우기

▶ **나의 꿈은 지금도 진행형**

- 각 사람에게 A4용지 1/2 크기(긴 방향으로 자른 ⬚⬚⬚⬚⬚⬚⬚)의 서로 다른

  색깔 색지를 나눠준다. 그리고 모둠별로 16개의 가치목록을 나눠준다.

- 색지를 다시 6등분으로 접은 후, (⬚⬚⬚⬚⬚)자른다.

- 6장의 카드로 자른 것을 부채모양으로 펼친다. 이제 돌아다니면서 가위바위보를 하면서 하나의 색깔카드를 다른 색깔카드로 섞는 활동을 한다. 가위바위보를 하여 이기면 상대방에서 필요한 색깔카드를 가져오고 대신 자신의 카드 중 하나를 상대방에게 하나 건네준다.

- 일정한 시간이 지나면(3-4분) 멈추고 자리로 돌아가게 한다. 색깔카드가 어느 정도 섞였는지 확인한 다음, 다음 활동을 소개한다.

- 이번엔 앞단계에서 섞은 그 카드를 가지고 다시 하나의 색깔카드로 만드는 활동을 한다. 2단계와 마찬가지로 가위바위보를 해서 이기면 자신이 필요한 카드를 한 장 가져오고 대신 자신의 카드 중 하나를 상대방에게 하나 건네준다.

- 단, 처음과 같은 색깔의 카드로 만들 필요는 없다. 앞단계에서 끝났을 때 자신이 가진 카드를 보고 처음과 다르지만 다른 색깔 카드로 채울 수 있다. 활동을 하다보면 자신이 원하던 색깔이 아닌 다른 색깔카드로 모아질 수도 있다. 하다가 전략을 바꿀 수 있다.

- 일정한 시간이 지나면 멈추고 자리로 돌아가서 자신의 색깔카드의 상태를 확인하게 한다.

- 내 꿈을 찾아 가는 과정과 관련하여 이 활동의 의미를 생각하게 한다.

> **Tip**
>
> 똑같은 상황에서 출발하지 않는 인생(운). 색깔이 모두 다른 카드를 가진 사람, 같은 색깔 카드가 여러장 있는 사람, 출발이 다르다. 활동을 하다보면 누군가는 필요한 것을 주기도 하고, 뺏어가기도 한다. 인생을 살다보면 그럴 수도 있다. 또한 꿈을 찾았다고 하지만 가다보면 그 꿈이 변할 수 있다. 아이들을 지도할 때 우린 아이들에게 항상 목표를 가지라고 지도한다. 목표가 있는 사람이 어찌 보면 좀 더 시간을 덜 낭비하는 것 같지만, 목표점은 세상의 시계로 정해진 시점이다. 꿈은 언제나 지금 이 순간에도 진행형이다. 그렇게 때문에 학생들이 목표가 없는 건 당연할 수 있다. 단, 순간순간에 나를 움직이게 하는 원동력, 중간 목표를 가지도록 지도할 수 있어야 한다.

🎲 삶에 반응하기

▶ 내 인생의 가치 월드컵

- 막연하고 추상적이기만 한 내 인생의 가치를 결단을 통해 정해보는 활동으로 사람들이 세상에서 가장 많이 추구하는 목표들을 무작위로 추출한다.

- 16개의 가치목록[활동지3]과 가치월드컵 활동지를 각자에게 배부한 다음, 가치 목록을 하나씩 자른다.

- 분절된 카드를 모두 뒤집어서 가치가 보이지 않게 한 다음, 무작위로 16장을 활동지 토너먼트 16강 자리에 배치한다. 가로로 쭉 무작위로 배치한다. (위아래로 대결하는 구조임.)

- 카드를 뒤집은 다음 짝이 된 가치 중에서 더 소중하다 여겨지는 가치를 선택하여 8강으로 올린다. 이렇게 올라간 8강의 가치 목록 중 다시 4강, 결승, 1위까지 올라간다. 토너먼트로 진행되기 때문에 충분한 시간을 가지고 가치를 선택해 나간다.

- 다음 활동에서는 카드를 보면서 16강 대진표를 구성한다. 이것을 어깨짝과 바꿔서 위 활동을 해보게 한다. 몇 번을 반복해서 해보면 목표를 분명히 알 수 있다.

- 친구의 것을 보면서 다른 친구의 가치를 평가하지 않도록 한다.

- 그림카드의 짝(예)

사랑 / 우정	직업 / 자유	존경 / 권력	취미 / 신앙
명예/ 봉사	건강 / 돈	외모 / 가족	정직 / 성공

나의 길, 나의 인생

❖ 〈지식채널e-엄마 말 들어〉 영상을 보고 물음에 답해보자.

   1. 남이 시키는 대로 살면 나의 인생은 어떻게 될까?

   2. 나는 무엇을 위해 살고 있을까?

❖ 모둠원들과 〈들쥐 레밍〉이야기 카드의 순서를 배열하고 아래 물음에 답해보자.

> • 4장의 카드를 내용이 보이지 않게 잘 섞은 후 한 장씩 나누어 가진다.
> • 돌아가면서 자신이 들고 있는 카드의 내용을 소리내어 읽는다.
> • 모둠원들과 의논하여 카드의 순서를 차례대로 배열한다.

위 이야기에 비추어 보았을 때 삶의 목적이 중요한 이유를 정의해보자.

삶은 목적은 _____ 과 같다.

왜냐하면 _____

_____ 때문이다.

〈들쥐 레밍이야기〉

북유럽에 사는 들쥐 레밍(나그네 쥐)은 1년에 한 차례씩 수천 마리의 쥐가 절벽에서 뛰어내려 집단자살을 하는 '죽음의 질주'를 하는 것으로 유명하다. 왜 그럴까? 레밍에게는 이상한 습성이 있다.

레밍은 무리지어 하루 종일 뛰어다니다가, 앞선 쥐들이 뛰기 시작하면 무작정 따라 뛰기 시작한다. 하루 종일 뛰다가 앞선 쥐들이 절벽의 낭떠러지로 떨어지게 되면 결국 다른 쥐들도 그대로 낭떠러지로 떨어져 버리는 것이다.

이렇게 되는 이유는 간단하다. 앞쪽의 쥐들이 뛰기 시작하면 왜 뛰는지도 모르면서 뒤의 수천 마리의 쥐들도 같이 따라 뛴다. 그리고 앞의 쥐들은 뒤의 쥐들이 너무도 맹렬히 쫓아오니까 무서워서 도망가기 시작한다.

그럴수록 뒤의 쥐들은 따라붙으려고 더 결사적으로 속도를 내고, 앞선 쥐들은 따라잡히지 않으려고 더 속도를 낸다. 결국 이 황당한 질주는 절벽이라는 돌이킬 수 없는 장소에 이르러서야 절벽 점프를 하며 모두 바다에 빠져 죽는 것으로 끝을 맺게 된다.

---✂

북유럽에 사는 들쥐 레밍(나그네 쥐)은 1년에 한 차례씩 수천 마리의 쥐가 절벽에서 뛰어내려 집단자살을 하는 '죽음의 질주'를 하는 것으로 유명하다. 왜 그럴까? 레밍에게는 이상한 습성이 있다.

레밍은 무리지어 하루 종일 뛰어다니다가, 앞선 쥐들이 뛰기 시작하면 무작정 따라 뛰기 시작한다. 하루 종일 뛰다가 앞선 쥐들이 절벽의 낭떠러지로 떨어지게 되면 결국 다른 쥐들도 그대로 낭떠러지로 떨어져 버리는 것이다.

이렇게 되는 이유는 간단하다. 앞쪽의 쥐들이 뛰기 시작하면 왜 뛰는지도 모르면서 뒤의 수천 마리의 쥐들도 같이 따라 뛴다. 그리고 앞의 쥐들은 뒤의 쥐들이 너무도 맹렬히 쫓아오니까 무서워서 도망가기 시작한다.

그럴수록 뒤의 쥐들은 따라붙으려고 더 결사적으로 속도를 내고, 앞선 쥐들은 따라잡히지 않으려고 더 속도를 낸다. 결국 이 황당한 질주는 절벽이라는 돌이킬 수 없는 장소에 이르러서야 절벽 점프를 하며 모두 바다에 빠져 죽는 것으로 끝을 맺게 된다.

나의 꿈은 지금도 진행형^^

1. 활동을 다 한 후, 내가 가지고 있는 색깔 카드를 붙여보자.

2. 내 인생의 꿈을 찾아가는 과정과 관련해서 이 활동이 주는 의미를 생각해보자.

내 인생의 가치 피라미드 (그림카드)

	사 랑		존 경		명 예		외 모
	우 정		권 력		봉 사		가 족
	직 업		취 미		건 강		정 직
	자 유		신 앙		돈		성 공

내 인생의 가치 월드컵

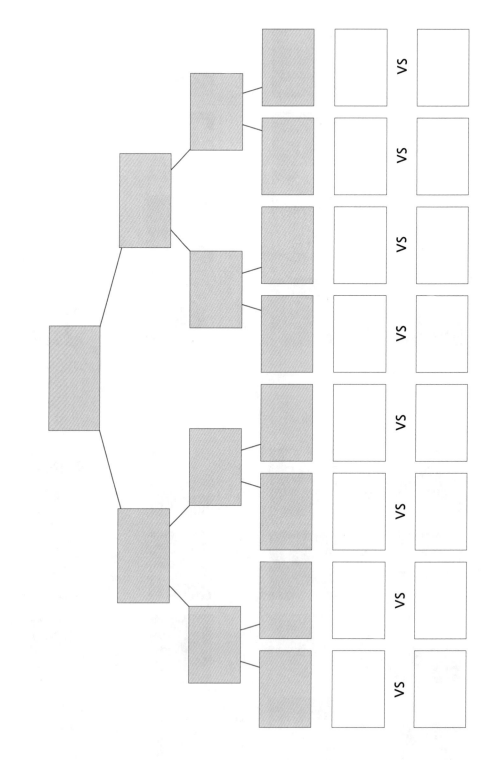

생각의 힘 06

사람마다
강점이 다르다!

　미국의 하버드 대학교 교수인 Gardner가 제시한 '다중지능이론(MI)'에서는 기존의 지능이론(IQ)과는 달리 인간의 지능은 서로 독립적이며 다른 여러 종류의 능력으로 구성되어 있다고 본다. 따라서 다중지능이론이란 각 개인이 특정 분야의 개념과 기능을 어떻게 배우고, 활용하며, 발전시켜 나가는가 하는 특정 분야에서의 '문제해결 능력' 또는 '가치 있는 결과를 생산하는 능력'으로서 한 개인이 속한 문화권에서 가치 있다고 인정하는 분야의 재능을 말한다.

　이 수업의 주된 흐름은 멋진 인생 지도를 그리기 전에, 인생(삶)에 대한 감사와 축복을 하는 것이다. 즉, 인생에 대한 감사로 시작하는 진로지도 프로그램이다.

📺 학습 목표

1. 지식 (이해) : 나의 삶 자체가 소중하고 감사한 선물과 같은 것임을 인식한다.

　　　　　　　　'두 박스 놀이'를 통해 분류 틀의 다양한 요소를 발견한다.

2. 기능 (활동) : 다중지능 체크리스트를 해보고 자신의 강점 지능을 발견할 수 있다.

3. 태도 (실천) : 자신의 강점을 알고 일상의 삶에 대해 감사하는 마음을 갖는다.

🔋 마음 열기

▶ 두 박스 놀이

1. 퀴즈

: PPT로 두 그룹의 단어를 제시하여 차이점을 맞추도록 한다.

A	B
나뭇가지	못
기름	꿀
배	벽돌
통나무	타이타닉호

A와 B의 차이점은?　물에 뜨는 것 / 물에 가라앉는 것

2. 내 삶 속에서 선택할 수 없었던 것 찾기

: PPT로 두 번째 질문을 한다.

A	B
가족	친구
재능	취미
얼굴	얼굴표정
성별	연인

A와 B의 차이점은?　선택할 수 없었던 것 / 선택할 수 있는 것

외모, 타고난 재능, 가족, 생명은 내게 주어진 것이다. 내가 선택할 수 있는 것이 아니다. 「선택할 수 없었던 것」은 내게 거저 주어진 '선물'과 같은 것임을 설명한다. 학생들은 자신에게 주어진 선물에 대해 감사하기보다는 남의 선물과 비교하게 되고, 더 나은 것과 더 많이 갖고 싶어 하여 감사할 줄 모르게 한다. 그러나 선물은 조건 없이 내게 거저 주어지는 것으로 비교의 대상이 아니며, 그 자체로 감사인 것이다.

✎ 생각 키우기

▶ 다중 지능 검사

- 일반 지능(IQ)과 다중 지능(MI)각각의 특징과 차이점을 간단히 설명하여 주고
  8가지 다중 지능의 특징을 간단히 설명해 준다.

일반 지능(IQ)	다중 지능(MI)
- 인간의 잠재 능력을 점수로 평가 - 인간의 지능을 극히 일부만 측정 - 인간을 우성과 열성으로 판단 - 인간의 다양성을 무시	- 인간의 잠재 능력은 점수로 평가할 수 없다. - 인간의 지적 능력 대부분을 측정 - 강점 지능과 약점 지능을 모두 가지고 있다. - 서로 다름을 인정

- 다중 지능 질문지와 검사지를 나누어 주고 검사를 실시한다.

- 질문은 5점 척도로 답을 하되 강한 긍정은 5점, 강한 부정은 1점으로 체크한다.

- 정확한 검사를 위해 특별한 경우를 제외하고는 가급적 3번답은 피하도록 유도한다.

- 좀 더 구체적인 검사를 원하는 경우 유료 검사인 대교교육연구소 자료를 온라인으로
  신청하여 검사할 수도 있다.(http://clinic.daekyo.com)

- 검사 결과에 대한 점수를 세로로 합산하여 세로 항목별 총계 란에 기록한다.

> **Tip** 세로 항목별 점수가 8가지 지능을 나타냄을 미리 말하지 않도록 한다.

- 총계 란의 점수를 오른쪽 환산표를 보고 환산점수로 계산하여 환산 점수 란에 적는다.

- 환산 점수표는 8가지 지능의 구분을 뚜렷하게 보여주기 위하여 만들어진 표이다.

- 검사 결과에 대하여 아래의 표에 따라 자신의 다중 지능 프로필을 확인한다.

A	언어지능	B	논리수학지능	C	음악지능	D	공간지능
E	신체운동지능	F	인간친화지능	G	자기성찰지능	H	자연친화지능

- 강점 지능과 약점 지능을 확인하고 8가지 지능을 점수가 높은 것에서부터 낮은 것까지 순서대로 나열하도록 한다. 가장 높은 점수를 받은 지능과 가장 낮은 점수를 받은 지능을 확인한다. 50점 보다 높은 점수를 받은 지능은 몇 개가 있는지 확인한다.

- 자신의 상위 3가지의 강점 지능과 하위 3가지 약점 지능을 활동지 2번 항목에 적는다.

 우리나라 학생들의 다중 지능 평균 점수는 50점이다.

- 50점보다 높은 지능을 강점 지능 50점 이하의 지능을 약점 지능으로 분류한다.

- 50점보다 높은 지능이 3가지가 안 되는 경우 50점과 상관없이 가장 높은 점수를 받은 상위 3가지와 가장 낮은 점수를 받은 하위 3가지를 적도록 한다.

👍 삶에 반응하기

▶ 다중지능 무지개 그리기

- 다중 지능 검사결과를 그림으로 표현하는 활동으로 8가지 다중 지능의 점수를 팔각형에 표시하고 각 지능의 점수를 연결하여 완성된 각각의 삼각형 내부를 색칠하여 8가지 무지개를 완성하고 자신의 강점 지능과 약점 지능을 도표로 확인할 수 있다.

- 주어진 색연필이나 크레파스를 이용하여 3번의 다중 지능 무지개(팔각형 그림)를 완성한다. A~H에 해당하는 각 지능별 환산 점수를 선분에 표시하고 각 점을 연결한다.

- 중심점과 A, B로 연결된 삼각형 내부를 자신이 원하는 색으로 색칠한다. 8개의 삼각형 내부를 모두 다른 색으로 채워 다중 지능 무지개를 완성한다.

- 모둠 원들과 다중 지능 무지개 그림을 서로 비교해가며 자신의 강점 지능과 약점 지능에 대하여 이야기해 본다.

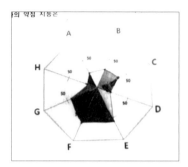
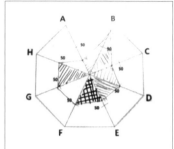

Tip

50점을 기준으로 50~100점 사이에 8가지 지능이 많이 분포되어 있는
학생의 경우에는 강점 지능이 높은 학생으로 볼 수 있으며 0~50점 사이에
8가지 지능이 많이 분포되어 있는 학생의 경우에는 약점 지능이 많은
학생으로 볼 수 있다.

▶ 삶에 대한 감사

· 다양한 재능 : MI(다중지능)에 대한 설명 [참고자료]
  : 적성에 대한 이론적 접근 중에 다중지능을 소개한다. 재능하면 주로 IQ를
  떠올리는데, 실재로 재능을 획일적으로 평가하기보다는 다양한 재능들이 있다는
  것을 인식하고 모두 소중한 재능들임을 강조한다.

· [다중지능의 예]

출처-네이버

'재능'이 선물이라는 것에 학생들은 불편해할 것이다. 선물의 의미를 되새기기 위해 동화 [선물]을 들려준다. [선물]이라는 동화는 작자미상이며, 여기에서는 진로지도 프로그램에 적합하게 재구성하였다. 동화 내용처럼, 외적으로 보이는 것만 가지고 선물을 폄하하거나 감사하지 못하는 경우가 많다. 참되고 가치 있는 것으로 표현된 '알밤'의 실체를 알아보지 못하고, 당장 겉으로 보이는 가시옷·가죽옷·털옷으로만 바라보고 내다버리는 어리석음을 겪게 된다. 지금 자신에게 주어진 삶이 시시해 보일 수 있다. 하지만 보이는 것이 전부가 아니라는 것에 강조점을 두고 설명한다. 겉모습으로 판단하여 정말 소중한 것을 버리게 되는 우를 범하지 않도록 한다.

다중 지능(Multiple Intelligence) 검사 문항지

❖ **각 문항을 읽고 해당 점수를 답안지에 표시하세요.**

(배점 : 1. 전혀 그렇지 않다 / 2. 별로 그렇지 않다 / 3. 보통이다 / 4. 대체로 그렇다 / 5. 매우 그렇다)

1. 나는 다른 사람보다 어휘력이 풍부한 편이다.
2. 어떤 일이든 실험하고 검증하는 것을 좋아한다.
3. 취미 생활로 악기 연주나 음악 감상을 즐긴다.
4. 손으로 물건을 만들고 그림을 그리는 것을 좋아한다.
5. 운동 경기를 보면 운동선수들의 장단점을 잘 집어낸다.
6. 친구나 가족들의 고민거리를 들어 주거나 해결하는 것을 좋아한다.
7. 나 자신을 되돌아보고 앞으로의 생활을 계획하는 것을 좋아한다.
8. 자동차에 관심이 많고 각각의 공통점과 차이점을 잘 알고 있다.
9. 글이나 문서를 읽을 때 문법적으로 어색한 문장이나 단어를 잘 찾아낸다.
10. 학교 다닐 때 수학이나 과학 과목을 좋아했다.
11. 악보를 보면 그 곡의 멜로디를 어느 정도 알 수 있다.
12. 어림짐작으로도 길이나 넓이를 비교적 정확히 알아맞힌다.
13. 평소에 몸을 움직이며 활동하는 것을 좋아한다.
14. 학교 내 폭력이 왜 발생하고 어떻게 해결하면 좋은지 알고 있다.
15. 나의 건강 상태나 기분, 컨디션을 정확히 파악할 수 있다.
16. 옷이나 가방을 보면 어떤 브랜드인지 바로 알아맞힐 수 있다.
17. 나의 어렸을 때 꿈은 작가나 아나운서였다.
18. 다른 사람의 말 속에서 비논리적인 점을 잘 찾아낸다.
19. 다른 사람의 연주나 노래를 들으면 어떤 점이 부족한지 알 수 있다.
20. 다른 사람의 그림을 보고 평가를 잘할 수 있다.
21. 어떤 운동이라도 한두 번 해보면 잘할 수 있다.
22. 다른 사람들로부터 다정다감하다는 소리를 자주 듣는다.
23. 내 생각이나 감정을 상황에 맞게 잘 통제하고 조절한다.
24. 동물이나 식물에 관하여 많은 정보를 알고 있다.
25. 글을 조리 있고 설득력 있게 쓴다는 말을 자주 듣는다.

26. 학교생활에서 발생하는 문제를 해결하는 절차와 방법을 잘 알고 있다.

27. 다른 사람과 노래할 때 화음을 잘 넣는다.

28. 공부방을 꾸밀 때 어떤 재료를 사용하고 어떻게 배치해야 할지 잘 알아낸다.

29. 운동을 잘 한다는 말을 자주 듣는다.

30. 선생님이나 친구의 기분을 잘 파악하고 적절하게 대처한다.

31. 평소에 내 능력이나 재능을 계발하기 위해 노력하고 있다.

32. 동물이나 식물을 좋아하고 잘 돌본다.

33. 책이나 신문의 사설을 읽을 때 그 내용을 잘 이해한다.

34. 물건의 가격이나 은행 이자 등을 잘 계산한다.

35. 악기를 연주할 때 곡의 음정, 리듬, 빠르기, 분위기를 정확하게 표현한다.

36. 다른 사람으로부터 그림 그리기나 만들기를 잘 한다고 칭찬 받은 적이 있다.

37. 뜨개질이나 조각, 조립과 같이 섬세한 손놀림이 필요한 활동을 잘할 수 있다.

38. 가족이나 직장 동료, 상사 등 누구와도 잘 지내는 편이다.

39. 일정을 다이어리에 정리하는 등 규칙적인 생활을 하기 위해 노력한다.

40. 나는 동 식물과 관련된 직업에 관심이 많다.

41. 국어 시간이나 글쓰기 시간을 좋아한다.

42. 어떤 것을 암기할 때 무작정 외우기보다는 논리적으로 이해하여 암기하고 한다.

43. 어떤 악기라도 연주법을 비교적 쉽게 배운다.

44. 새로운 지식을 습득할 때 그림이나 개념 지도를 그려 가며 외운다.

45. 개그맨이나 탤런트, 주변 사람들의 행동을 잘 흉내 낼 수 있다.

46. 내가 속한 집단에서 내가 해야 할 일을 잘 찾아서 수행한다.

47. 어떤 일에 실패했을 때 원인을 철저히 분석해서 다음에는 그런 일이 생기지 않도록 노력한다.

48. 동 식물이나 특정 사물이 갖는 특징을 분석하는 것을 좋아한다.

49. 다른 사람이 하는 말의 핵심을 잘 파악한다.

50. 어떤 문제가 생기면 성급하게 결론을 내리기보다는 여러 가지로 원인을 밝히려고 한다.

51. 빈칸을 주고 어떤 곡을 채워 보라고 하면 박자와 전체 곡의 분위기에 맞게 채울 수 있다.

52. 고장 난 기계나 물건을 잘 고친다.

53. 연기나 춤으로 내가 전하고자 하는 것을 잘 표현할 수 있다.

54. 다른 사람들 앞에서 프레젠테이션이나 연설을 잘 한다.

55. 앞으로 어떻게 성공해야 할지에 대해 뚜렷한 신념을 가지고 있다.

56. 환경 문제를 해결할 수 있는 방법들을 많이 알고 있다.

다중 지능(Multiple Intelligence) 검사 답안지

배점 : 1. 전혀 그렇지 않다 / 2. 별로 그렇지 않다 / 3. 보통이다 / 4. 대체로 그렇다 / 5. 매우 그렇다

A	B	C	D	E	F	G	H
1	2	3	4	5	6	7	8
9	10	11	12	13	14	15	16
17	18	19	20	21	22	23	24
25	26	27	28	29	30	31	32
33	34	35	36	37	38	39	40
41	42	43	44	45	46	47	48
49	50	51	52	53	54	55	56

세로 점수		환산 점수
7점	→	0점
8점	→	4점
9점	→	7점
10점	→	11점
11점	→	14점
12점	→	18점
13점	→	21점
14점	→	25점
15점	→	29점
16점	→	32점
17점	→	36점
18점	→	39점
19점	→	43점
20점	→	46점
21점	→	50점
22점	→	54점
23점	→	57점
24점	→	61점
25점	→	64점
26점	→	68점
27점	→	71점
28점	→	75점
29점	→	79점
30점	→	82점
31점	→	86점
32점	→	89점
33점	→	93점
34점	→	96점
35점	→	100점

세로 항목별 총계

환산 점수

★ 답안지의 번호가 1인 경우는 1점, 2는 2점, 3은 3점, 4는 4점, 5는 5점을 준다.

★ 표의 세로 항목별로 점수 합계를 낸다.

★ 환산 점수표에 의해 100점 만점으로 점수를 환산한다.

- 출처 : 문용린 저, 지력혁명, 비즈니스북스

나의 다중 지능 무지개

1. 내가 좋아하는 것

내가 좋아하거나 잘할 수 있는 일에는_____ ,

_____ , _____등이 있다.

2. 나의 다중 지능 프로파일

나의 강점 지능은 _____ , _____ , _____ 이다.

나의 보완 지능은 _____ , _____ , _____ 이다.

3. 다중 지능 무지개

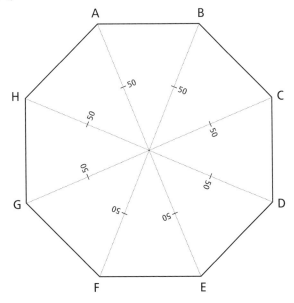

4. 활동 후의 느낀점을 적어보자.

_____

_____

_____

[참고자료] 다중지능과 직업

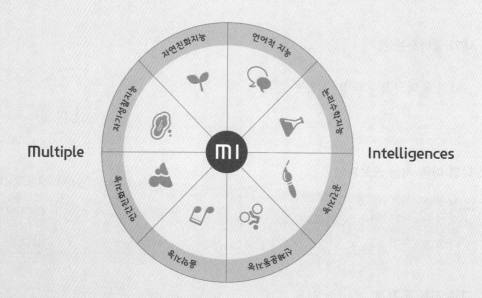

[언어지능] 말재주와 글솜씨로 세상을 이해하고 만드는 능력

- ▶ **재능발견** : 조리 있게 이야기 하고, 글짓기 대회에서 상을 자주 받으며, 끝말잇기, 낱말 맞추기 등을 잘함. 또한 토론학습에서 두각을 나타냄.

- ▶ **직업분야** : 언론/강연/작가, 홈쇼핑 호스트, 작가, 사서, 방송인, 기자, 언어학자, 연설가, 변호사(+논리수리능력), 영업 사원, 정치가(+대인관계 지능), 설교자, 학원 강사, 외교관, 성우, 번역가, 통역사, 문학 평론가, 방송 프로듀서, 판매원, 개그맨, 경영자, 아나운서, 시인, 리포터

- ▶ **대표인물** : 줄리어스 시저, 셰익스피어, 오프라윈프리, 유재석

[음악지능] 음과 박자를 쉽게 느끼고 창조하는 능력

- ▶ **재능발견** : 노래를 잘 못해도 음악을 들으면 미묘한 계음의 차이를 알아내며 멜로디의 조화를 잘 파악함. 노래나 곡의 멜로디를 여러 번 듣지 않고도 정확하게 기억하고 똑같이 따라 하기도 함. 리듬감도 뛰어 남.

- ▶ **직업분야** : 음악가(성악가, 연주가, 작곡가, 지휘자 등), 음악 치료사, 음향 기술자, 음악 평론가, 피아노 조율, DJ, 가수, 댄서(+신체지능), 음악교사, 음반 제작자, 영화 음악 작곡가, 반주자, 음악 공연 연출가, 음악 콘텐츠를 다루는 비즈니스 영역 등

- ▶ **대표인물** : 모차르트, 정명훈, 조수미, 서태지

[논리수학지능] **숫자나 규칙 명제 등을 잘 익히고 만들어내는 능력**

▶ **재능발견** : 숫자에 민감하고, 수리적 논리뿐만 아니라 숫자에 대한 감각이 빠름. 복잡한 계산식이나 함수관계를 풀어내는 작업을 잘함.

▶ **직업분야** : 재무회계분야(+꼼꼼)/금융분야(금융공학, 리스크관리) 엔지니어, 수학자, 물리학자, 과학자, 은행원, 컴퓨터 프로그래머, 구매 대리인, 생활 설계사, 공인 회계사, 회계 감사원, 회사원(경리, 회계업무), 탐정, 의사, 수학 교사, 과학교사, 법조인, 정보기관원 등

▶ **대표인물** : 아인슈타인, 스티븐 호킹, 빌 게이츠, 안철수

[공간지능] **도형, 그림, 지도, 입체 등을 구상하고 창조하는 능력**

▶ **재능발견** : 가구배치를 효율적으로 함. 색깔, 모양, 공간(방향감각), 형태 등의 관계를 민감하게 파악함. 그림이나 3차원 공간을 창조적으로 변형하는 능력이 뛰어남, 처음 보는 지도나 도표라도 그 안에 내포된 의미를 빠르게 해석함. 복잡한 재료를 분해하거나 복원하는 능력이 뛰어남. 각도나 도형 문제에 강함. 어렸을 때 퍼즐풀기, 미로 찾기, 레고 같은 장난감 조립을 잘 했음.

▶ **직업분야** : 미술, 건축, 공학, 패션, 스포츠 분야(골프, 축구), 인테리어 등. 파일럿, 응용미술, 컴퓨터 그래픽, 3D애니메이션, 산업디자인, 조각가, 항해사, 디자이너(인테리어, 게임, 헤어, 웹, 무대 등), 엔지니어, 화가, 건축가, 설계사, 사진사, 파일럿, 코디네이터, 공예가, 미술 교사, 탐험가, 택시 운전사, 화장품 관련 직업, 요리사, 외과의사, 치과 의사, 큐레이터, 서예가, 일러스트레이터 등

▶ **대표인물** : 피카소, 가우디, 월트디즈니

[신체운동지능] **춤, 운동, 연기 등을 쉽게 익히고 창조하는 능력**

▶ **재능발견** : 손을 이용하여 무언가를 잘 만듦. 취미나 연기 등을 잘 따라하고, 운동을 잘 하며 몸의 균형감각과 촉각이 뛰어남.

▶ **직업분야** : 공예, 수예, 기계제작과 수리분야, 스포츠/무용분야. 안무가, 무용가, 엔지니어, 운동선수, 스포츠해설가, 체육학자, 외과 의사, 공학자, 물리 치료사, 레크레이션 지도자, 배우, 무용교사, 체육교사, 보석 세공인, 군인, 스포츠 에이전트, 경락 마사지사, 발레리나, 산악인, 치어리더, 경찰, 체육관 관장, 경호원, 뮤지컬 배우, 조각가, 도예가, 사회 체육 지도자, 정비 기술자, 카레이서, 파일럿, 마술사 등

▶ **대표인물** : 나폴레옹, 찰리 채플린, 타이거우즈, 박지성

[인간친화지능] **대인관계를 잘 이끌어가는 능력**

- ▶ **재능발견** : 사람들과 조화롭게 잘 지냄. 친구들이 많고 사람들과 어울리는 것을 좋아해서 네트워킹을 잘 함. 폭넓은 네트워크를 적절히 이용하여 도움을 주거나 받는 능력이 본능적으로 발달함.

- ▶ **직업분야** : 영업, 홍보업무, 광고회사/ 정치, 사업 분야, 교사, 정치인, 심리치료사, 사업가, 영업사원, 정치가, 종교지도자, 광고인 등

- ▶ **대표인물** : 링컨, 처칠, 간디

[자기성찰 지능] **자신의 심리와 정서를 파악하고 표출하는 능력**

- ▶ **재능발견** : 공감과 이해를 잘 하고 타인의 마음을 편안하게 하는 능력이 뛰어남.(다른 사람들의 어려움에 수용적 태도를 가지며 남을 배려하는 성향이 높다.) 어렵고 힘들어 하는 사람들을 보면 기꺼이 도와주려고 하며 그것에서 자신의 행복과 만족을 느낌.

- ▶ **직업분야** : 지원업무(고객, 직원), 상담업무, 고객지원팀, 총무팀, 서비스업, 봉사(NGO), 다른 사람을 보살펴 주는 분야, 간호사, 호스피스, 여행가이드, 스튜어디스, 호텔리어, 신학자, 심리학자, 작가, 발명가, 철학자, 정신분석학자, 성직자, 작곡가, 기업가, 예술인, 심리 치료사, 심령술사, 역술인, 자기 인식 훈련 프로그램 지도자 등

- ▶ **대표인물** : 프로이드, 성철스님, 테레사수녀, 이상

[자연친화지능] **환경을 인식하고 분석하는 지능**

- ▶ **재능발견** : 자연을 좋아하고 동물, 식물, 곤충들을 친근하게 여김, 자연물을 구분하고 분류하는 능력이 뛰어나고 채집활동을 잘함, 각종 환경문제에 대해 원인을 알고자하는 지적 호기심이 강함. 어렸을 때, 몇 시간씩이나 개미 같은 곤충을 관찰하고 이를 재미있어함.

- ▶ **직업분야** : 에코산업관련 비즈니스/생물학 관련/환경분야, 환경운동가, 환경분야 공무원, 여행가, 탐험가, 동물학자, 식물학자, 유전공학자, 생물학자, 수의사, 농화학자, 조류학자, 천문학자, 고고학자, 한의사, 의사, 약사, 농장 운영자, 조리사, 동물조련사, 요리평론가, 식물도감 제작자, 원예가, 약초 연구가, 화원 경영자, 생명 공학자, 생물교사, 지구 과학 교사, 동물원 관련 직종 등

- ▶ **대표인물** : 허준, 파브르, 제인구달, 윤무부

- 토마스 암스트롱(1997), 복합지능과 교육, 중앙적성출판사

"

[참고자료] 강점지능을 강화하는 방법

비전코디카페
http://cafe.daum.net/visioncoordi

1) 언어 지능을 높이는 방법

- 아이디어, 생각, 정서 등을 글이나 말로 표현하거나 발표한다.
- 다양한 종류의 글을 읽는 습관을 들인다.
- 연극 대본이나 시를 큰 소리로 읽는다.
- 책이나 신문에 나오는 이야기를 일기나 수필로 재구성해 본다.

2) 논리 수학 지능을 높이는 방법

- 생활 속 숫자 계산을 어렵다거나 귀찮게 여기지 말라.
- 정보와 자료를 일정한 기준에 의해서 분류해 본다.
- 추리 소설을 읽고 결과를 짐작해 본다.
- 기계, 장치들의 동작 원리를 곰곰이 생각해 본다.
- 정치적 주장의 배후 논리에 대하여 깊이 생각해 본다.
- 과학적 원리를 풀어낸 잡지를 자주 읽는다.
- 자신의 의견을 뒷받침해 줄 수 있는 논리적 근거들을 찾아본다.

3) 음악 지능을 높이는 방법

- 사건과 인물, 감정과 추억을 음악과 결합하여 기억한다.
- 노래의 음정과 리듬을 생각하며 노래 부르는 습관을 들인다.
- 쉽고 대중적인 악기의 연주법을 익힌다.
- 노래 또는 악기 연주 동아리에 가입하여 활동한다.
- 음악 감상에 몰입해 본다.
- 음악과 동작이 결합된 형태의 운동을 한다.

4) 공간 지능을 높이는 방법

- 사물과 인물을 연계하여 기억하는 습관을 들인다.
- 정보를 그림이나 도표로 설명해 보고 색을 입혀 본다.
- 자신이 미래에 살 집을 디자인하고 가구를 배치해 본다.
- 디자인, 패션에 주의를 기울인다.
- 전시회에 참석하여 자신의 생각으로 그림을 해석해 본다.
- 공간 퍼즐 게임에 도전해 본다.

5) 신체 운동 지능을 높이는 방법

- 다소 복잡한 레저 스포츠에 도전해 본다.
- 아이디어나 사고를 몸짓으로 표현해 본다.
- 신체 운동이 많은 일을 맡아서 해 본다.
- TV를 보며 연예인을 따라서 해 본다.
- 헬스클럽의 모든 기구의 기능과 동작을 익힌다.

6) 인간 친화 지능을 높이는 방법

- 팀별 협동 과제를 수행해 본다.
- 취향에 맞는 사람과 공통적인 문화 경험을 쌓는다.
- 상대방의 감정과 의견을 충분히 이해한다.
- 역할을 바꾸어서 타인의 행동을 경험한다.
- 다른 사람의 말을 끝까지 경청한다.
- 영업에 필요한 설득과 교섭을 경험해 본다.

7) 자연 친화 지능을 높이는 방법

- 질병, 건강과 관련된 인체의 구조 등에 관심을 갖는다.
- 책 또는 여행으로 자연과 환경에 관한 지식을 축적한다.
- 식물을 재배하거나 애완동물을 길러본다.
- 야외 체험 학습을 다녀본다.
- 아름다운 풍경에 대한 사진을 자주 감상한다.
- 특정한 사물의 종류나 체계를 나열해 본다.

8) 자기 성찰 지능을 높이는 방법

- 자기 자신의 계발을 위한 계획을 세우고 실천 점검하기
- 매일 일기 쓰기 및 자신에게 있었던 일을 정리하고 반성하는 글쓰기
- 자신의 내면세계에 집중하여 기도, 묵상 또는 명상하기
- 정신세계에 도움을 주는 책 읽기
- 해결하기 어려웠던 문제를 떠올려 대안 생각해 보기
- 자신을 홍보하는 광고를 만들거나 자서전 쓰기
- 자신의 진로에 대한 준비와 계획 세우기
- 자신에게 하는 혼잣말을 긍정적으로 바꾸기(자성 예언 활용)

"

[참고자료] 동화 - 선물

하늘이 푸르고 화창한 가을 날,

빛나는 어느 숲 속 마을에 사는 곰돌이에게 선물이 배달되었습니다.
"와! 선물이다. 어서 뜯어 봐야지!"
신이 난 곰돌이는 들떠서 선물 포장지를 풀었습니다.
"엥? 가시 옷이잖아!" 실망한 곰돌이는 선물을 휴지통에 버렸습니다.

같은 날, 들판에 사는 토순이에게도 선물이 배달되었습니다.
"와! 선물이다. 무엇이 들어 있을까?"
토순이는 너무 좋아서 눈이 더욱 커지며 소리쳤습니다.
그러나 잠시 후 토순이는 실망스러운 목소리로 말했습니다.
"이건 뭐야! 쓸모 없는 가죽 옷이잖아? 시시하게….“
토순이도 선물을 버렸습니다.

이번에는 너구리에게 선물이 도착했습니다.
"야~ 기대되는데. 멋진 선물일 것 같아."
너구리도 무척이나 기대 어린 마음으로 포장지를 뜯었습니다.
그리고 잠시 후 너구리가 말했습니다.
"이게 뭐람! 가시 옷인가? 가죽? 어? 털옷이네. 난 이런 거 필요없어. 정말 실망이야."
너구리는 미련 없이 선물을 던져 버렸습니다.

먹이를 구하러 산 속을 헤매 다니던 다람이도 선물을 발견했습니다.
"어? 이게 뭐지? 어서 뜯어보자."
다람이는 설레이는 마음으로 뜯어보고 또 뜯어보았습니다.
잠시 후, 다람이는 기쁘게 소리쳤습니다.
"와~ 맛있는 알밤이다. 정말 맛있겠다. 누가 내게 이렇게 좋은 선물을 보내 준 걸까?"
다람이는 감사해하며, 즐거운 표정으로 맛있게 알밤을 먹었습니다.

햇살이 반짝 반짝 비치는 사이로 알밤들이 토실토실 익어가고,
그 햇살이 숲 속 마을 구석구석 비쳐주는 눈부신 가을 날 오후입니다.

나의 길,
'소명'을 묻다

소명은 살아가면서 궁극적으로 추구해야 할 가치를 발견하는 것이다. 소명을 발견하고 따르는 사람도 세상의 방식에서 완전히 벗어날 수는 없다. 마찬가지로 청소년기 점수에 맞춰서 진학과 진로를 결정하는 일 또한 매우 불행한 일이다. 청소년 시기는 자신의 진로에 대해 고민하고 탐구하는 과정이며, 적성을 계발하며 실력을 쌓기 위해 노력하는 시기이다. 또한 진로를 계발하고 실력을 쌓는 것도 중요하지만, 삶의 방향이 어디를 향하고 있는지도 점검해보아야 할 것이다. 우리에게 주어진 삶이 선물처럼 감사한 것이라는 앞 단원을 이어 선물 같은 내 삶의 목적은 어떠해야 하는지 성찰하도록 하였다. 즉, "주어진 선물을 가지고 지금 나는 어디로 가고 있는가? 그리고 어디로 가야하는가?"에 대한 질문을 다룬다. 탁월한 재능을 지녔더라도 올바르지 않은 가치관을 지도삼아 인생길을 찾아 간다면, 참된 행복에 이르기 어렵다.

🎲 학습 목표

1. **지식 (이해)** : 주어진 재능 자체도 중요하지만 어떻게 사용하느냐가 중요함을 인식한다.
2. **기능 (활동)** : 두 인물에 대한 비교 차트 활동을 통해 정보를 다양한 틀 속에서 분석할 수 있는 사고력을 기른다.
3. **태도 (실천)** : 자신의 소명선언서를 작성하여 자신 있게 발표할 수 있다.

🏦 마음 열기

▶ **다양한 길**

- 아무리 탁월한 재능을 지녔다고 하더라도 올바르지 않은 가치관을 지도삼아서 인생길을 찾아 간다면, 참된 행복에 이르기 어렵다. 참된 자아를 찾아가고 있는지 점검하며, 앞으로 어디로 가야하는지 방향을 찾아가도록 지도하는데 중점을 둔다.

- god의 「길」뮤직 비디오 감상
  「길」의 대중가요 가사 내용을 감상하도록 한다.
  > 가사 : 내가 가는 이 길이 어디로 가는지 어디로 날 데려가는지
  > 그곳은 어딘지 알 수 없지만 오늘도 난 걸어가고 있네.....

- 인생에는 다양한 길이 있다. 세상은 인생의 길에 대해 서로 자신의 길이 맞는 것이라고 주장하며 그 길로 이끌고 있다. 그러한 길들은 어떤 길들이고 어떤 메시지를 주고 있는가?

- 다양한 인생길에서 주는 메시지들은 어떤 것들이 있을까? 〈끌리는 데로 가라〉, 〈운명〉, 〈허무주의〉, 〈학벌, 돈, 명예〉, 〈소명〉....... 당신은 어느 길로 가겠는가?

✏️ 생각 키우기

▶ **같은 재능 VS 다른 선택**

- 천부적인 같은 재능을 가졌지만, 인생의 다른 방향을 걸어갔던 두 사람의 이야기를 동영상으로 감상하고 비교차트 [활동지1]을 완성해보자. (짝 토론)

- 학습지의 내용을 미리 검토하고, 동영상 감상 중에 적당한 답을 찾도록 한다.

- 마틴 루터 킹의 동영상 / 괴벨스의 동영상 감상

- [활동지1]을 완성하고 교사와 함께 빈 칸의 내용을 확인하다.

- 재능의 탁월성이 우리를 행복으로 이끄는 것이 아니다. 나는 지금 참된 인생길을 걷고 있는가? 현대문명은 우리에게 다양한 선택의 길을 제공하고 있는 것처럼 보인다. 하지만 너무나 다양한 선택의 길 앞에서 우리는 길을 잃고 있지는 않는지. 현대 문명은 우리에게 인생길에 대해 수많은 조언을 쏟아 놓고 있다. "원하는 대로 가라", "끌리는 대로 가라", "운명은 주어진 것이다", "세상의 모든 것은 헛되다.", "학벌이 중요하다", "돈이 최고다." 등등.... 행복과 성공에 대한 조언은 우리의 귀를 솔깃하게 만든다. 수많은 조언은 우리 인생의 이정표가 되고, 가치관이 된다. 우리의 가치관은 인생길에서 나침반이 되고 지도가 되고 있다. 그리고 인생의 목표점까지 인도한다. 당신은 어떤 지도를 가지고 걷고 있는가? "우리는 모두 똑같은 여행을 하는 순례자들이다. 하지만 어떤 순례자들은 더 좋은 지도를 가지고 있다."라는 백슨드 밀의 말을 통해 삶의 방향을 생각해보도록 지도한다.

👍 삶에 반응하기

▶ 소명선언서 작성하기

- 이루고 싶은 꿈과 미래의 자기 모습을 정리해 본다. "~을/를 위해"라는 뚜렷한 목표를 생각해보고, 이 목표를 달성하기 위해 자신을 어떤 사람으로 가꾸어 나갈 것이라는 의지가 들어 있어야한다.

- 미래의 직업이나 그 밖에 꼭 하고 싶은 일들을 적는다. 한 가지 직업도 마음속에 두고 있는 몇 가지 직업도 생각해 볼 수 있다. 단 모든 직업을 다 가질 수 없기 때문에 처음에는 꼭 갖고 싶은 직업부터 시작한다. 만약 여러 가지 직업을 갖고 싶다면 우선순위대로 적는다. 직업 이외에 배우고 싶고, 훗날 꼭 하고 싶은 일이 있으면 소명선언서에 포함 할 수 있다.

- 진정으로 원하는 직업을 얻을 수 있는 행동 원칙을 세운다. 자신의 장점을 잘 찾아낼 수 있는가가 중요하다. 원하는 목표에 다가서기 위해 반드시 고쳐야 할 나쁜 습관이 있으면 그 습관을 적극적으로 고치기 위한 원칙들을 '행동원칙'에 적는다.

- 핵심 가치를 정리하고 각오를 다지는 문장으로 마무리 한다.

- 완성된 소명선언서를 예쁘게 꾸미고, 모둠에서 돌아가며 소명선언서를 읽고, 서로 박수치며 격려하는 시간을 갖는다. (돌아가며 말하기)

같은 재능 & 다른 선택

❖ 괴벨스와 마틴 루터 킹의 삶을 비교하여 봅시다.

괴벨스	인물	마틴루터킹
	시대적배경	
	재능(MI)	
	직업	
	그를 부른 사람	
	사회에 끼친 영향	
	배울 점	

소명선언서

소명 * 선언서

나 (   )은/는 (   )에서

(   )을/를 위하여

(   )해 나갈 것이다.

나는 (   ) 직업을 갖고 싶다.

그리고 직업 이외에 가족, 사회활동, 일상생활 속에서

(   ) 일을 하고 싶다.

나는 꿈과 소망 그리고 직업을 이루기 위해
다음과 같은 행동 원칙에 따라 생활해 나갈 것이다.
행동 원칙은 나의 강점을 더욱 발전시키고
약점을 고쳐 나가는 데 이바지 할 것이다.

1. _____

2. _____

3. _____

4. _____

5. _____

나는 (   )란 가치를

가슴에 안고 정상을 향해 당당하게 한 걸음씩 나아갈 것이다.

▶ The **Strength** of Thinking

⊕

Heart

⊕

Insight

⊕

Selection

마음의 힘 ◀

The strength of Heart

마음의 힘 01

나의 인생시계는
몇 시 몇 분?

진로를 설계하고 찾아가는 과정에서 과거에 있었던 자신의 삶 전반에 대해 성찰을 해보는 것은 매우 중요하다. 특히 자신의 외적인 모습보다 내적인 모습을 깊이 있게 이해하기 위해 지금까지 걸어온 삶의 경험들을 되돌아보고, 현재 나의 모습은 어떠한지 생각하고, 또 앞으로 내가 꿈꾸는 미래의 나의 모습까지 상상해본다면 앞으로 다가올 미래에 대한 준비과정으로 충분한 발판을 다지게 될 것이다. 지금까지 살아오면서 경험한 행복하고 좋았던 경험을 넘어서 아프고 힘들었지만 외롭거나 슬펐던 일 등을 떠올려 봄으로써 이 경험들이 나에게 어떠한 영향을 미쳤는지 다시 한 번 객관적인 입장에서 바라볼 수 있을 것이다. 현재 처한 나의 삶과 여러 가지 현실적인 상황에 대하여 이해와 판단을 정확히 할수록 자신의 진짜 모습을 알 수 있다. 자신에 대한 깊은 성찰과 탐색을 통하여 올바른 진로를 선택할 수 있는 능력을 기를 수 있도록 돕는다.

🖥 학습 목표

1. **지식 (이해)** : 과거와 현재의 나에 대한 자기성찰의 중요성을 이해한다.

2. **기능 (활동)** : 인터뷰게임을 통해 현재의 나의 모습을 진단하고, 인생 돌아보기 활동을 통해 지나온 삶의 발자취를 돌아본다.

3. **태도 (실천)** : 미래의 모습을 구체적으로 그려보는 상상 자서전 활동 속에서 자신의 삶과 실제적으로 연관 지어 자신의 진로를 탐색하는 마음을 갖는다.

💲 마음 열기

▶ 인생시계를 통한 자기성찰

- 김난도, 〈아프니까 청춘이다〉에 실린 인생시계 계산법에 대한 글을 읽고, [활동지1]로 나만의 인생시계를 만들어 본다.

- 모둠으로 활동하기 보다는 개인적으로 자신의 시간을 계산해 볼 수 있도록 한다.

- 인생 시계 만들기를 통해 느낀 점을 친구들 앞에서 나누어 본다.

- 활동을 통해 지나간 시간(과거)과 지금의 시간(현재)에 대해 나의 삶과 연관 지어 생각해본다.

✒ 생각 키우기

▶ 인터뷰 게임

- 현재 나의 모습을 분석하고 이해하기 전에 친구들의 꿈과 장점들을 인터뷰 하면서 [활동지2]로 내가 미처 생각하지 못한 부분을 친구들과 비교하면서 잠시 잊고 있었던 나의 모습을 구체적으로 생각해본다.

- 자유롭게 움직이면서 짝이나 모둠원이 아닌 친구들도 인터뷰를 할 수 있도록 한다.

- 시간이 충분하다면 활동지를 많이 준비하여 여러 친구들을 인터뷰 할 수 있도록 한다.

- 정해진 시간의 인터뷰가 끝나면 기억에 남거나 특별하다고 생각되는 인터뷰카드를 골라보고, 이를 발표하는 활동을 한다.

▶ 인생 돌아보기

- 나의 삶에 영향을 미친 과거의 사건들과 현재의 모습, 현재의 삶에 대한 만족도를 생각하면서 자신의 인생을 돌아보는 [활동지3]을 작성해 본다.

- 장난스럽지 않고 진지하게 진행될 수 있도록 분위기를 조성한다.

👍 삶에 반응하기

▶ 미래 상상 자서전 쓰기

- 아직 살아보지 않은 인생을 살았다고 가정하고 자서전을 쓴다는 것은 막연하게 다가올 수 있다. 하지만 상상 자서전 쓰기 활동 속에서 과거와 현재를 토대로 나의 미래를 설계하며 전 인생을 미리 살아보는 경험을 하게 된다는 점을 인식시킨다.

- [활동지4]를 활용해 상상자서전을 쓰면서 자신의 삶과 실제적으로 연관 지어 자신의 진로를 구체화할 수 있도록 도울 수 있다. 단계별로 '그 때쯤 자신이 무엇을 하고 있을까?', '그 때쯤 무엇하기를 원하는가?'를 조용히 생각하고 구체적으로 적도록 한다.

- 자서전은 자신의 지나온 길을 회고하는 형식이지만 상상 자서전은 자신의 미래로 가서 자신에게 일어나지 않은 일을 상상하는 형식으로 자유롭게 작성하도록 도와준다. 상상자서전에 담은 내용을 이루기 위해 현재 준비하고 노력할 부분이 무엇인지를 탐색하고 동기화하는데 좋은 도구가 될 수 있다.

┌─ **참고자료** ─────────────────────────
│
│ » 김난도(2010). "아프니까 청춘이다". 쌤앤파커스
│
└──────────────────────────────────────

나의 인생시계

"인생시계의 계산법은 쉽다. 24시간은 1,440분에 해당하는데, 이것을 80년으로 나누면 18분이다. 1년에 18분씩, 10년에 3시간씩 가는 것으로 계산하면 금방 자기 나이가 몇 시인지 나온다. 20세는 오전 6시, 29세는 오전 8시 42분이다.

이 시계는 현재 한국인의 평균수명인 80세를 기준으로 했으니, 앞으로 평균수명이 늘어나는 만큼 그대의 인생시각은 더 여유로워질 확률이 높다."

-〈아프니까 청춘이다〉 본문 中에서-

1. 당신의 인생시계는 하루 중 몇 시 몇 분입니까?

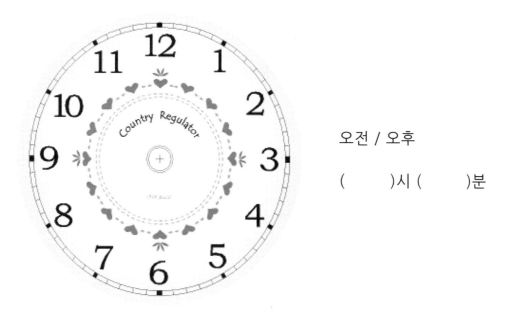

오전 / 오후

(   )시 (   )분

2. 인생 시계 만들기를 통해 느낀 점은 무엇입니까?

너의 꿈을 들려줘!

❖ 나의 꿈은 무엇일까? 누군가 나에게 질문한다면 바로 대답할 수 있을까?
주어진 시간동안 친구 2명의 꿈 이야기를 들어보자.

인터뷰 1 너의 꿈이 뭐니? 너의 꿈을 들려줘!

(1) 너에 대해 알려줘!(이름/취미/좋아하는 음식 · 색깔 · 게임)

(2) 동물로 너를 표현한다면? 왜 그렇게 생각해?

(3) 너 꿈이 뭐니? 그 꿈을 위해 너는 지금 무엇을 하고 있어?

(4) 소개하고 싶은 너의 최고의 장점은 뭐야?

(5) 너 나이 오십! 후배들에게 어떤 이야기를 들려주고 싶니?

인터뷰 2 너의 꿈이 뭐니? 너의 꿈을 들려줘!

(1) 너에 대해 알려줘!(이름/취미/좋아하는 음식 · 색깔 · 게임)

(2) 동물로 너를 표현한다면? 왜 그렇게 생각해?

(3) 너 꿈이 뭐니? 그 꿈을 위해 너는 지금 무엇을 하고 있어?

(4) 소개하고 싶은 너의 최고의 장점은 뭐야?

(5) 너 나이 오십! 후배들에게 어떤 이야기를 들려주고 싶니?

나의 인생 돌아보기

1. 태어나서 오늘까지 있었던 일을 돌아보자.

내가 가장 행복했던 때를 적어 보자.
(누구와/언제/어디서/무엇을/어떻게/왜?)

•

내가 가장 힘들었을 때를 적어 보자.
(누구와/언제/어디서/무엇을/어떻게/왜?)

•

나에게 가장 긍정적인 영향을 주었던 사건

• 언제:

• 어떤 일:

나에게 가장 부정적인 영향을 주었던 사건

• 언제:

• 어떤 일:

나에게 가장 긍정적인 영향을 끼친 사람

이유는?

나에게 가장 부정적인 영향을 끼친 사람

이유는?

2. 나의 현재 삶에 대한 만족도를 100점 만점 중에 점수를 매겨 보자.

나의 인생점수는

(   )점

이 점수를 부여한 이유는?

미래 상상 자서전 쓰기

★ 위대한   탄생 ★

최선을 다한 학창시절

적성에 맞는 직업

행복한 결혼 / 멋진 부모

사회를 위한 봉사

어려움을 극복했던 시절

나의 삶을 되돌아보며

마음의 힘 02

우리 함께
여행을 떠나 볼래?

교사가 학생을 이해하는 여러 가지 방법이 있지만 그 중에 간편하고 쉽게 이해하는 도구로 각종 심리검사들을 활용한다. 심리검사를 활용해 사람의 유형을 분류하는 여러 가지 학설과 이론들이 있지만 DISC를 활용하여 학생들을 이해하는 활동은 검사지를 통한 검사가 아니어도 학생들 겉으로 드러나는 행동을 보고 충분히 관찰하여 파악할 수 있다는 장점이 있다. 교사로서 학생들과 함께 생활하면서 지속적인 관찰과 상담을 통해서도 충분히 학생들을 분석하고 이해할 수 있을 것이다. 매번 반복되는 각종 검사로 지친 학생들과 씨름할 필요가 없다. 주어진 조건에 따라 여행계획을 세우는 동안 자신의 겉으로 드러나는 행동유형을 스스로 알 수 있게 되고 남과 다른 나의 모습을 인식하여 자신이 행동이 틀린 것이 아니라 어떻게 다른지 알게 되는 과정을 경험하게 된다. "저 친구는 왜 이 상황에서는 이렇게 행동하다가 저 상황에서는 저렇게 행동하는 걸까?" 하고 의문이 들었다면 이번 과정을 통하여 이해하는 과정이 이루어지면 좋을 것 같다. 자신의 행동 유형을 정확하게 인식하고 더 나아가 친구들과 나는 어떻게 다른지 이해하는 데 도움을 주고자 한다.

🏛 학습 목표

1. 지식 (이해) : 여러 가지 행동유형 중에 자신의 행동유형을 찾고 이해한다.

2. 기능 (활동) : 친구들과 함께 떠나는 여행계획 세우기 활동을 통해 진정한 나의
모습을 찾아본다.

3. 태도 (실천) : 친구들과 함께 세운 여행계획을 발표하면서 나와 다른 친구들을 이해
하고 나에게 부족한 단점을 긍정적으로 받아드려 수정·보완 한다.

💲 마음 열기

▶ 틀림이 아닌 특별함 인식하기

- 시험 대형으로 자리 앉아서 개인적으로 [활동지1]을 작성해본다.

- 공통적으로 고쳐 쓴 부분과 그렇지 않은 부분을 비교하며 발표한다.

- [활동지1] **정답**

> 예원 : 은희야. 우리 집에 **들렀다** 점심 먹고 놀러가자.
>
> 은희 : 그래. 메뉴가 **뭔데?**
>
> 예원 : 내가 어제 **김치찌개** 끓였어. 맛있겠지?
>
> 은희 : **글쎄**. 날씨가 더운데 우리 시원한 음식으로 먹을까?
>
> 예원 : 이열치열이란 말도 있잖아.
>
> 은희 : 난 더우면 땀나서 기분이 **안** 좋아.
>
> 예원 : 난 **그래도** 겨울보다는 더운 여름이 좋은데.
>
> 은희 : 뭐, 사람마다 생각이 서로 **다를** 수 있지. **근데** 여름이 왜 좋은데?
>
> 예원 : 물놀이를 할 수 **있잖아!** 우리 그럼 수영하러 갈래?
>
> 은희 : 좋아. 조금 **이따가** 출발하자.

- 활동을 마치고 〈지식채널e-다르다와 틀리다는 다르지〉를 보고 다르다와 틀리다
(different≠wrong)의 차이를 인식한다.

▶ 비슷한 유형의 친구 찾기

- [활동지2]를 시작하기 전에 다함께 이마에 알파벳 E를 적어본다.

- 질문하는 교사가 학생들을 마주보고 있기 때문에 남을 의식하거나 배려하여 'ㅋ'라고 적는 학생들과 남을 의식하지 않고 자신을 중심으로 'E'라고 적는 학생들로 나누어진다.

- 대략적으로 첫 번째 경우는 대인관계 중심의 학생들이고 두 번째 경우는 업무관계 중심의 학생들로 나눌 수 있다

- 같은 반 친구들을 대상으로 [활동지2]를 작성해본다.

▶ DISC검사지 활용하기

- [활동지2]가 어렵다면 [활동지3]과 [활동지4]를 활용한다.

- 공통적으로 같은 위치에 있는 학생들을 뽑아 모둠을 구성하고 애매한 친구들은 교사가 판단하여 모둠을 정하도록 한다.

✎ 생각 키우기

▶ 여행계획 세우고 친구 이해하기

- 같은 유형으로 구성된 모둠에게 [활동지5]과 4절지, 크레파스를 나누어 주고 모둠에 있는 친구들과 함께 방학동안 여행을 간다면 어디로 어떻게 무엇을 하면서 여행을 할 것인지 구체적인 계획을 세우도록 한다.

- 여행 계획 세우는 동안 교사는 모둠별로 어떻게 진행되고 있는지 관찰하여 마지막 발표를 마무리 할 때 피드백 한다.

- 외향적인 모둠은 결과물을 빨리 만들어 내지만 내향적인 모둠은 활동을 시작해도 서로 눈치 보면서 빼느라 진행이 오래 걸리므로 우리 팀의 장단점, 같이 가고 싶은 사람과 같이 가면 불편한 사람 먼저 회의 할 수 있도록 안내한다.

- 활동을 어느 정도 마치면 모둠 대표가 나와서 여행 계획을 발표하고 나머지 학생들은 우리 모둠과 어떻게 다른지 비교하면서 듣는다.

- 발표가 이루어지는 동안 학생들이 집중할 수 있도록 격려하고 학생들의 행동유형이 어떻게 다른지 인식할 수 있도록 도와준다.

삶에 반응하기

▶ **나와 다른 친구 이해하기**

· 한 가지의 유형으로 사람을 판단하는 것은 위험하고 자신의 장점을 잘 이해하여
  개발하고 약점은 보완하면서 성장해 나가는 것을 강조하면서 여행 계획을 발표를
  피드백하며 마무리 한다.

· [활동지6], [활동지7], [활동지8], [활동지9]를 활용하여 DISC의 개념을 안다.

· 〈지식채널e-암소와 호랑이의 사랑 이야기〉를 보고 나와 다름이 틀림이 아님을 다시
  한 번 상기하고 나와 다른 DISC유형별 행동유형을 이해한다.

┌─ **참고자료** ─────────────────────────────────

» 로버트A. 롬(2012). "성격으로 알아보는 속시원한 대화법". 나라

» 홍광수(2010). "나는 내가 좋다". NCD

└──

"

[읽을거리]

DISC란

① 1928년 미국 콜롬비아대학 심리학 교수인 Marston이 'The Emotion of Normal
   People' 저서에 독자적인 행동 유형 모델 제시하였다.

② 인간은 환경을 어떻게 인식하고 또한 그 환경 속에서 자기 개인의 힘을 어떻게
   인식하느냐에 따라 4가지 형태로 행동을 하게 된다고 하며, 이를 주도형(Dominance),
   사교형(Influence), 안정형(Steadiness), 신중형(Conscientiousness)으로 영어의
   앞 단어를 따서 DISC라 한다.

성격과 행동의 차이

① 성격 : 개인의 천성적 특성, 기질, 삶 전반에 걸쳐 나타나는 내적 에너지, 유전적 형질과
　　　　함께 어린 시절 초기 경험으로부터 형성된 개인의 고유한 내적 특성이라 한다.

② 행동 : 겉으로 드러나는 개인의 외적 특성. 반드시 성격과 일치하지 않을 수 있으며,
　　　　개인이 처한 환경에 따라 보다 가변적이고 유동적이다.

사람의 기본적인 성격 유형 4가지

1. 외향형(빠른 타입)

- 활동적인 것을 좋아함.
- 흥미를 찾기보다 스스로 만들어 냄.
- 모임에서 대개 지도적인 위치에 서게 됨.
- 다른 사람에게 일을 시키는 것을 좋아함.
- 급하게 서두르는 경향이 있음.

2. 내향형(느린 타입)

- 엄청난 인내심과 지구력을 지님.
- 활동적인 일에 참여하는 것을 꺼림.
- 장기적인 안목에서 상황을 살핌.
- 모든 일을 올바르고 확실하게 완수함.
- 표면적으로 드러나는 관계를 좋아하지 않음.

3. 업무 지향형

- 일을 완수하는 데서 커다란 기쁨을 얻음.
- 종종 다른 사람의 감정을 상하게 만듦.

4. 인간 지향형

- 대인 관계에 상당히 관심이 높음.
- 감수성이 풍부, 타인의 감정을 잘 헤아림.

※성격의 균형을 이루는 포인트

① 외향적이고 빠른 사람들은 침착하고 신중하게 행동하는 법을 배운다.

② 내향적이고 느린 사람들은 좀 더 활기차게 행동하는 법을 배운다.

③ 업무 지향형은 다른 사람들과 공감하는 법을 배운다.

④ 인간 지향형은 계획을 세워 일을 추진하는 법을 배운다.

4가지의 기본적인 성격 유형이 두 가지씩 묶여서 하나의 유형으로 나타나는데, 외향적
이면서 일 중심의 업무지향적인 사람을 주도형(D), 외향적이면서 사람 중심의 인간
지향형인 사람을 사교형(I), 내향적이면서 사람 중심의 인간 지향형인 사람을 안정형(S),
내향적이면서 일 중심의 업무 지향적인 사람을 신중형(C)으로 나눈다.

"

나와 다른 행동유형 이해하기

행동유형	좋음			보통				미흡		
	10	9	8	7	6	5	4	3	2	1
D - D			R				T			
D - I		R					T			
D - S	T					R				
D - C							T		R	
I - I	R							T		
I - S			T			R				
I - C					T		R			
S - S	R		T							
S - C		R	T							
C - C		R	T							

R = 대인관계, T = 업무관계

대화시 기억해 둘 점

1. 말투

① 말투의 질과 성량 : 상대방에게 한 말 가운데 실제로 전달되는 부분
② I타입과 S타입 : 말의 내용보다는 말투에 훨씬 더 민감함
                 ('듣는 것' 보다 '느끼는 것'이 더 중요함)
  D타입과 C타입 : 상대방의 말투를 통해 말의 내용을 이해하는 경향이 있음

2. 타이밍

모든 사람은 다르기 때문에 각 사람에게 적절한 시간과 장소, 상황과 방법을 모색해야
한다.

3. 상대방의 실체를 파악하는 법을 배우라

우리가 처음으로 관찰하게 되는 겉모습은 그 사람들의 진정한 성격을 밝혀줄 믿을
만한 단서가 되지 않는다.

틀림이 아닌 특별함

1. 맞춤법에 어긋난 단어들을 찾아 고쳐보자.

예원 : 은희야. 우리 집에 들렸다 점심 먹고 놀러가자.

은희 : 그래. 메뉴가 먼데?

예원 : 내가 어제 김치찌게 끓였어. 맛있겠지?

은희 : 글쎄. 날씨가 더운데 우리 시원한 음식으로 먹을까?

예원 : 이열치열이란 말도 있잖아.

은희 : 난 더우면 땀나서 기분이 않 좋아.

예원 : 난 그레도 겨울보다는 더운 여름이 좋은데.

은희 : 뭐, 사람마다 생각이 서로 틀릴 수 있지. 근대 여름이 왜 좋은데?

예원 : 물놀이를 할 수 있잔아! 우리 그럼 수영하러 갈래?

은희 : 좋아. 조금 있다가 출발하자.

2. 영상을 보고 느낀 점을 적어보자

비슷한 유형의 친구 찾기

❖ **우리 반 친구들을 분류해보자.**

- **외향형 :** 활동적인 것을 좋아하고 흥미를 찾기보다 스스로 만들어 냄.
  자신감 넘치고 모든 것을 급하게 서두르는 경향이 있음

- **내향형 :** 엄청난 인내심과 지구력을 지님. 조심성이 많아 활동적인 일에 참여하기를
  꺼림. 장기적인 안목에서 상황을 살피고 모든 일을 올바르고 확실하게 완수함.

- **업무지향형 :** 일을 완수하는 데서 커다란 기쁨을 얻음. 계획을 세우거나
  그 계획이 이루어진 모습을 지켜보는 것에서 기쁨을 느낌.

- **인간지향형 :** 대인관계에 상당히 관심이 높음. 감수성이 풍부하고 타인의 감정을
  잘 헤아림. 상대방과 공감하며 대화를 많이 나눔.

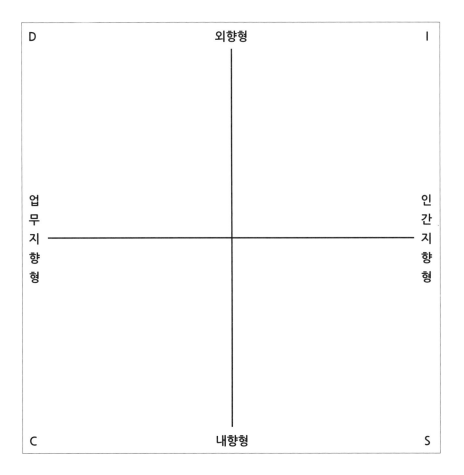

onDISC™   www.e-coaching.co.kr

행동유형평가서

각 문항에서 나를 가장 잘 묘사한 순서대로 4점/3점/2점/1점을 기입하십시오.

내 성격은…	명령적이고 주도적이다		사교적이며 감정 표현을 잘한다		태평스럽고 느리다		진지하고 세심하며 상식적이다	
나는 …에 둘러싸인 환경을 좋아한다	개인적 성취와 보상 및 목표 지향적		사람을 좋아하는		그림, 편지와 내 물건들		질서, 기능 조직	
내 성격 스타일은 …한 경향이 있다	결과를 중시		사람을 중시		과정과 팀을 중시		세부사항을 중시	
다른 이에 대한 내 태도는…	시원시원하다		친절하고 싹싹하다		착실하고 자제력 있다		차갑고 객관적이다	
다른 사람의 말을 들을 때…	종종 참을성이 없다		주위가 산만하다		기꺼이 주위를 기울여 듣는다		사실에 초점을 맞추고 분석한다	
다른 사람과 …에 대해 이야기하는것을 좋아한다	내 업적		나 자신과 다른 사람들		가족과 친구		사건, 정보 조직	
나는 타인에게 … 한 경향이 있다	사람들에게 지시하는		사람들에게 영향을 미치는		잘 용납하는		가치와 질로 평가하는	
축구팀에 들어가면 나의 포지션은…	최전방 공격수		공격형 수비수		수비형 공격수		최종 수비수	
나에게 시간은…	항상 바빠하는		교제에 많은 시간을 사용하는		시간을 중시 하지만 그리 부담이 없는		시간의 중요성을 알고 시간 활용을 잘하는	
내가 교통표지판을 만든다면…	난폭운전! 죽음을 부릅니다		웃는엄마 밝은아빠 알고 보니 양보운전		조금씩 양보하면 좁은 길도 넓어진다		너와내가 지킨질서 나라안녕 국가번영	
평소 내 목소리는…	감정적,지시적 힘있고 짧고 높은 톤		감정적, 열정적 가늘고 높은 톤		감정이 적게 개입되고 굵고 낮은 톤		냉정하고 감정을 억제하고 가늘고 낮은톤	
내 제스처는 대부분…	강하고 민첩하다		개방적이고 친절하다		경직되어 있고 느리다		계산되고 신중하다	
나는 …스타일의 옷을 좋아한다	정장		멋을 내는 캐쥬얼		실용적이고 편리함을 추구		검소하고 소탈하며 깔끔함	
나의 전체적인 태도는 …으로 묘사될 수 있다	권위적		매력적인 사교적,외향적		수용적 또는 개방적		평가적이거나 말이 없는	
내 삶의 페이스는	빠르다		열광적이다		안정되어 있다		조절되어 있다	
총 점	(가)		(나)		(다)		(라)	

onDISC™   www.e-coaching.co.kr

행동유형평가서 프로파일

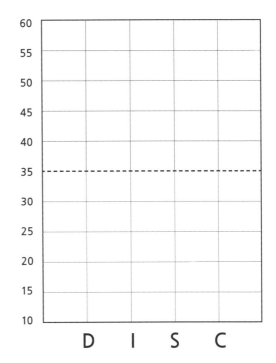

성 명

영 문

일 자   **20**   **년**   **월**   **일**

· 나는   유형이다.

· 나의 행동유형은

                    형이다.

onDISC™의 40개 행동유형 프로파일

행동유형	프로파일	행동유형	프로파일	행동유형	프로파일
D	감독자형	I/S	격려자형	S/C/D	전략가형
D/I	결과지향형	I/S/D	헌신자형	S/C/I	평화중재자형
D/I/S	관계중심적 지도자형	I/S/C	코치형	C	논리적 사고형
D/I/C	대법관형	I/C	대인협상가형	C/D	설계자형
D/S	성취자형	I/C/D	업무협상가형	C/D/I	프로듀서형
D/S/I	업무중심적 지도자형	I/C/S	조정자형	C/D/S	심사숙고형
D/S/C	전문가형	S	팀플레이어형	C/I	평론가형
D/C	개척자형	S/D	전문적 성취자형	C/I/D	작가형
D/C/I	대중강사형	S/D/I	디자이너형	C/I/S	중재자형
D/C/S	마이스터형	S/D/C	수사관형	C/S	원칙중심형
I	분위기 메이커형	S/I	조언자형	C/S/D	국난극복형
I/D	설득자형	S/I/D	평화적 리더형	C/S/I	교수형
I/D/S	정치가형	S/I/C	상담자형		
I/D/C	지도자형	S/C	관리자형		

우리 함께 여행을 떠나 볼래?

1. 우리 팀 이름을 정해볼까?

2. 어디로 여행갈까?

3. 여행 일정, 경비 및 준비물은?

4. 우리 팀만의 장점과 단점을 분석해봐.

   장점 -

   단점 -

5. 우리는 이런 친구들과 같이 가고 싶어요.

6. 우리는 이런 친구들과 같이 가면 불편해요.

[활동지 5] 피드백 자료

학생활동지 D형

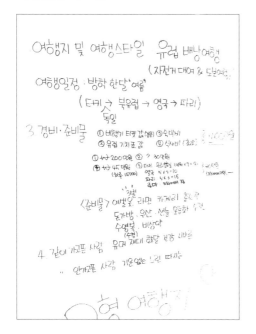

발표 예상 내용

- 의견이 일치되면 목표가 뚜렷하게 정해짐
- 의견이 불일치되어 갈등이 생기면 양보가 없음
  (목적이 두 개로 나타남)
- 목표가 뚜렷해서 가장 빨리 마침

코멘트

- 여행 경비에 대한 걱정이 없음
- 여행 일정이 무려 한 달인데 비해 준비물과
  계획은 엉성함
- 제일 먼저 완성함

학생활동지 I형

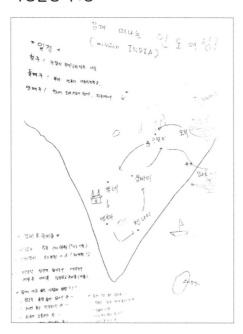

발표 예상 내용

- 유일하게 자기 소개하는 집단
- 일정이 가장 김
- 무엇보다 누구랑 같이 가느냐가 젤 중요
- 대인 관계가 아주 많이 중요함

코멘트

- 여행 계획이 없음
  (좋아하는 사람들과 어디든 가면 그만)
- 준비물도 거의 없음
- 계획 없이 즉흥적임

[활동지 5] 피드백 자료

학생활동지 S형

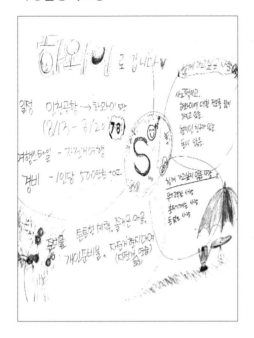

발표 예상 내용

- 리더가 없어 시작이 늦음
- 패키지 여행을 선호

코멘트

- 일정이 현실적임(7박 8일)
- 본인들이 재미없는 것을 알고 같이 가고 싶은
  사람에 재미있는 사람을 꼽음
- 무리한 일정은 피함

학생활동지 C형

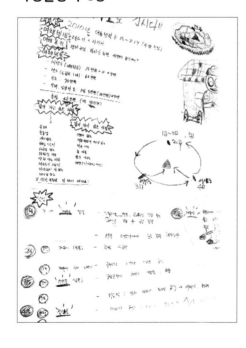

발표 예상 내용

- 계획을 투표로 결정
- 모든 사람들의 이야기를 다 들어 봐야 함
- 갈등을 싫어하고 신중하여 결정이 느림
  (바꿔 말하면 소심함)

코멘트

- 여행 일정이 아주 세부적임
  (여행사 계획 수준)
- 준비물과 여행 경비가 정확함
- 가장 오래 걸려서 여행 계획을 완성함

DISC - D : 주도형(Dominance)

1. 목표
① '결과'와 '목표'에 대한 높은 욕구를 가짐, 목표에 대해 과감하고 진취적으로 행동함
② 신속한 행동, 빠른 의사 결정, 문제를 적극적으로 해결해 가는 리더십이 필요

2. 싫어하는 것
장황한 설명, 복잡한 과정과 절차, 세세한 것에 대한 집착, 성가심

3. 두려움
① 통제력을 상실하거나 남에게 이용당할 때
② 권태, 반복적인 업무, 부드럽고 약하게 보이는 것들

4. 장점
① 강력한 리더십 발휘, 높은 성취 촉진
② 결과를 얻기 위해 장애를 극복하고 적극적으로 해결
③ 높은 자율성을 바탕으로 능동적이고 진취적이며 주도적으로 행동
④ 빠른 의사 결정, 도전 정신, 명료한 자기주장, 결과의 추구, 추진력, 독립적 행동

5. 단점
① 타인에게 냉정하고 독불장군처럼 비추어질 수 있음
② 지나치게 완고하거나 조급하게 행동할 수 있음
③ 세세한 것을 간과하고 충동적으로 행동할 수 있음
④ 지나친 서두름과 충동적인 결정으로 잦은 실패를 불러올 수 있음

6. 일반적 특징
① 사막에 갖다 놔도 혼자 충분히 대궐을 짓고 살아갈 수 있는 주도형
② 동물에 비유하면 사자, 모든 분야에서 창조적인 역할
③ 철저히 일 중심적이며, 추진력이 뛰어남, "네 제가 하겠습니다! 제가 해 보겠습니다!"
④ 경쟁을 좋아하고, 이기고 싶어 하며 경쟁을 통해 성장하고 발전하는 유형

7. 동기 부여 방법
자신의 목표에 대해 매일 점검, 활동적인 신체 운동을 통해 에너지를 충전함

8. 조언
쉽게 분노하는 감정을 조절하고 열린 가슴으로 사람을 대하면 천하에 당할 자가 없고 사람들을 가슴에 안은 리더가 될 것

DISC - I : 사교형(Influence)

1. 목표
① 다른 사람과 어울리기를 좋아함, 언제나 긍정적인 인상을 심어주기 위해 노력
② 자신의 존재 가치를 알림으로써 자신이 원하는 환경을 조성

2. 싫어하는 것
① 지나치게 복잡하거나 사소한 일들로부터 책임을 벗어나고자 함
② 다소 직관적이고 즉흥적이며 흥미 있고 자유로운 활동만 추구

3. 두려움
① 다른 사람들로부터 거부당하지 않을까?
② 다른 사람들로부터 인정받지 못하거나 공개적인 수모를 당하는 일

4. 장점
① 사람들 사이에서 적응력, 융화력, 친화력, 열정적이고 긍정적인 태도 보임
② 모든 상황에 대한 낙천성, 사람들의 미묘한 감정의 변화를 잘 읽고 반응하며 공감함
③ 사교적 대화에 익숙함(낯선 사람과 쉽게 친해짐, 분위기 메이커)

5. 단점
① 자유주의자이기 때문에 고정된 일정이나 엄격한 시간 제약은 싫어함
② 반복적인 일에 금방 싫증을 느낌, 스트레스가 많아지면 비조직적이고 비체계적으로 행동

6. 일반적 특징
① 낙천적이고 눈사람에게 눈뭉치를 팔 수 있을 정도로 말을 잘함
② 사교적, 긍정적, 낙천적, 돈 있으면 있는 대로 쓰고, 잘 베풀고, 야단맞아도 그때뿐
③ 울다가도 금방 다시 웃어 버린다. 수다스럽고, 선생님이 물어보면 저요! 저요! 하는 타입

7. 동기 부여 방법
① 사람들이 I형을 얼마나 좋아하고 격려하고 믿고 있는지 알기
② 좋아하는 사람들과 공부하고 함께 일하기 사람들과 자신의 감정을 솔직하게 나누기

8. 조언
① 자신의 생각을 다스리고 정리하여 실천에 옮기는 것이 필요
② 비난을 제일 싫어하는 그들이 친구를 잃거나 놀림감이 될 위기 속에서도 결연히 옳은 일을
할 정도의 결단력을 갖추고 자기 자신을 통제할 줄 안다면 무한한 잠재력이 펼쳐지며 동시에
수많은 사람들에게 커다란 축복의 근원이 될 수 있다.

DISC - S : 안정형(Steadiness)

1. 목표
① 예측 가능하고 안정된 상황, 다른 사람과 협력하여 일하는 것
② 높은 협력성에 대한 욕구로 인해 양보, 타협 및 팀 지향적으로 행동

2. 두려움
갈등이나 안정된 환경을 상실할 것에 대한 두려움, 급격한 변화, 무리한 요구

3. 장점
꾸준함, 성실함, 인내심, 조화롭고 원만한 관계를 유지함, 부드러움과 진지한 배려

4. 단점
① 다른 사람과의 충돌이나 갈등을 지나치게 피하려 한다.
② 자기표현에 대한 소극적인 태도와 불명확한 의사 표현으로 스스로 감정적 상처를
   초래하고 자신의 평온함과 안정성에 침해를 입기도 한다.

5. 편안한 사람과 불편한 사람
① 편안한 사람들: 진지하면서도 따뜻한 마음을 표현하는 사람들, 예의바른 사람
② 불편한 사람들: 지나치게 무리한 요구를 하거나 강요하는 사람들, 강한 주장을 하는 사람들

6. 일반적 특징
① 착함, 배려, 친절, 온유, 침착, 인내, 협동심
② 갈등을 싫어함, 순종적이고 변화를 싫어함, 거절을 못함
③ 반복적인 일을 좋아하며 아는 답이 나와도 대답안하고 속으로만 말하는 내성적

7. 동기 부여 방법
① 너무 새로운 것을 많이 하려고 하지 말고 잘할 수 있고 익숙한 것 위주로 하기
② 맺고 끊음이 약하기 때문에 공부하다가 자꾸 늘어지고 미루는 경향이 있음
③ 오늘 할 일은 반드시 하자라는 마음과 시간 관리가 반드시 필요

8. 조언
① 주변의 성질 급한 사람들은 속이 타겠지만 안정적이고 꾸준하고 온유함은 인간사회의
   기초가 되고 하나님 나라의 실행자
② S형의 존재감은 없어서는 안 될 세상의 소금과 같은 존재임
③ 단, 적당한 때에 "아니오." 라고 말할 수 있는 능력이 필요

DISC - C : 신중형(Conscientiousness)

1. 목표
① 올바르고 정확한 방식이 목표
② 최우선 과제는 과업 그 자체이며 과업은 언제나 정확하고 바르게 수행되어야 함
③ 업무 수행에서 구체적인 기준을 원하며 그 기준에 맞추기를 원함

2. 두려움
① 자신이 한 일에 대한 다른 사람들의 비판 (바르고 정확하게 일을 하는 동기)
② 명확하지 않은 업무, 혼란스럽고 체계적이지 못한 행동, 산만한 행동

3. 장점
① 정확성, 논리성, 명확성, 일관성, 체계성 등이 강점
② 사안에 대한 신중함, 논리성의 추구, 원인 탐구, 주의 깊은 의사 결정

4. 단점
① 설정한 기대치에 못 미치는 경우 자신과 타인에 대해 비판적
② 자기표현에 있어서도 매우 절제되거나 방어적으로 나타남

5. 편안한 사람과 불편한 사람
① 편안한 사람 : 자신처럼 정확하고 바르게 행동하는 신중한 사람
② 불편한 사람 : 부정확하거나 정도에 벗어나거나 신중함이 없이 나서거나 덤벙대는 사람

6. 일반적 특징
① 똑똑함, 주도면밀, 세심함, 정확함, 내성적, - 꼼꼼함, 논리적, 분석적
② 옳고 그름이 분명 (사회의 양심) - 완벽주의 추구

7. 동기 부여 방법
완벽주의에 빠지기 쉽고 지나치게 에너지를 많이 쏟기 때문에 장기적인 일을 할 때 피로 관리를 해야 하고, 피로를 풀 때는 조용한 곳에 가서 혼자 쉬는 게 좋다.

8. 조언
① 쉽제일 섬세하고 까다로우며 모든 기질 중 제일 재능이 많은 사람들
② 최고의 감성을 가지고 있어 위대한 예술가들이 많고 법이나 철학같이 나라의 근간을 세우는 이론적인 일에 탁월한 사람들
③ 줄곧 비판적인 입장을 견지하고 있다가 이성적으로 이해가 되면 누구도 생각지 못한 엄청난 능력들을 발휘하게 되는 유형

마음의 힘 03

나는 할 수 있어!

교사가 수업을 위해 재미있는 활동과 감동 있는 동영상, 체계적인 학습지를 준비하여도 학생들이 의욕이 없거나 지루해하는 경험을 누구나 한번쯤은 경험을 했을 것이다. 힘이 쭉 빠지고 이 한 번의 수업을 위해 쏟아 부은 노력이 화살처럼 머릿속을 스치고 지나간다. 진로를 찾아가는 무수히 많은 과정 속에서 낮은 자존감의 학생들을 보며 안타깝지만 그런 학생들의 자존감을 높여준다면 즐겁게 웃으면서 긍정적인 마음으로 수업을 받아들일 수 있을 것이다. 자기효능감은 자신이 특정한 상황에서 원하는 결과를 얻을 수 있다고 믿는 확신을 말한다. 즉 자기효능감이 높은 학생은 어떤 일을 하든지 자신감을 가지고 할 수 있어 좋은 결과를 얻기 쉽다. 또한 학생들은 각각 자기효능감에 따라 스스로 어느 정도까지 많은 노력을 기울일 수 있는지와 많은 장애가 있음에도 얼마나 오랫동안 그 노력을 지속할 수 있는지를 결정하게 된다. 결국 높은 자기효능감은 진로를 찾아가는 과정 뿐 아니라 인생 전반을 살아가는 힘이 될 것이다. 낮은 자존감을 가진 학생들이 회복할 수 있도록 자기효능감의 중요성을 인식하고 높은 자기효능감을 지닐 수 있도록 인도하고 격려한다.

🎓 학습 목표

1. **지식 (이해)** : 자신에 대한 긍정적 기대의 중요성을 이해한다.
2. **기능 (활동)** : 칭찬빙고 게임을 하면서 칭찬을 주고받는 활동을 통해 낮은 자존감을 회복하고 자신감 있는 삶을 살아갈 수 있는 내면의 힘을 기른다.
3. **태도 (실천)** : '응답하라. 나의 꿈' 활동을 통해 서로의 꿈을 응원하며 '나는 어떤 인생을 살아가고 싶은가?' 라는 질문에 답을 던지고 스스로 원하는 삶을 살 수 있다는 믿음과 확신을 갖는다.

🪙 마음 열기

▶ 언어 습관 점검하기

- 평소에 어떤 말을 더 많이 사용하는지 생각하고 되짚어 볼 수 있도록 모둠으로 [활동지1]을 작성해 본다.

- 모둠별로 토의한 결과를 발표하면서 격려, 인정, 칭찬과 같은 긍정의 말을 하는지 질책, 비난, 비교와 같은 부정의 말을 하는지 평소의 언어습관을 느끼도록 한다.

- [활동지2]를 작성하면서 평소 자신의 언어습관을 반성하고 앞으로 활동을 통해 느낀점과 앞으로의 다짐을 발표해 본다.

✏️ 생각 키우기

▶ 칭찬빙고

- 먼저 [활동지3]을 나눠 준 후 각자 돌아다니며 맘에 드는 친구와 가위바위보를 한다.

- 가위바위보를 이긴 사람은 활동지3에 있는 승패표에 ○를, 진 사람은 X로 표시한다.

- [활동지3]에 있는 빙고판을 서로 바꿔서 상대방 빙고판에 그 친구에게 칭찬하는 말을 쓰고 쓴 사람의 이름을 반드시 적는다.

  예) 넌 웃음이 많아서 같이 있으면 즐거워 - 정연석

- 이 활동을 9회 반복하여 가위바위보 승패표를 완성하고, 9명이 서로 칭찬을 적어준 칭찬 빙고판을 완성한다.

- 가위바위보 승패표에 ○가 많은 사람에게 선물을 줄 수도 있다.

- ○가 가장 적은 사람부터 빙고를 시작한다.

- 자신의 빙고판에 있는 칭찬 중 하나를 골라 읽고 칭찬을 써 준 사람을 호명한다.

- 호명된 이름이 빙고판에 있는 사람들은 그 칸을 색칠한다.

- 호명된 사람이 다음 차례가 되어 자신의 빙고판에 있는 칭찬 중 하나를 읽고 그 칭찬을 써 준 사람을 호명하면 호명된 이름이 빙고판에 있는 사람들은 그 칸을 색칠한다.

- 이 빙고게임을 반복하며 먼저 대각선이나 가로, 세로 중 어느 한 줄이 먼저 채워진 사람은 빙고를 외친다.

- 빙고를 먼저 외친 사람에게 선물을 준다.

- 게임을 마친 후 자신의 빙고판에 있는 칭찬 글을 보고 나 자신에게 스스로를 격려하는 쪽지를 써본다.

👍 삶에 반응하기

▶ 응답하라. 나의 꿈 활동하기

- 〈응답하라. 나의 꿈〉은 친구들의 격려와 지지를 받으며 자신의 도전과제를 스스로 선택하고 이 과정을 동해 얻은 느낌을 참여 학생에게 자신감을 회복시켜 주고 성취동기를 부여한다.

- 개별 활동으로 반 구성원 전체를 두 줄로 마주 보고 선다.

- 교사는 학생들에게 이 통로가 나의 꿈을 이야기하면서 지나가는 길이고, 즐겁고 행복한 길임을 이야기한다.

- 이 길을 통과하는 학생의 소원은 모두 이루어진다는 믿음을 준다.

- 교사가 지목한 학생부터 통로 끝에 서서 자신의 꿈을 이야기 한다.

- 출발소리와 함께 통로 끝까지 걸어가는 동안 양쪽에 있는 친구들이 힘찬 박수와 큰 함성소리로 격려한다.

- 길을 다 통과하면 줄 끝에서 서서 다른 친구의 활동을 격려한다.

- 모든 학생이 통과하면교사도 같은 방법으로 꿈을 말하고 통과한다.

- 마지막으로 자리를 정돈하고 활동 후 느낌을 [활동지4]에 적도록 한다.

▶ **내면의 칭찬 다지기**

- [활동지4]의 2번 문제는 동그라미 밖에는 친구들에게 받은 칭찬 9가지를 돌아가며 골고루 적고 동그라미 안에다가 본인이 받은 칭찬에 대해 어떠한 느낌인지 자신의 생각을 적도록 한다.

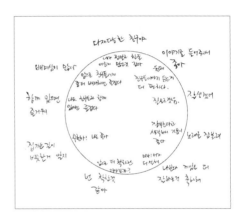

┌─ **참고자료** ─────────────────────────────────
│
│ » 위키백과. 피그말리온 효과, 플라시보 효과
│
└──

[읽을거리]

피그말리온 효과

피그말리온 효과는 무언가에 대한 사람의 믿음, 기대, 예측이 실제적으로 일어나는 경향을 말한다. 1964년 미국의 교육심리학자 로버트 로젠탈에 의해 실험되었다.

원래는 그 전년에 로젠탈과 포드가 대학에서 심리학 실험으로 학생들에 쥐를 통한 미로찾기 실험을 시켰다. 그 결과 쥐가 미로를 잘 빠져나오는 그룹과 그렇치 못한 그룹, 두 그룹간의 실험결과의 차이를 찾을 수 있었다. 전자는 학생들이 쥐에게 정성을 다해 키운 반면, 후자는 쥐를 소홀히 취급했다. 이는 쥐에 거는 기대도에 따라 결과가 달라진다고 로젠탈은 생각했다. 이를 토대로 볼 때 "교사와 학생 간에도 이와 같지 않을까" 하고 생각하게 된다.

교육현장에서의 실험은 1964년 봄, 샌프란시스코의 초등학교에서 하버드식 돌발성학습 능력예측 테스트라는 보통의 지능 테스트를 했다. 학급 담임에게는 앞으로 수개월 간에 성적이 오르는 학생을 산출하기 위한 조사라고 설명했다. 그러나, 실제 조사에는 아무런 의미가 없었고, 실험시행자는 조사의 결과와 관계없이 무작위로 뽑은 아동의 명부를 학생 담임에게 보여주고, 명부에 기재된 아동이 앞으로 수개월 간에 성적이 향상될 학생이라고 알려주었다. 그 후, 학급 담임은 아이들의 성적이 향상될 것이라는 기대를 품었고, 확실히 그 아이들의 성적은 향상되었다. 학급 담임이 아이들에 한 기대가 성적 향상의 원인이었다고 생각할 수 있다. 게다가 아이들도 기대를 의식하였기 때문에 성적이 향상된 것이라고 생각할 수 있다. 상세히 정리한 보고서는 Rosenthal, R. & Jacobson, L.:"Pygmalion in the classroom",Holt, Rinehart & Winston 1968로 간행되었다.

피그말리온이라는 명칭은 그리스 신화 속의 피그말리온 왕에서 유래되었다. 피그말리온 왕은 자신이 조각한 여성상을 진심으로 사랑하게 되었고, 이를 지켜본 미의 여신 아프로디테가 그의 소원을 들어주어 조각상을 인간으로 만들었다. 이 이야기는 그리스 신화를 수록한 고대 로마의 오비디우스의《변신이야기》제10권에 수록되어 있다.

플라시보 효과

위약(僞藥) 또는 플러시보(영어: placebo)는 심리적 효과를 얻기 위하여 환자가 의학이나 치료법으로 받아들이지만 치료에 전혀 도움이 되지 않는 가짜 약제를 말한다. 영어로는 플러시보(placebo)(사실 라틴어로써, '마음에 들다' 라는 뜻을 가지고있다.)라고 한다. 위약과 관련하여 잘 알려진 현상으로 심리 현상 중 하나인 위약 효과(placebo effect)가 있다. 이를 플러시보 효과 또는 플러시보 이펙트라고 그대로 읽기도 한다. 의사가 환자에게 가짜 약을 투여하면서 진짜 약이라고 하면 환자의 좋아질 것이라고 생각하는 믿음 때문에 병이 낫는 현상을 말한다. 이것은 제2차 세계 대전 중 약이 부족할 때 많이 쓰였던 방법이다.

활동지 1

나의 언어 습관은?

❖ 여러분은 친구에게 주로 어떤 말을 해주나요?

긍정적 말하기   VS   부정적 말하기

격려의 표현

ex) 넌 할 수 있어

질책의 표현

ex) 넌 할 수 없어

인정의 표현

ex) 넌 최고야

비난의 표현

ex) 넌 바보야

칭찬의 표현

ex) 이런 것도 잘하는구나

비교의 표현

ex) 그것도 못하니?

읽을거리

  1968년 하버드대학교 사회심리학과 교수 로젠탈과 초등학교 교장이었던 제이콥슨은 미국 샌프란시스코의 한 초등학교에서 전교생을 대상으로 지능검사를 한 후 검사 결과와 상관없이 무작위로 한 반에서 20% 정도의 학생을 뽑았다.

  그 학생들의 명단을 교사에게 주면서 '지적 능력이나 학업성취의 향상 가능성이 높은 학생들'이라 믿게 하였다. 8개월 후 이전과 같은 지능검사를 다시 실시하였는데, 그 결과 명단에 속한 학생들은 다른 학생들보다 평균 점수가 높게 나왔다. 뿐만 아니라 학교 성적도 크게 향상되었다. 명단에 오른 학생들에 대한 교사의 기대와 격려가 중요한 요인이었다.

긍정적인 말과 부정적인 말

❖ 우리가 어떤 말을 하면 그 말은 그것을 이루어내는 에너지를 스스로 만들어 내어 예언의 힘을 갖게 됩니다. 내가 자주 사용하는 말을 돌아보고 나와 친구들에게 긍정적인 말을 합니다.

1. 내가 주로 사용하는 긍정적인 말과 부정적인 말에는 어떤 것이 있나요?

내가 주로 사용하는 긍정적인 말	내가 주로 사용하는 부정적인 말
이런 말을 하거나 들었을 때 나의 느낌	이런 말을 하거나 들었을 때 나의 느낌

2. 앞으로 나와 친구들에게 어떤 긍정적인 말을 할지 적어보고 다짐해 봅시다.

내가 앞으로 자주 쓰고 싶은 긍정적 예언들	
다짐의 글	

칭찬빙고

❖ **가위바위보 승패표**

게임 횟수	1	2	3	4	5	6	7	8	9
승패 (O/X)									

❖ **칭찬 빙고판**

❖ **자신에게 쓰는 칭찬쪽지**

응답하라. 나의 꿈

❖ '응답하라. 나의 꿈'은 친구들 앞에서 자신의 소망을 이야기하는 활동입니다. 자신의 소망을 이야기하며 친구들이 만들어 준 터널 길을 박수와 함성으로 통과한 느낌을 적어봅니다.

1. '응답하라. 나의 꿈'을 통과한 느낌은 어떤가요?

> 통과 전 느낌 -
>
> 통과 후 느낌 -

2. 나의 칭찬을 점검해보자. (내면의 칭찬다지기)

내가 받은 칭찬 9가지

마음의 힘 04

질서 속에서
나를 만나다

자신의 꿈과 목표를 이루기 위해서는 학업환경을 비롯한 자신을 둘러싼 환경에 대한 점검이 필요하다. 일반적으로 학업에 집중도가 높은 학생들은 공부가 더 잘 될 수 있도록 환경정리에 더 많은 노력을 기울인다. 교육전문가들도 공부가 잘 되도록 하는 환경 요인이 공부에 대한 욕구나 목표 못지않게 중요하다고 말하고 있다. 최고의 환경에서 공부를 한다면 그 만큼 공부의 능률과 성취도 높아질 것이다. 따라서, 열심히 하는데 원하는 결과가 나오지 않아 포기하고 싶은 마음이 있다면, 혹 자신이 놓치고 있는 부분이 없는지 주변 환경을 잘 살펴봐야 할 것이다. 나를 방해하는 원인이 무엇이 있는지, 혼자 해결할 수 있는 방해 요인이 무엇인지를 살펴보고 스스로 해소하기 위해 노력할 뿐 아니라 최선책을 찾아 적극적으로 문제해결도 할 수 있어야 한다. 따라서 이 시간에는 자신의 환경을 돌아보며 자신의 꿈과 목표를 재정비할 수 있는 기회의 시간을 갖도록 한다.

🎯 학습 목표

1. **지식 (이해)** : 깨진 유리창의 법칙을 이해할 수 있다.

2. **기능 (활동)** : 학습에 방해되는 환경을 인지하고 해결하는 방법을 말할 수 있다.

3. **태도 (실천)** : 삶을 설계하는 규칙을 만들고 실천할 수 있다.

💭 마음 열기

▶ **깨진 유리창의 법칙**

- 사소하게 여겨질 수 있는 어떤 것이 큰 힘을 가질 수 있다는 동영상, 〈EBS 다큐프라임 인간의 두얼굴 2부 중 깨진 유리창의 법칙 동영상〉을 보면서, 자신의 진로를 만들어가기에 어려웠던 부분이 무엇이었는지 [활동지1]를 작성해본다.

- 실험의 의미를 생각해 보고 이 법칙을 적용하여 사소하지만 방치할 수 없는 삶의 부분에는 어떤 것이 있는지 찾아보도록 한다.

✏️ 생각 키우기

▶ **방해요인 해결하기**

- [활동지2]를 나눠주고 자신의 학습에 방해되는 원인을 모두 찾아본다.

- 모둠별로 서로 적은 것을 비교해 본다.

- 혼자 해결 할 수 있는 방해요인일 경우 스스로 해소하기 위해 필요한 최선책은 무엇인지, 문제해결책은 무엇인지 모둠별로 서로 자문을 구하고 다짐하는 시간을 갖는다.

삶에 반응하기

▶ Best! Worst!

- [활동지 3]을 배부하고 학습에 방해되는 환경 외에 꿈과 목표를 달성해 나가는데 자신이 생각하는 좋은습관 Best 5를 적어보고, 친구의 동의도 얻는다.

- 또 자신의 발목을 잡는 나쁜 습관은 없는지 Worst 5를 생각해 본다. 또한 나쁜 습관을 고치는 다짐문장으로 만들어본다.

- [활동지 4]를 나눠주고 7가지 원칙 중에 자신이 실천할 수 있는 실천사항을 적어 봄으로 다짐하는 시간을 갖는다.

> **Tip**
>
> ### 깨진유리창의 법칙
>
>
>
> 필립 짐바르도 교수는 치안이 좋지 않은 동네를 골라 상태가 동일한 두 대의 자동차 보닛을 열어 놓은 채 1주일간 방치해 두는 실험을 했다. 다만 그 중 한 대는 창문을 조금 깬 상태로 놓았다. 이런 사소한 차이가 있었을 뿐인데, 1주일 후 두 자동차는 완전히 다른 모습으로 변해 있었다. 보닛만 열어둔 자동차는 거의 그대로 있었으나 유리창을 조금 깬 자동차는 방치된 지 겨우 10분만에 배터리와 타이어가 사라지고 낙서, 파괴가 일어났고, 1주일 후에는 완전히 고철 상태가 될 정도로 파손되었다. 이것이 유명한 깨진 유리창의 법칙 실험이다.
>
> 1980년대 뉴욕시에도 이 법칙을 적용하기로 했다. 당시 뉴욕은 연간 60만건 이상의 중범죄 사건이 일어날 정도로 치안이 심각하게 불안정하였다. 당시 여행객들 사이에서는 '뉴욕의 지하철만큼은 절대 타지마라'는 말이 있을 정도이니 말이다. 뉴욕 교통국에서는 이런 지하철의 치안 상태를 개선하고자 지하철 낙서를 지우고 경범죄를 철저히 단속하기 시작했다. 범죄를 줄이기 위해 하는 일이 고작 낙서를 지우는 것이냐며 교통국의 직원들은 엄청나게 반발했고 시민들 대부분도 제발 낙서보다 흉악한 범죄자 검거에 더 신경 써 달라고 말했다. 그러나 무려 6000대에 달하는 차량의 낙서를 지우는 그야말로 터무니없는 작업이 수행되었다. 이 작업은 5년이나 걸렸는데, 의외로 놀라운 효과를 가져다주었다. 범죄율을 75%나 낮춘 것이다.

Tip

성공하는 10대들의 7가지 습관

10대들은 많은 문제로 고민한다. 부모님 문제, 학교 문제, 성적문제, 이성문제, 자신의 삶에 대한 불만족감, 감정문제 등이다. 항상 있는 문제이며, 언제 어떻게 일어날지 알지 못한다. 형광등 끄듯이 일순간에 없애버릴 수 있는 문제도 아니다. 그러나 이런 문제를 잘 해결 할 수 있는 방법이 있다. 그건 바로 원칙을 갖는 습관이다.

습관은 반복적으로 하는 행동이다. 어떤 습관을 가지고 있느냐에 따라 제대로 만들어 질 수 도 있고 망가질 수 도 있다. 새뮤얼 스마일즈는 다음과 같은 글을 남겼다.

생각의 씨를 뿌리면 행동을 거둬들일 것이요

행동의 씨를 뿌리면 습관을 거둬들일 것이요

습관의 씨를 뿌리면 성품을 거둬들일 것이요

성품의 씨를 뿌리면 운명을 거둬들일 것이다.

습관보다 강한 것은 우리 자신이기에 나쁜 습관을 가지고 있다면 바꿀 수 있다. 이에 성공하는 7가지 습관을 소개하고자 한다.

습관 1 **자신의 삶을 주도하라** (자신의 삶에 책임을 져라)
습관 2 **끝을 생각하며 시작하라** (삶의 목표와 사명을 정하라)
습관 3 **소중한 것을 먼저하라** (우선순위를 정하고, 가장 중요한 것부터 먼저하라)
습관 4 **승-승을 생각하라** (모두가 이길 수 있다는 태도를 가져라)
습관 5 **먼저 이해하고 다음에 이해시켜라** (사람들의 말을 진지하게 경청하라)
습관 6 **시너지를 내라** (더 많은 성과를 거두려면 협력하라)
습관 7 **끊임없이 쇄신하라** (규칙적으로 자신을 새롭게 하라)

┌─ **참고자료** ─┐

» 김현섭 외(2014), "사회적 기술", 한국협동학습센터
» 손코비(1998), "성공하는 10대들의 7가지 습관", 김영사
» EBS 다큐프라임 인간의 두얼굴 2부 중 깨진 유리창의 법칙 동영상

깨진 유리창의 법칙

❖ 〈깨진 유리창의 법칙〉 영상을 보고 물음에 답해보자.

1. 이 실험이 의미하는 것이 무엇인지 적어 보자.

2. 우리 주변에 "깨진 유리창의 법칙"과 같은 현상이 없는지, 관련 사례가 없는지
   모둠별로 나눠보자.

3. 이 법칙을 적용하여 꿈을 이뤄가는 가운데, 나의 허점은 무엇인지 생각해보자.

좋은 학습환경 만들기

1. 자신이 공부할 때 주의 집중을 방해하는 원인이 되는 것은 무엇인지 적어봅시다.

1		
2		
3		
4		
5		

2. 좋은 학습 환경을 만들고 계획된 공부를 하기 위해 필요한 다짐을 해 봅시다.

요일	좋은 학습환경 만들기 다짐 내용
월	
화	
수	
목	
금	
토	
일	

BEST! WORST!

1. 자신이 생각하는 좋은 습관 BEST 5

좋은 습관 BEST 5	
1	
2	
3	
4	
5	

2. 자신이 생각하는 나쁜 습관 Worst 5

나쁜 습관 WORST 5	
1	
2	
3	
4	
5	

3. 이렇게 고칠 거예요.

요일	고칠 습관	구체적 실천사항
1		
2		
3		
4		
5		

7가지 원칙 정하기

7가지 원칙 정하기
1
2
3
4
5
6
7

마음의 힘 05

잘하지 못하는 단점,
너의 꿈이 될 수 있어?!

사물에 의미 부여를 하는 것은 사람이다. 똑같은 사물에 대해서도 사람마다 판단이 다르다. 그렇기 때문에 중요한 것은 사람의 관점이다. 사물을 있는 그대로 좋게 바라보는 것이 행복의 비결이다. 최악의 상황 가운데서도 최선의 것을 발견할 수 있는 관점을 갖는 것이야말로 천금을 얻는 것보다 귀하다. 그것은 특히 사람을 보는 관점에 있어 더욱 중요하다. 사람의 존재 그 자체를 존중하고 좋게 보는 것이야말로 인간관계를 맺는 데 있어 가장 기초적인 덕목이기 때문이다. 또 자신의 내면의 평화를 누리는 데 있어서도 매우 중요하다. 문제는 자신을 있는 그대로 바라보지 못하고 자신을 판단하는 데서 생긴다. 사물과 사람에 대해서 있는 그대로 좋은 점을 발견하는 관점을 갖추는 것은 내면의 평화와 인간관계를 위해서 매우 중요한 자세이며 진로를 찾는 여정에서도 꼭 필요한 덕목이다. 꿈을 이룬 사람들의 경우를 보면 자신의 강점을 키워나간 사람들이 있는 반면에 대개 자신의 단점을 극복하려는 노력 가운데 지금의 자신의 일을 하는 사람들도 적지 않다. 즉 자신의 단점이 훗날 자신의 강점이 될 수 있는 것이다. 그렇기 때문에 같은 사실에 대해 부정적인 표현이나 생각을 줄이고 적극적으로 긍정적인 표현을 할 수 있도록 연습시키는 것이 필요하다.

🎓 학습 목표

1. **지식 (이해)** : 사물카드를 통해 같은 사물의 강점과 단점을 말할 수 있다.

2. **기능 (활동)** : 모둠 안에서 자신의 단점이 장점으로 변화되는 과정을 보며
다른 사람의 단점도 장점으로 바꿀 수 있는 힘을 기를 수 있다.

3. **태도 (실천)** : 친구의 단점을 의미 있는 장점으로 바꾸어 이야기해 줄 수 있다.

🌱 마음 열기

- 모둠에 한 장씩 사물카드 종이를 나눠준다.

- 모둠에서 [활동지1]의 사물카드 그림 중 두 가지 사물카드를 고른다.

- 친구라는 주제를 가지고 두 가지 사물카드 중 한 사물카드는 긍정적으로 표현하고 나머지 사물카드는 부정적으로 표현한다. 예를 들면 수박과 양파라는 사물카드를 받았으면 '좋은 친구란 수박이야. 왜냐하면 수박 속이 빨간 것처럼 열정이 있기 때문이야!' 그리고 '나쁜 친구란 양파야. 왜냐하면 속을 모르는 친구이기 때문이지.' 라고 하는 것이다.

- 모둠별로 돌아가면서 자신의 모둠에서 만들어진 좋은 친구와 나쁜친구를 소개한다.

- 옆 모둠으로 부정적으로 표현한 사물카드를 보낸다. 그 모둠에서는 부정적으로 표현한 사물카드를 긍정적으로 표현한다. 예를 들면 앞 모둠에서 양파를 나쁜 친구로 표현했다면 긍정적으로 '좋은 친구란 양파야. 왜냐면 까면 깔수록 더 깊이가 있기 때문이야.'라고 하는 것이다.

- 각 모둠이 표현한 것들을 전체에서 발표해 보고, 활동 후 소감도 이야기해 본다.

내가 그 친구의 좋은 면을 보려고 노력하면 얼마든지 좋은 친구가 될 수 있지만 좋지 않는 측면에 주목하면 나쁜 친구가 될 수 있다. 또한 나쁜 친구라 생각했던 친구 또한 얼마든지 장점을 가진 좋은 친구가 될 수 있음을 활동 후에 함께 나눠보도록 한다.

✎ 생각 키우기

- A4용지를 8등분해서 각자 2장씩 나눠 갖는다.

- 각자가 자신의 단점이라고 생각하는 것을 각각의 카드에 두 개 정도씩 적는다. 한 카드에 자신의 단점을 다 쓰는 것이 아닌 한 카드에 하나의 단점을 적도록 한다.

- 각자 쓴 것을 한 군데로 모아 모은 것을 순서대로 돌아가면서 하나씩 뽑는다.

- 뽑은 단점 카드를 한 명씩 돌아가며 장점으로 말해 준다. 모두 다 돌아가면서 단점을 장점으로 이야기해 보도록 하여 긍정적 표현을 연습해 보도록 한다.

- 계속 돌아가면서 위의 방법을 사용한다.

- 활동을 한 소감을 돌아가면서 이야기해 본다. [활동지2]에 자신의 단점이 어떻게 장점으로 바뀌었는지 써본다.

- [활동지3]의 성격의 빛과 그림자를 함께 생각해보면서 빈칸을 채워나간다.

- 장점카드 활동을 변형하여 자신에게 일어난 힘들었거나 불평스런 일들, 친구나 가족, 선생님, 이웃에 대한 불만스럽거나 안 좋은 점을 긍정적으로 바꾸어 생각해 보도록 하는 활동도 해 볼 수 있다.

- 힘든 일을 긍정적으로 바라보기(예시)

＊나에게 힘든 일 : 과제가 많아서 힘들다

＊긍정적으로 바라보기 : 책을 많이 읽게 되었다

공부를 많이 하게 되었다

모둠과제를 하며 친구들과 친해지고 협동심이 길러졌다

보고서 쓰는 방법을 배우게 되었다

모르는 낱말을 찾아보며 어휘 실력이 늘었다

안 가던 도서관을 갔다

발표 실력이 늘었다

🔟 삶에 반응하기

- [활동지4]에 내 이름과 나의 단점을 적는다.

- 돌아다니면서 만난 친구의 단점을 듣고 적은 후에 그 단점을 장점으로 바꿔서 적는다.

- 교사가 "그만"이라고 외칠 때까지 계속 인터뷰를 하며 활동지를 꽉 채운다.

- 다 채워서 자기 자리로 돌아온 먼저 한 사람을 지목하여 발표하게 한다. 누군가의 단점을 장점으로 바꾸어 얘기해 준다.

- 그 다음은 지목 받았던 사람이 같은 방식으로 또 다른 사람을 지목하여 단점을 장점으로 바꾸어 얘기한다.

- 릴레이로 서로의 장점을 부각시켜 말해줌으로써 서로 칭찬하고 분위기를 만들고 격려해준다.

활동지 1

사물카드 예시

장점 카드

장점 카드 예시

단점 카드
돈을 많이 쓴다
화를 잘 낸다
말이 없다
게으르다

장점 카드
인색하지 않다 가지고 싶은 것을 가질 수 있다 등
관심이 많다 에너지가 넘친다 등
깊이가 있다 잘 들어준다 등
여유롭다 느긋하다 등

❖ 자신의 단점이 어떻게 장점으로 바뀌었는지 써보자.

단점 카드

장점 카드

성격의 빛과 그림자

부정적 측면	성격 특성	긍정적 측면
나서기 좋아하는, 설치는	공격적	
독불장군식인, 자기중심적인	독립적인	
수다스러운, 잔소리가 많은	말이 많은	
따지는, 냉정한, 이해타산적인, 평가적인	이성적인	
눈치 보는	예의바른	
공부밖에 모르는, 과욕적인	목표지향적인	
줏대가 없는, 아부하는, 유부단한	지지하는	
고집불통인, 독재적인, 독선적인	지배적	
비현실적인, 공상적인	종교적	
설치는, 나서는	활동적	
수동적인, 의타적인	복종적	
따지는, 챙기는	논리적	
변덕이 심한, 신경질적인	감수성 있는	
설치는, 투쟁적인, 공격적인	경쟁적	
마음이 잘 바뀌는, 소심한, 불안한, 신경질적인	불안정한	
허황된 욕심꾼, 수단을 안 가리는	야망이 있는	
독선적인, 남의 이야기를 안 듣는	주관적인	
마음이 약한, 복종적인, 의타적인	의존적	
가벼운, 경솔한	의사결정이 빠른	
나서기 좋아하는, 자기본위적인	자신감 있는	
복종적인, 의존적인	수동적인	
교만한, 의도적인	집단을 이끄는	
약삭빠른, 간사한, 모방 잘하는	재치 있는	

〈예시본〉

부정적 측면	성격 특성	긍정적 측면
나서기 좋아하는, 설치는	공격적	적극적인, 의욕적인
독불장군식인, 자기중심적인	독립적인	소신 있는, 자립심이 강한, 개성적인
수다스러운, 잔소리가 많은	말이 많은	언변이 좋은, 활동적인, 표현이 자유로운
따지는, 냉정한, 타산적인, 평가적인	이성적인	합리적인, 논리적인, 객관적인
눈치 보는	예의바른	공손한, 매너 좋은
공부밖에 모르는, 과욕적인	목표지향적인	목표가 분명한, 미래지향적인
줏대가 없는, 아부하는, 우유부단한	지지하는	협조적인, 도우는, 수용적
고집불통인, 독재적인, 독선적인	지배적	소신 있는, 주관이 분명한, 신념 있는
비현실적인, 공상적인	종교적	안정된, 진실한, 믿음 있는
설치는, 나서는	활동적	의욕적인, 적극적인
수동적인, 의타적인	복종적	규범을 잘 지키는, 협조적인
따지는, 챙기는	논리적	이성적인, 객관적인
변덕이 심한, 신경질적인	감수성 있는	감정이 풍부한, 민감한
설치는, 투쟁적인, 공격적인	경쟁적	의욕적인, 적극적인, 진취적인
마음이 잘 바뀌는, 소심한, 불안한, 신경질적인	불안정한	정감이 풍부한, 감수성 풍부한
허황된 욕심꾼, 수단을 안 가리는	야망이 있는	꿈이 많은, 패기 있는
독선적인, 남의 이야기를 안 듣는	주관적인	소신 있는, 뚜렷한, 사고가 분명한
마음이 약한, 복종적인, 의타적인	의존적	적응력이 높은, 남의 이야기를 잘 듣는
가벼운, 경솔한	의사결정이 빠른	신속한, 정확한
나서기 좋아하는, 자기본위적인	자신감 있는	소신 있는, 자신만만한
복종적인, 의존적인	수동적인	규범을 잘 따르는
교만한, 의도적인	집단을 이끄는	리더십이 강한, 능력 있는
약삭빠른, 간사한, 모방 잘하는	재치 있는	감각이 좋은, 센스 있는

네가 짱!! 인터뷰 게임

♥ 내 이름 _____ 나의 단점은? _____

☆ 친구이름 ☆ 단점은? ☆ 어떻게 바꾸어주었나요?	☆ 친구이름 ☆ 단점은? ☆ 어떻게 바꾸어주었나요?	☆ 친구이름 ☆ 단점은? ☆ 어떻게 바꾸어주었나요?
☆ 친구이름 ☆ 단점은? ☆ 어떻게 바꾸어주었나요?	☆ 친구이름 ☆ 단점은? ☆ 어떻게 바꾸어주었나요?	☆ 친구이름 ☆ 단점은? ☆ 어떻게 바꾸어주었나요?
☆ 친구이름 ☆ 단점은? ☆ 어떻게 바꾸어주었나요?	☆ 친구이름 ☆ 단점은? ☆ 어떻게 바꾸어주었나요?	☆ 친구이름 ☆ 단점은? ☆ 어떻게 바꾸어주었나요?

회복 탄력성을 통한 내공 쌓기

청소년기에 생겨난 꿈, 마음속에 다진 목표! 열심을 품으면 다 이루어 낼 수 있을까? 자신의 의지대로 한 번에 영광의 열매를 맺는 경우도 있지만, 실패와 좌절의 열매를 얻는 경우가 더 많다. 이는 자신 앞에 펼쳐질 미래의 모습을 알 수 없을 뿐 아니라, 성장하는 과정에서 성적과 가정환경, 친구 관계 등에서 예기치 않은 문제들과 어려움들을 만나기 때문이다. 그러나 훗날 영광의 열매를 맺은 사람들을 살펴보면 실패와 좌절의 어려움과 역경을 경험했고 이를 이겨낸 이야기를 가지고 있는 것을 본다.

변화하는 미래 사회에 살아야 하는 청소년들에게 어떤 내면이 필요할까? 바로 자신에게 다가올 여러 상황들을 잘 극복할 수 있는 내면의 강함이 있어야 한다. 청소년기에 자신에게 다가오는 역경을 더욱더 강하게 튀어 오르게 하는 스프링과 같은 역할을 할 수 있도록 준비하는 것도 필요하다. 이에 '회복 탄력성' 이라는 단어를 통하여 자신의 불행을 행복으로 바꿀 수 있는 부분이 무엇인지 생각해 보는 시간을 갖도록 한다.

🖥 학습 목표

1. **지식 (이해)** : 절망을 이겨낸 사람들의 비밀을 알 수 있다.

2. **기능 (활동)** : 긍정성 카드를 활용하여 자신의 긍정성을 도표화 할 수 있다.

3. **태도 (실천)** : 다양한 상황을 받아 들일 수 있는 마음을 가질 수 있다.

🔁 마음 열기

▶ 절망을 이겨낸 사람들의 비밀

- 학생들에게 역경을 이겨낸 사람들 〈닉 부이치치, 이상묵교수, 에이미 멀린스, 조앤롤링, 폴포츠, 안데르센〉의 사진을 보여준다.

- 각 사람의 이야기를 알고 있는지, 학생들에게 질문하고, 각 사람에 대한 이야기를 이야기 해 준 후, 학생들이 서로 토의하고 [활동지 1]를 작성해본다.

- 이들에게 발견할 수 있는 공통점은 무엇이 있는지 모둠별로 서로 이야기 해 보고 이를 극복한 힘을 정의해본다.

✏ 생각 키우기

▶ 긍정성 카드 활동

- 12장의 카드를 코팅하여 내용이 보이지 않게 잘 섞은 후 모둠책상 가운데 둔다.

- 돌아가면서 한 장씩 선택하여 카드의 내용을 한사람씩 소리 내어 읽는다.

- 모둠원들과 한 주제씩 자신의 사례와 함께 의논하고 각 문항마다 스스로 점수를 매겨, 긍정성 도표에 색연필로 예쁘게 색칠해 본다.

절망을 이겨낸 사람들의 이야기

에이미 멀린스

선천적 기형으로 태어날 때부터 종아리뼈가 없어 한 살 때 두 다리를 절단하는 수술을 받아 무릎 아래 다리가 없는 장애인이다. 멀린스는 미국 워싱턴에 위치한 조지타운 대학에 입학한 후 장애인 올림픽에 미국 대표 선수로 출전해 자신의 존재를 세상에 알렸다. 그는 의족을 끼고 1996년 장애인 올림픽에서 세계 기록을 세웠다. 100m 15.77ch, 200m 34.60초, 그리고 멀리 뛰기 3.5m의 기록을 갖고 있다. 또한 패션모델로서 영국의 패션 디자이너 알렉산더 맥퀸의 런던 쇼에서 수공예로 만든 구두 일체형 인공 다리로 멋지게 런웨이를 걷기도 했다. 뿐만 아니라 멀린스는 책을 저술하고 강연 활동을 펼치는 동시에 영화배우로도 왕성한 활동을 펼치고 있다.

그리고 그는 멋진 강연을 통해 사람들에게 용기를 북돋아 주는 동기 부여 전문가로도 활약하고 있다. 멀린스는 피플 지 선정 '아름다운 여성 50인'에 이름을 올리기도 하였다. 다리가 없는 장애를 그저 극복한 정도가 아니라 자신의 장애를 발판으로 삼아, 그것을 무기로 삼아, 그러한 장애가 없었다면 불가능했을 일들을 이뤄나가고 있다.

조앤 롤링

〈해리포터〉의 저자 조앤 롤링은 20대 초반 영국에서 포르투갈로 가서 결혼 했으나, 딸을 낳고 이혼을 당하였다. 어린 딸과 함께 무일푼 신세가 되어 영국으로 돌아온 그는 정부 보조금으로 근근이 먹고 사는 가난에 찌든 싱글 맘이 되었다. 너무나 가난하여 어린 딸과 함께 죽어 버리고 싶다는 생각이 들 정도로 우울증에 사로잡혔다고 한다. 어린 딸에게 읽어 줄 동화책 한 권 살 돈이 없어서 조앤 롤링은 아이에게 읽어줄 동화를 직접 쓰기 시작했다. 이렇게 해서 〈해리포터〉가 탄생한 것이다. 결국 그는 해리포터 시리즈로 엄청난 돈을 벌어 영국 여왕보다 더 큰 부자가 되었고, 〈포브스〉 선정 세계 500대 부자에 등극하기에 이르렀다.

조앤 롤링은 이렇게 얘기한다. "제가 가장 두려워했던 실패가 현실로 다가오자 오히려 저는 자유로워질 수 있었습니다. 실패했지만 저는 살아 있었고, 사랑하는 딸이 있었고, 낡은 타자기 한 대와 엄청난 아이디어가 있었죠. 가장 밑바닥이 인생을 새로 세울 수 있는 단단한 기반이 되어준 것입니다."

폴 포츠

폴 로버트 포츠(Paul Robert Potts, 1970년 10월 13일-)는 2007년 영국의 리얼리티 TV 프로그램 "브리튼스 갓 탤런트"를 통해 휴대전화 판매원에서 세계적인 스타로 주목받게 된 오페라 가수이다. 그는 어릴 때 그의 외모로 인해 많은 놀림을 받았다고 한다. 뿐만 아니라 노래가 너무 좋아 노래를 하려고 하면 학교 선생님을 비롯한 많은 학생들이 자신을 비웃었다는 사실을 회상했다. 그러한 어려움으로 인해 자신의 꿈이 있었지만 끝내 펼치지 못하고 휴대전화 판매원의 삶을 살았다. 그렇지만 휴대전화 판매를 하면서도 매일 밤 자신은 노래 연습하는 그 시간들을 놓지 않았다고 한다. 그 시간이 또한 자신이 살아 있음을 확인할 수 있는 시간이었다고 했다. 우연히 잡은 "브리튼스 갓 탤런트" 대회 참여 기회를 통하여 세계적인 스타로 주목받은 폴 보츠는 동영상 사이트 유튜브에서 누적 1억 건이 넘는 조회 수를 기록하며 전 세계적인 관심을 불러 모았다. 2007년 발매된 1집 앨범 'One Chance'는 국내에서 4만장 이상을 판매한 앨범에 주어지는 "트리플 플래티넘"을 수상하였고, 전 세계적으로는 500만장 이상을 판매하는 밀리언셀러의 성공을 거두었다. 2009년 4월 독일을 시작으로 발매된 2집 앨범 'Passione' 또한 전 세계적인 성공을 거두었고, 2010년 9월 22일 일본을 시작으로 세 번째 앨범인 'Cinema Paradiso'를 발매 하며 또 다른 자신의 도전을 이어가고 있다

야식 배달부 '김승일'
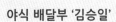

2010년 SBS TV '놀라운 대회 스타킹'에 출연한 후 '목청킹'으로 유명세를 탄 김승일(34). 그가 받은 닉네임은 '야식배달 폴 포츠'이다. 그는 수원에서 자라 삼일공업고등학교를 졸업하고 한양대학교 성악과에 합격하였다. 하지만 그에게 찾아온 시련은 대학교 1학년 때, 어머니가 뇌출혈로 쓰러지면서 대학의 삶도 음악의 삶도 접게 되었다. 결국 세상을 떠나신 어머니 앞에 음악도 학교도 세상도 전부 싫어 가방 세 개를 짊어지고 교문을 나서며 "내가 당신들보다 훨씬 잘살 거다." 호탕하게 단언했다고 한다.

노래하고픈 열망은 가슴 깊이 묻어 두고 돈을 좇아 살았던 3년의 삶 속에 많은 어려움과 힘듦이 있었다. 그러나 노래를 향한 열정은 놓지 않았던 삶 속에서, 2010년 12월, 김승일의 노래 실력에 감탄한 야식집 사장이 보낸 사연이 방송을 타면서 패널로 참여한 음대 교수에게 "이런 음색을 들은 적이 없다."라는 극찬을 받고, 무료 레슨을 받으며 성악가의 꿈에 한 발짝 다가서며 시청자들의 눈물을 훔쳐내었다. 그리고 그 이후 경기도 문화의전당에서 자신의 이름을 내건 생애 첫 공연을 했다. 사람들이 곧잘 비교하던 '폴 포츠'와도 한 무대에 서면서 테너로서 자신의 이름을 알렸다. 김승일은 "(성악가의 길을 걷기로) 어렵게 결심한 만큼 끝까지 꿈을 포기하지 않을 것"이라고 한다.

서울대 이상묵 교수

국비 장학생으로 MIT에서 박사 학위를 받은 전도유망한 해양 지질학자였다. 한창 일할 나이인 45세 되던 2006년 여름, 캘리포니아 공과대학과 공동으로 야외 지질 조사 프로젝트를 수행하는 과정에서 차량이 전복되는 사고를 당했다. 그 후 3일이 지나서야 의식을 회복했지만 눈만 껌뻑일 뿐 손끝하나 움직일 수 없는 전신마비 판정을 받았다. 눈으로 겨우 의사 표현을 하다가 3주가 지난 후 가까스로 입을 떼서 말을 할 수 있었지만, 결국 목 아랫부분을 전혀 움직일 수 없는 전신마비 장애인이 되었다. 하지만 이상묵 교수는 전신마비라는 장애에도 불구하고 현실을 냉정하고 정확하게 파악해, 처지를 비관하거나 우울해거나 현실을 부정하려 하지 않고 있는 그대로 받아 들였다. 그래서 6개월 만에 일상생활에 복귀하게 되었다. 그는 전동 휠체어에 몸을 실은 채 서울대학교로 복귀하여 강의와 연구에 몰두하고 있으며 한국의 '스티븐 호킹 박사'라고 불리고 있다. 그는 보조 재활 공학센터를 만들어 장애인을 위한 기술 개발을 시작했고, 자신을 큰 행운아라고 이야기하며 사고 때문에 더 마음이 편해졌다고 한다. 얼굴로 전동 휠체어를 조정하고 입술로 마우스를 조정해야 하는 상황임에도 활발히 연구 활동을 전개하여 오히려 사고 전보다 세계적으로 더 주목받는 학자가 되었다.

닉 부이치치

닉 부이치치는 설교사, 동기 부여 연설가, 신체 부자유자들을 위한 기관인 "사지 없는 인생 (Life Without Limbs)"의 대표로 활동하고 있는 사람이다. 그는 출생 당시, 팔과 다리 즉, 사지가 없는 상태로 태어났는데, 양팔과 다리가 없고, 두 개의 작은 발이 달려 있는 상태, 그중 한 쪽 발만 두 개의 발가락을 가지고 있는 상태였다. 그러한 모습으로 성장하는 가운데 학교에서 많은 어려움과 고난들이 있었다. 정신적인 장애를 가진 사람이 아니었음에도 불구하고 호주법에 따라 신체 부자유자는 공립학교에 다닐 수도 없었다. 그러나 그가 학교를 못 다니는 동안 호주법이 바뀌어 공립학교에 다닐 수 있는 첫 번째 신체장애 학생이 되었다. 그가 가지고 있는 특별한 장치와 왼쪽 발에 있는 두 발가락을 상용해 글씨를 쓰고, 발뒤꿈치와 발가락을 이용해 컴퓨터 자판을 치는 법도 터득하고, 오랜 시간 훈련을 통해 스스로 할 수 있는 방법을 터득했다. 그러나 자라는 동안 심한 우울증으로 자살까지 생각해 보는 상황에 이르러, 하나님께 팔과 다리가 생기게 해 달라고 기도하기 시작했다. 기도 후 그가 할 일은 많은 사람에게 감동과 사랑과 영감을 나누는 일임을 깨닫고 살아 있음에 감사하며 살아가고 있다. 그리고 희망을 전하기 위해 전 세계를 돌아다니며 자신의 가슴속에 있는 긍정적인 힘을 전하는 데에 생을 보내고 있다.

“

회복탄력성

회복탄력성(resilience)이란 원래 제자리로 되돌아오는 힘을 일컫는 말로 '회복력' 혹은 높이 되튀어 오르는 '탄력성'을 뜻한다. 그러나 심리학에서는 주로 시련이나 고난을 이겨내는 긍정적인 힘을 의미하는 말로 쓰인다.

우리의 삶은 크고 작은 시련과 역경의 연속이라 해도 과언이 아니다. 살아간다는 것은 수많은 도전과 어려움을 끊임없이 극복해나가는 과정인 셈이다. 행복한 일도 있지만 그보다는 힘든 일, 슬픈 일, 어려운 일, 가슴 아픈 일이 더 많다. 질병, 사고, 이혼, 파산, 가족의 죽음 등 커다란 시련도 있지만, 하루하루 살아가면서 겪게 되는 인간관계에서의 사소한 갈등, 작은 실수 혹은 짜증스러운 일 같은 자잘한 어려움도 우리가 극복해야 하는 시련 중 하나다. 하지만 다행히도 우리는 인생의 모든 역경을 얼마든지 이겨낼 잠재적인 힘을 지니고 있다. 그러한 힘이 바로 회복탄력성이다.

회복탄력성 개념을 확립한 에미 워너 교수는 40년에 걸친 연구를 정리하면서 회복탄력성의 핵심적 요인을 발견했다. 바로 인간관계였다. 어려운 환경에서도 제대로 성장한 아이들이 예외 없이 지니고 있는 공통점은 그 아이의 입장을 무조건적으로 이해해주고 받아주는 어른이 적어도 한 명은 아이 곁에 있었다는 점이다.

회복탄력성은 어려운 환경에서 태어난 아이들에게만 필요한 것은 아니다. 누구나 살아가면서 역경과 어려움을 겪게 마련이다. 특히 치열한 삶을 살아가는 현대인에게 절실히 요구되는 힘이 바로 회복탄력성이다. 그렇기에 회복탄력성을 구성하는 요인들에 대해 살펴보고, 나아가 회복탄력성을 키우는 구체적인 방법을 알아보고 실행하는 노력이 필요한 것이다.

선천적으로 몸이 약한 사람도 꾸준한 운동을 통해 건강한 사람이 될 수 있고, 음치도 훈련을 통해 노래를 잘 부를 수 있게 되는 것처럼, 회복탄력성도 꾸준한 노력을 통해 얼마든지 향상될 수 있다. 다음은 책에 소개된 구체적인 훈련방법이다.

① 뒤센 미소를 지어라. 사람의 뇌는 자신의 얼굴 표정에서 스스로 즐거움을 감지하기도 한다. 즉 웃으면 즐거워지는 것도 사실이다. 습관적으로 긍정적 미소를 지어보자 (85쪽)

② 긍정적으로 스토리텔링하는 습관을 들여라. 역경에 대해 어떠한 해석을 하고 어떠한 의미로 스토리텔링하는가에 따라 우리는 불행해지기도 하고 행복해지기도 한다. (138쪽)

③ 소통 능력 향상시키기. 소통의 두 가지 차원을 이해하라. 첫째, 내용(메시지)의 차원과 둘째, 관계 형성과 유지의 차원이다. (158쪽)

④ 공감능력 향상을 위해 노력하라. 공감능력은 적극적 듣기나 표정 따라하기 등의 훈련을 통해서 증진시킬 수 있다. (178쪽)

⑤ 깊고 넓은 인간관계를 유지하라. 긍정적 정서 향상을 위해 노력하라 긍정적 정서는 타인과 내가 하나되는 느낌을 강하게 해주는 원동력이다. (192쪽)

⑥ 행복의 자동온도조절장치. 행복의 기본 수준을 높여라 자율성과 자기효능감이 향상되고 삶을 능동적으로 이끌 수 있다. (224쪽)

⑦ 대표 강점을 발견하라. 자신이 잘할 수 있는 일을 통해 즐거움과 성취와 보람을 느끼는 것이야말로 진정 행복한 삶이다. (235쪽)

⑧ 감사 훈련과 규칙적인 운동. 감사하는 마음은 몸과 마음을 편안하고 이상적인 상태로 유지시켜준다. 또한 운동은 우울증 치료제 프로작보다 효과가 있다. (245쪽)

🔵 삶에 반응하기

▶ 두마음 토론

- 우연히 마주하게 될 여러 가지 사건을 지혜롭게 해결하기 위해 '두마음 토론' 프로그램을 시작한다. 이는 갈등요인이나 사안에 대해 첨예한 견해 차이를 드러내고자 할 때 사용하는 활동이다.

- 세 명 중 한 명이 중간에 앉고 나머지 두 명은 양편에 앉게 한 후, 무작위로 오른편의 사람은 '내 생각' 역을, 왼편의 사람은 '남 생각' 역을 맡게 하고, 중간에 앉은 사람은 '재판관'이라고 일러둔다.

- 교사는 토론의 주제 상황을 학생들에게 설명하고 알려 준다.

- 교사는 '내 생각'과 '남 생각'에게 토론을 해야 하는 정확한 입장을 정하여 준다.

- '내 생각'과 '남 생각'은 재판관이 자신을 쳐다볼 때에만 이야기 할 수 있으며, 한 사람이 얘기 하는 동안에 자신의 이야기로 맞받아 이야기 할 수 없음을 주지시킨다.

- 두마음 토론 주제(예)

  ① 나의 꿈은 음악인! 음악을 통해 많은 사람들에게 희망을 주고 싶다. 그러나 부모님은 반대하고 공부만 하라고 하신다.

  ② 취업이 잘 된다고 하는 이과를 선택했다. 그러나 난 이과 성향은 아닌 것 같아 진로를 바꾸고 싶은데, 내 자신이 무엇을 잘 하는지 잘 모르겠다. 어떻게 하면 될까?

  ③ 정말 열심히 공부했다. 재수를 했음에도 대학에 들어가지 못했다. 삼수를 해야 할까? 아님 점수에 맞추어 대학에 가야할까?

참고자료

» 이강은 외(2012), "클릭! 스마트한 진로네비게이션", 한국교육과정평가원
» 김주환(2011), 회복탄력성, 위즈덤 하우스

절망을 이겨낸 사람들의 비밀

❖ **〈절망을 이겨낸 사람들의 비밀〉 이야기를 보고 물음에 답해보자.**

1. 절망을 이겨낸 사람들이 공통적으로 가지고 있는 것은 무엇일까?

2. 우리 주변에 절망을 이겨낸 사람들이 있는지 함께 이야기 해보고 그들의 모습을 관찰한 내용을 모둠별로 이야기 해보자.

3. 나의 삶 속에 꼭 필요한 내면의 힘은 무엇일까?

❖ 모둠원들과 〈긍정성카드〉를 선택하여 서로 이야기 해보자.

① 열심히 공부하면 언제나 좋은 결과가 있으리라 생각한다.	② 나의 삶은 내가 생각하는 이상적인 삶에 가깝다.
③ 맞든 아니든 "아무리 어려운 문제라도 나는 해결할 수 있다." 고 일단 믿는 것이 좋다고 생각한다.	④ 내 인생의 여러 가지 조건들은 만족스럽다.

⑤ 어려운 상황이 닥쳐도 나는 모든 일이 다 잘 될 것이라고 확신한다.	⑥ 나는 내 삶에 만족한다.
⑦ 나는 다양한 종류의 많은 사람들에게 고마움을 느낀다.	⑧ 나는 내 삶에서 중요하다고 생각하는 것들은 다 갖고 있다.

⑨ 내가 고맙게 여기는 것들을 모두 적는다면 아주 긴 목록이 될 것이다.	⑩ 시간이 지나면 내 삶의 사건과 생활에 대해 감사하는 마음이 더 커질 것이다.
⑪ 나는 다시 태어나도 나의 현재 삶을 다시 살고 싶다.	⑫ 세상을 둘러볼 때 고마워 해야 할 것들이 많이 있다.

긍정성 지수 도표

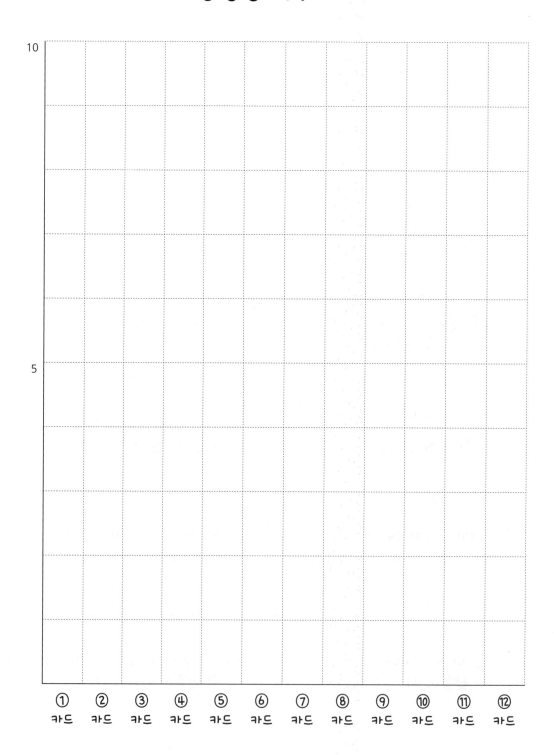

10

5

① 카드 ② 카드 ③ 카드 ④ 카드 ⑤ 카드 ⑥ 카드 ⑦ 카드 ⑧ 카드 ⑨ 카드 ⑩ 카드 ⑪ 카드 ⑫ 카드

활동지 2

두 마음 토론

재판관 (　　　　　　　), 내 생각 (　　　　　　　), 남 생각 (　　　　　　　)

❖ **주제**

취업을 했다. 꿈과 이상을 가지고 내가 정말 좋아하는 일을 선택했다고 생각했다.
그런데, 친구들이 선택한 직장의 월급과 복지, 쉼이 참 부럽다. 직장을 옮길까?

'내 생각'의 입장	'남 생각'의 입장

❖ **재판관의 판결**

The Strength of

Thinking

⊕

Heart

⊕

Insight

⊕

Selection

안목의 힘

The strength of Insight

안목의 힘 01

미래의 강은
어디로 흐르나요?

　빠르게 변화하고 있는 세계화 속에서 지금 이순간도 수백 가지의 직업이 사라졌다 새롭게 생겨나고 과학기술의 발전으로 무엇이든지 상상을 하면 그 상상이상의 결과로 세상을 깜짝 놀라게 하는 것을 보게 된다. 인류의 역사를 매일 다시 쓰고 있다고 해도 과언이 아닐 것이다. 이러한 사회를 살아가고 직업을 가져야 하는 아이들이 올바른 가치를 찾아 선택할 수 있고 자신의 내면적 힘을 다지는 과정을 통해 자존감이 회복되었다면 이제는 자신에게 맞는 직업을 찾아가는 안목을 기르는 것이 필요하다. 우리 아이들이 살아가야할 미래사회는 지금보다 훨씬 복잡하고 개인의 다양성을 추구하며 다변화를 꾀하는 사회일 것이다. 미래 사회가 지니게 될 변화의 특징과 미래 산업분야의 변화를 알아가는 활동을 통해 다가오는 미래에 대한 기대와 흥분으로 미래를 상상할 것이고 새로운 사회를 맞이할 준비를 하고 의미 있는 삶의 변화가 일어나도록 진로를 설계하도록 도와준다.

🖳 학습 목표

1. **지식 (이해)** : 미래 사회의 모습을 통해 여러 가지 특징을 이해하고 예측한다.

2. **기능 (활동)** : 상상 그림일기를 통해 미래 사회의 모습을 상상해보고 다양한 미래
   사회의 모습을 친구들과 비교하면서 앞으로 다가올 미래 사회가
   새로운 산업의 발달로 어떠한 삶의 변화가 있을지 가늠해 본다.

3. **태도 (실천)** : 미래 사회를 살아가는데 도움을 줄 수 있는 아이디어 제안과
   미래 사회의 문제점을 통해 준비해야 할 실천과제들을 토의해 보고
   그 중에 자신이 꼭 지킬 수 있는 한 가지를 선택하여 실천을 다짐한다.

🗭 마음 열기

▶ 미래사회 간접 체험하기

- 유튜브 검색창에 〈Microsoft's Concept of How 2019 Will Look Like -
  Official Video〉, 〈유리와 함께하는 하루〉, 〈유리와 함께하는 하루2〉, 〈Did you
  know?(Korean subtitle)〉, 〈Shift Happens〉등을 검색한다.

- 교사가 먼저 동영상을 보고 자신의 언어로 가장 잘 미래사회를 표현할 수 있는
  동영상을 학생들과 함께 시청한다.

- 선택된 동영상을 보고 [활동지1]을 작성한 후 다가올 미래 사회에 대한 예측을
  해보고 발표한다.

- 미래 사회에 발생하게 될 장점과 단점을 고민해보고 부정적인 시각보다 긍정적인
  시각을 갖도록 한다.

- 미래 사회의 변화에 적응하기 위해 갖추어야할 역량을 학생들 스스로 뽑아볼 수
  있도록 하여 준비하는 마음을 갖는다.

✏️ 생각 키우기

▶ 상상 그림일기 그리기

- 미래 사회에 대한 예측을 머릿속으로 생각을 해보았다면 [활동지2]를 통해 미래의 하루를 상상하며 상상 그림일기를 그려본다.

- 미래의 하루는 가까운 미래에서부터 먼 미래까지 학생들이 다양하게 선택할 수 있도록 한다.(10년 후, 50년 후, 100년 후)

- 상상 그림일기 속에서 마음열기 활동을 통해 상상했던 다양한 미래 사회의 모습을 반영할 수 있도록 지도한다.

- 색깔 싸인펜이나 색연필을 미리 준비할 수 있도록 안내한다.

- 너무 주제가 막연하여 학생들의 접근이 어렵다면 '미래 학교의 모습'이나 '가정의 모습'으로 제시해 주면 쉽게 시작할 수 있다.

- 상상 그림일기를 다 그리면 짝과 비교하면서 이유를 설명하고 듣는다.

- 미래 사회의 삶의 변화를 구체적으로 인식하는 계기를 만들어 주도록 한다.

[학생자료 샘플]

 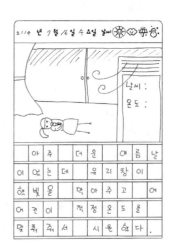

👍 삶에 반응하기

▶ 미래 사회 아이디어 제안하기

- 미래 사회에 꼭 필요한 나만의 아이디어를 [활동지3]을 활용하여 계획한다.
- 아이디어는 일상생활에 직접 활용이 가능하고 생활에 도움을 주는 물건으로 제시해 주도록 한다.
- 학생들이 과학적인 사고와 창의력으로 접근할 수 있도록 안내하고 활동이 끝나면 제품화 가능성이나 아이디어의 독창성을 찾아준다.
- 개별 활동과 모둠활동 모두 가능하며 모둠으로 진행하였을 경우 팀워크 및 아이디어 제안 동기에 중점을 두고 지도한다.

[학생자료 샘플]

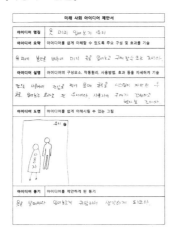 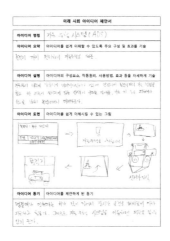

▶ 미래 사회 고민하기

- 미래 사회의 문제점을 [활동지4]를 통해 고민하고 예측해 본다.
- 미래 사회의 변화 속에서 그 시대를 살아가야할 주인공으로 행복한 삶을 위해 할 수 있는 일이 무엇인지 고민해 보고 실천과제를 찾을 수 있도록 도와준다.

참고자료

» 한국정보화진흥원(2011). "미래사회 메가트렌드로 본 10대 미래기술 전망".
인터넷 PDF 파일로 공개 자료입니다.
다운받아서 읽어보시면 34페이지로 구성되어 있습니다.

미래사회 체험하기

❖ **동영상을 보고 물음에 답해보자.**

1. 빠르게 변화하는 미래사회의 모습 중에 가장 인상적인 부분과 그 이유를 찾아보자.

   • 인상적인 부분 -

   • 이유 -

2. 10년 뒤 나를 깜짝 놀라게 만들 미래 사회의 기술은 어떤 것이 있을지 상상해보자.

3. 기술이 발전함에 따라 미래 사회에 발생하게 될 장점과 단점을 찾아보자.

   • 장점 -

   • 단점 -

4. 미래 사회의 변화에 적응하기 위해서 갖추어야 할 능력에는 어떤 것들이 있을까?

상상 그림일기

| 년 | 월 | 일 | 요일 | 날씨 | ☀ | ☁ | ☔ | ⛄ |

활동지 3

미래 사회 아이디어 제안서

아이디어 명칭	
아이디어 요약	아이디어를 쉽게 이해할 수 있도록 주요 구성 및 효과를 기술
아이디어 설명	아이디어의 구성요소, 작동원리, 사용방법, 효과 등을 자세하게 기술
아이디어 도면	아이디어를 쉽게 이해시킬 수 있는 그림
아이디어 동기	아이디어를 제안하게 된 동기

미래 사회 고민하기

❖ **모둠원들과 함께 아래 물음에 답해보자.**

> • 인구성장률은 2010년 0.46%, 2020년 0.28%, 2031년부터 마이너스 성장을 시작, 2060년 -1.0% 수준
>
> • 생산가능인구(15-64세)는 2016년 3,704만명(인구의 72.9%)을 정점으로 감소, 2060년 2,187만명(49.7%)
>
> • 65세이상 고령인구는 2010년(545만명)에 비해, 2030년 2.3배(1,269만명), 2060년 3배(1,762만명)이상 증가
>
> • 생산가능인구 1백명당 부양인구는 2012년 36.8명(노인 16.1명)까지 낮아진 후 증가, 2060년 101.0명(노인 80.6명)으로 부양인구가 더 많아
>
> - 통계청 〈장례인구추계〉

1. 위 장례인구추계에 따라 우리나라의 인구 추세가 지금과 같이 계속 된다면 50년 뒤에는 어떤 사회문제가 발생할지 예측해 봅시다.

2. 미래 사회가 아래의 항목에 따라 변화한다고 가정한다면 행복한 삶을 위해 우리가 시작해야 할 일들은 무엇이 있을지 고민해 봅시다.

가치관의 변화 (삶의 질/자기실현 추구)	
생활양식의 변화 (여가 시간의 증가)	
산업 구조의 변화 (우주 산업의 활성화)	
문화산업의 변화 (레저 산업의 발달)	

안목의 힘 02

사라지는 직업과
새로 생기는 직업은 왜?

　　사회의 변화에 따라 직업도 변화한다. 사라지는 직업이 있는가 하면 새롭게 생겨나는 직업도 있다. 현대사회의 변화에 따른 이러한 다양한 직업의 변화는 산업사회의 그 어떤 때보다 그 변화의 속도가 빠르다. 산업사회의 변화, 지식 정보화 사회, IT 기술의 발달, 인구변화 등은 현존하는 직업에 대한 일방적인 소개보다는 새로운 사회의 변화를 인식하고 고용 없는 성장의 시대에 맞게 스스로 변화에 맞는 직업을 찾고 만드는 고민을 해 볼 수 있도록 한다.

🔲 학습 목표

1. 지식 (이해) : 사회 변화의 추이에 따른 사라지는 직업과 신생직업의 유형을 알아본다.

2. 기능 (활동) : 신생직업 카드를 만들어 본다.

3. 태도 (실천) : 사회 변화에 맞는 자신의 미래 직업에 대한 관점을 세운다.

🪙 마음 열기

■ 소멸직업, 신생직업 분류하기

- [활동지1]을 배부하고 사라진 직업과 신생 직업에 대해 모둠원끼리 보기를 참고하여 직업들을 분류해본다.

구분	종류
없어졌거나 사라져 가는 직업(10개)	땜장이, 타이피스트, 버스안내양, 보부상, 미용사, 인력거꾼, 굴뚝 청소원, 물장수, 타자기 수리원
계속 이어져 내려오는 현존하는 직업(10개)	화가, 웹 디자이너, 국가사이버안전요원, 가수, 의사, 건축사, 중·고 교사, 위폐 감식 전문가, 게임 방송 해설가, 인터넷쇼핑몰운영자, 토피어리 디자이너, 펀드 매니저, 학습 매니저, 공해 방지 전문가, 노인 복지 전문가, 두피 모발 관리사
새로 생겨날 직업(10개)	장기이식코디네이터, 비애 치료사, 우주여행 가이드, 메뉴개발사, 가맹상담사, 콘텐츠 엠디, 사이버 기상캐스터, 베타테스터, 모바일뮤직디렉터

🖊 생각 키우기

■ 미래 직업의 트랜드 알아보기

- 동영상 2014 신직업 리포트 요약편(http://www.youtube.com/watch?v=CXx_wXYwrYo)을 살펴보면서 산업에 따른 직업의 변화를 알아간다.

- 옥스퍼드 대학에서 제공하고 있는 향후 20년 내에 사라질 직업에 대해 살펴보며 이유에 대해 생각해 본다.

- 정답〉 **2014 이후 20년 내에 없어질 가능성이 높은 직업**   - 옥스포드 대학 제공

순	직 업	이유	순	직 업	이유
1	텔레마케터	인터넷 발달	6	기계 전문가	3D 프린터기
2	회계사	자동 계산	7	비행기 조종사	무인 조종
3	소매 판매업자	인터넷 구입	8	경제학자	1인기업이 많아짐
4	전문작가	로봇	9	건강관련 기술자	로봇
5	부동산 중개원	인터넷	10	배우	

- 3대 미래 사회 변화에 대한 예를 들어본다.

기존 직업	전문화, 세분화, 다양화된 직업
심리상담가	비애치료사, 무용치료사
파리바게트	언니네 식빵, 고로케 전문점
프로그래머	앱개발자, 모바일 콘텐츠 디자이너

👍 삶에 반응하기

■ 미래 직업카드 만들어 보기

- 미래 추천 직업 목록을 보고 미래직업카드를 만들어 본다.
  이 때 자신이 직접 개발한 직업도 만들어도 좋다.

- 배운 내용에 대한 느낀 점을 모둠 안에서 이야기한다.

- 미래 직업 카드 만들기를 따로 1시간 분량의 수업으로 진행하여도 좋다.

┌─ **참고동영상** ─
│
│ » 2014 신직업리포트 15min ver
│   http://www.youtube.com/watch?v=X0S9A5Gb1SY
│ » 신직업 리포트 요약
│   http://www.youtube.com/watch?v=CXx_wXYwrYo
│ » 올해까지 미래유망 신직업 100개 발굴
│   http://www.youtube.com/watch?v=OiDsbAXzEFM
│ » 세상에서 가장 창의적인 직업
│   http://www.youtube.com/watch?v=4FMeJQTSVDk
│ » IT로 인해 사라진 직업 Best5 화제
│   http://www.youtube.com/watch?v=bJGiVVU5Rt0
│ » 미래 유망직업
│   http://www.youtube.com/watch?v=AYzUCM1vcDk
│ » 미래를 바꿀 7가지 기술
│   http://www.youtube.com/watch?v=qzQGEJsijCk
│ » 거짓말 같은 미래의 모습
│   http://www.youtube.com/watch?v=bsQuIEMDaAo
│ » 미래를 예견했던 초현대적 영화 톱5
│   http://www.youtube.com/watch?v=VAqmgT2o4QA

"

추천 미래 직업

분야	직 업
개인 서비스	소비생활어드바이저, 네일아티스트, 여가생활상담원, 타투이스트(문신아티스트), 소셜미디어관리전문가, 사이버언더테이커(디지털장의사), 주변환경정리전문가, 이혼부모 코디네이터, 이혼플래너, 냄새판정사, 도우미로봇전문가, 생활코치(life coach), 퇴직지원전문가
경영 / 행정	빅데이터전문가, 그린마케터, 직무분석가, 탄소배출권거래중개인, 기업 컨시어지, 기업프로파일러, 신사업아이디어컨설턴트, 평판관리전문가, 분쟁조정사, 협동조합코디네이터, 매매주택연출가, 산업카운슬러
공공/ 안전	영·유아안전장치설치원, 사립탐정(민간조사관), 교통행정처분상담자, 도로안전유도원(교통경비유도원)
교육 / 연구	보조교사, 창의트레이너, 지역사회교육코디네이터, 잡투어 플래너, 교과과정상담가, 재능기부코디네이터, 홈스쿨링코디네이터, 뇌기능분석/뇌질환전문가(뇌질환 원인 규명 및 치료기술 연구), 유전자/줄기세포연구원, 감성인식기술전문가, 인공지능전문가, 과학커뮤니케이터
복지	장애인여행도우미, 복지주거환경코디네이터, 보건 및 사회시설품질평가원, 육아감독관, 가정방문건강관리사, 입양사후관리원, 임신상담원, 케어 매니저, 재택입욕도우미, 방문미용사, 재활 및 교육돌보미, 조부모 · 손자녀유대관계전문가, 노년플래너, 베이비플래너, 사별애도상담원,자살예방상담가, 정신대화사(말벗도우미), 약물 · 알코올 중독전문가,잡코치(직장적응지원자),
의료	원격진료코디네이터, 유전학상담전문가, 의료일러스트레이터, 의료소송분쟁조정사 (상담사), 정시훈련전문가(orthoptist), 운동치료사, 당뇨상담사, 음악치료사, 레크리에이션치료사, 놀이치료사, 정형외과신발제작자, 의학물리사, 병원아동생활전문가, 자연치료사, U헬스전문가, 의료용로봇전문가, 댄스치료사
문화	아웃도어인스트럭터(레저활동지도사), 문화매니저, 도시재생전문가, 홀로그램전문가
환경 / 동물	리싸이클링코디네이터, 에너지절감시설원, 오염지재개발전문가, 가정에너지평가사, 가정에코컨설턴트, 기후변화전문가, 그린빌딩인증평가전문가, 그린장례지도사, 숲치료사, 정밀농업기술자, BIM(Building Information Management) 디자이너, 온실가스컨설턴트, 동물관리전문가, 수의테크니션(동물 간호사)

미래의 유망직종

　21세기를 살아가게 될 현대의 청소년은 다양하고 전문화된 많은 직업들 속에서 어떤 직종이 앞으로 유망할 것인가에 대하여 생각해 본적이 많을 것이다. 특히 21세기는 세계적으로도 무한한 경쟁이 시작되고 경영과 기술의 혁신의 급변하는 사회환경을 맞이하게 될 것이라고 전문가들은 예측하고 있다.

　또한 직업의 성격도 파트타임제, 시차제근무, 혹은 재택근무 등의 외형적인 변화도 상당히 클 것으로 보인다. 또한 평생직장이라는 개념도 희박해질 전망이며, 평생교육을 통하여 끊임없이 새로운 지식을 습득해야 할 것이다. 또한 컴퓨터가 정보를 주도해 나가는 정보화시대는 과거의 산업시대의 자본과는 전혀 다른 직업 환경을 조성하게 될 것이다.

1) 컴퓨터산업의 관련 직업

　정보검색원, 시스템엔지니어, 시스템컨설턴트, 컴퓨터게임 시나리오작가,
　컴퓨터에디터, 데이터입력기능사, 컴퓨터그래픽디자이너, 홀로그래픽디자이너,
　컴퓨터음악가, 컴퓨터이미지 프로세서, 비디오아트작가, 포토스타일러,
　디지털영상 처리기사, 경영정보시스템전문가, 캐드캠, 컴퓨터프로그래머

2) 첨단과학 관련직업

　통신엔지니어, 화공엔지니어, 정밀기계엔지니어, 전자인공지능엔지니어,
　핵물리 학자, 의용계측제어학자, 반도체전문가, 레이저공학자, 재료공학자,
　초고주파공학자, 유전공학자, 단백질구조공학자, 미생물유전학자

3) 세분화, 전문화로 파생되는 직업

　경제전망가, 조직론전공학자, 대학입학전형설계사, 연수교육전문강사, 공인노무사,
　인사관리전문가, 전문리크루터, 노동법학자, 노사분쟁전문판사, 임금연구가,
　캐스팅디렉터, 투자상담가, 신문방송기자, 증권국제브로커, 채권딜러, 선물거래중개사,
　마케팅조사가, 사회조사전문가, 광고기획자, 변리사, 텔레마케팅요원

4) 세계화로 파생되는 직업

　국제법학자, 머천다이저, 지역전문가, 통상전문관료, 외교관, 무역전문가,
　항공기조종사, 스튜어디스, 항공기정비사, 영상번역가, 동시통역사, 관광통역가이드,
　해외관광지개발가

5) 여가선호로 파생되는 직업

호텔 국제판매직, 연회전문가, 항공사 여객마케팅, 여행기획가, 연예오락이벤트 기획인, 성형외과의사, 피부과학전문학자, 피부미용사, 미용사, 바텐더, 보모, 사회체육지도자, 레크리에이션연구가

6) 창의성·개성이 강조되는 직업

요리코디네이터, 색채전문가, 산업디자이너, 상업디자이너, 인테리어전문가, 모델, 이미지컨설턴트, 테마파크디스플레이어, 의상컨설턴트, 자동차디자이너, 일러스트레이터, 공예가, 광고디자이너, 환경디자이너, 시각디자이너, 큐레이터, 조각가, 무대디자이너, 만화콘티작가, 애니메이션전문가, 의류머천다이저, 카피라이터, 분장사

7) 문화·예술관련 직업

쇼전문PD, 드라마 PD, 국악이나 양악 전문PD, 전문아나운서, 장르별 MC, 음반 기획자, 뮤지컬배우, 영화배우, 연극배우, 영화홍보업자, 이벤트매니지먼트, 탤런트, 모니터요원, 방송스크립터

8) 환경·건강관련 직업

수질전문가, 폐기물처리사, 환경평가사, 환경미생물전문가, 환경위생학전문가, 환경공학전문가, 환경음악작곡가, 환경영화전문가, 산업보건학전문가, 식물치료학자, 운동치료사, 산부인과 상담의사, 환경분석학자, 생물반응학자, 파괴공학자, 운동생리학자, 예방의학전공학자, 약리학자, 동물생태학자, 해양채집전문가, 해저탐사전문가, 음악치료사, 조산원

9) 정신문화관련 직업

시각심리학자, 인지심리학자, 임상심리학자, 사원 사기관리 전문가, 성격배우, 청소년심리연구가, 행동과학전문가, 심리카운셀러, 심리상담목회자, 정서장애특수교사, 의료 사회사업가, 공인알콜중독상담가, 언어치료사, 간호사, 전통문화전수자, 한복기능사

미래 유망 15가지 직업

비즈니스유엔 제공
www.businessUN.com, 02-761-3511

새 유망직업

- **브루마스터(Brewmaster)** : 맥주를 직접 양조하는 사람을 말한다. 요즘 제조맥주 전문점이 창업 아이템으로 인기가 있기 때문에 Brewpub(레스토랑)이나 생맥주하우스 등에서 직접 맥주를 양조해 주는 서비스가 필수여서 유망한 직종으로 자리잡게 될 것이다.

- **다이어트메이트(Dietmate)** : 고객의 비만을 1:1로 관리해주는 전문가. 체지방 관리, 다이어트 식단 제공, 유산소 운동 프로그램 지원이 주 업무다. 비만클리닉, 다이어트 센터, 헬스센터, 스포츠 센터에서 고객상담을 담당한다.

- **에스테티션** : 미학이라는 의미의 에스테틱(Aesthetic)은 두발을 제외한 전신을 손질해 주는 것을 말하는데, 에스테틱을 하는 점포가 에스테틱 살롱이고, 그곳에서 일하는 전문 기술자가 에스테티션이라고 이해하면 된다. 주로 에스테틱 살롱, 미용실, 스포츠 시설, 리조트, 도시형 호텔에서 근무하게 되며 피부, 화장품, 미용기기의 취급에 대한 올바른 지식을 습득하면 취업이 가능하다.

- **상·장례지도사** : 장례 상담부터 장례 과정 진행을 도와주는 일을 하며 병원, 장례예식장 등에서 활동하게 된다.

- **물고기 질병 전문가** : 어항속 물고기의 고통을 치료해주는 물고기 의사. 생물학, 화학, 세균학 등 전문적인 지식을 필요로 해 별도로 공부할 필요가 있다.

- **미스터리 샤퍼(Shopper)** : 손님을 가장하고 대리점이나 직영 매장에 방문해 매장의 업무 효율성이나 친절도 등에 대해 평점을 매기는 사람이다. 지방자치단체나 국가기관 아르바이트로 가능하며 일부 기업의 프랜차이즈 본부에서도 이 제도를 활용하고 있다.

- **병원서비스 코디네이터** : 환자가 편하게 병원을 이용할 수 있도록 도와주는 직업으로 환자 서비스에 대한 개선과 병원 이미지 관리, 카운셀러 및 사후관리 등의 업무를 한다. 외국의 병원에서는 교육,치료,서비스 등 분야별로 코디네이터가 나뉘어 있지만 현재 우리나라는 한 명의 코디네이터가 모든 일을 전담하고 있다.

- **사이버 기상 캐스터** : 기상 정보를 기상청에서 받아 인터넷을 통해 기상 정보를 제공하는 일을 하거나 기업의 마케팅 활동에 필요한 고부가가치의 기상정보를 만드는 일을 한다. 이제 기상정보는 산업활동에 지대한 영향을 줄 것으로 예상되므로 매우 유망한 직업이 될 것이다.

"

- **음악 치료사** : 음악으로 질병을 치료하는 직업인데 우리나라에는 자격증이 없으나 조만간 인기 직종으로 자리잡을 것으로 보이는 이색 직종이다. 지금은 주로 유학파들 중심으로 퍼져나가고 있으며 일부 기업이나 병원 등에 취업한다.

- **벨소리 컬러링 작곡가** : 색다른 휴대폰 벨소리를 작곡하는 전문가다. 과거에는 시스템 개발자나 기획자가 음악 프로그램을 활용해 벨소리를 뚝딱 만들어 서비스를 했지만, 지금은 분위기가 다르다. 서비스를 이용하는 사람들이 큰 폭으로 늘고, 소비자들의 요구사항도 다양해지면서 서비스 업체마다 전문적인 벨소리 컬러링 작곡자를 고용하고 있다. 음악에 대한 지식보다는 사회의 트렌드를 읽거나 주도해 나갈 수 있는 안목이 있는 사람이 유리하다.

- **휴대폰 아바타 디자이너** : 최근 네이버, 세이클럽 등 인터넷 업체들 뿐 아니라 휴대폰에도 아바타가 등장했다. 좁은 화면과 휴대폰 LCD 화면의 색감을 이용하여 사용자의 개성을 표현할 수 있는 방법을 찾아서 고객들의 기호에 만족스러운 작품을 만들어 낼 수 있어야 한다. 컬러 LCD 화면 덕분에 휴대폰 화면을 예쁜 아바타로 채우는 이용자가 급격히 늘고 있어서 전망이 밝다.

- **콘텐츠(Contents) 엠디** : 인터넷 사이트에 어떤 콘텐츠를 올릴 것인지 결정하고 관리하는 전문가인데 생각이 많은 청소년이라면 도전해 보면 좋다.

- **베타 테스터** : 새로 개발한 인터넷 게임을 써보고 개선책을 찾아주는 직종으로, 게임 매니아가 도전하면 좋다.

- **글자꼴 디자이너** : 컴퓨터회사, 언론매체 등에서 근무한다. 컴퓨터를 이용하여 인쇄 매체뿐 아니라 TV, 비디오, 노래방 등의 화면 자막에 일반인이 보기 쉽고 아름다운 글자 모양새를 만드는 일을 하는 사람을 말한다.

- **모바일 뮤직 디렉터** : 라디오를 듣고, TV를 보며 유행할 것 같은 음악을 벨소리로 만드는 벨소리 작곡가이다. 주 소비층이 청소년이라 취향을 잘 파악할만한 청소년들의 직업으로 유리하다. 휴대전화 3200만대 시대에 벨소리 콘텐츠 수요는 갈수록 늘 것으로 판단되므로 관심 있다면 당장 공부해도 좋다.

자격증

- **가맹 상담사** : 가맹 사업에 필요한 사업성 검토나 가맹 계약서 작성 등에 관한 업무를 맡게되며 특히 가맹사업 담당자에 대한 교육이나 지도를 해주는 프랜차이즈 전문가다. 공정거래위원회에서 주관하며 2기 시험을 앞두고 있다.(02-504-9466)

- **메뉴 개발사** : 음식점 영업에 있어서 필수 사항은 메뉴의 차별화다. 새 메뉴를 개발해 주는 컨설팅을 제공하고 요리 설명서까지 만들어 준 댓가로 수수료를 받는 직종

- **파티 플래너** : 파티를 하고자 하는 기업이나 단체, 개인의 요구에 따라 파티를 기획하고, 파티장을 세팅하고, 파티가 열릴 경우 직접 참여해 분위기를 이끌어 간다. 특히 식품영양학과 출신의 여성들 사이에 인기가 높다. 지난해 가을에는 여성경제인협회가 파티플래너 창업 과정을 선보였고, 참가 희망자가 몰리면서 대기번호표까지 발행할 정도로 관심을 끌었다.

- **직업상담사** : 직업과 관련된 정보를 제공하거나 직접 상담해 주는 전문가로 노동부 산하기관, 사설 직업상담기업을 포함한 2100여개에 취업할 수 있다.

- **법무상담사** : 법무상담사는 지난해 11월부터 '가맹사업거래의 공정화에 관한 법률'이 시행됨에 따라 법률관련 업무가 늘어나면서 생겨났다. 이들은 가맹거래법에 따른 정보 공개서와 가맹 계약서를 작성하고 검토하는 일을 한다. 협력업체와의 계약·특허·채권채무 업무도 맡는다.

- **애완동물관리사** : 애완동물을 사육, 관리하는 데 필요한 지식을 축적하여 애완동물 사육 업체에 취업하거나 애완동물 사업장을 직접 경영할 수 있는 비공인 자격증.

비즈니스유엔의 이형석 대표는 "이미 공인화된 자격증은 그만큼 경쟁자가 많아져서 불리할 수 있기 때문에 비록 비공인 자격증이라도 고용시장이 커지고 있다고 판단되고 자신의 적성에 어울린다면 과감하게 도전해 보는 것이 앞서가는 지름길"이라고 말했다.

- 머니투데이 이백규

미래사회 변화 트랜드

커리어넷 (http://www.career.go.kr)
http://jisanedu.tistory.com

분야	메가트렌드	해설
사회 (S)	인구구조변화	저출산과 고령화문제
	양극화	고용구조의 양극화와 교육기회의 차별화
	네트워크사회	사이버공동체 정보평준화
기술 (T)	가상지능공간	사이버공간과 물리적 공간의 상호작용
	기술의 융·복합화 및 다양한 로봇의 등장	기술-산업 간의 융·복합화
경제 (E)	웰빙·감성·복지·경제	삶의 질 중시와 건강문제
	지식기반경제	무형자산시대의 도래와 디지털 중심산업
	글로벌 인재의 부상	창의력과 감성의 부각
환경 (E)	기후변화와 환경오염	환경안보의 부각, 물 부족문제
	에너지 위기	자원고갈 및 환경오염
	기술발전에 따른 부작용	인간·윤리문제의 충돌, 기술패권주의
정치 (P)	글로벌화	이동성증가, 국제공조 확산
	안전위험성 증대	핵확산, 신종 전염병
	남북통합	남북한 경제 협력 및 북한의 불확실성

[2012 한국직업사전]의 소멸 직업 (예시)

요인	직업명
브라운관 제조 중단	고선명브라운관개발원, 노광원, 마스크가공반장, 마스크가공원, 마스크수리원, 마스크투입원, 막검사원, 브라운관검사원, 브라운관배기원, 브라운관봉입원, 브라운관제조반장, 브라운관판넬도포원, 전자총조립반장, 전바총조립원, 플래어제조원, 형광체제조원
비디오테이프 국내 제조 중단, CD/DVD로 대체	비디오드럼조립원, 비디오수리원, 비디오시험원, 비디오조립반장, 비디오조립원, 비디오테이프검사원, 표준테이프제작원
국내에서 진공유리병 생산 중단	보온병도금원, 진공병양면부착원, 촉관부착원
타자기 생산 중단	타자기검사원, 타자기조립반장, 타자기조립원
국내에서 루프를 생산하고 있지 않음	스트링거조작원
전신타자기 대신에 전화통신망이나 인터넷망으로 대체	전보송수신원, 전보시설운용원
수동식 전화교환대의 사용 중지	전화교환원 (수동식 전화교환)
자동전산화로 직무 소멸	카드신용판매대금지급사문원, 카드현금서비스담당원
코크스 성형공장의 철거	코크스성형원

[참고 앱] 사라지는 직업에 대해 알려주는 앱: 취업전쟁 2030

https://play.google.com/store/apps/details?id=com.jobswar2030

한정된 일자리를 놓고 갈수록 치열해지는 취업전쟁. 아직은 서막에 불과하다??
나날이 고도화되는 로봇과 소프트웨어는 가까운 미래에 대부분의 인간 노동을 대체하게
될 것이다. 빌게이츠의 경고 - "얼마나 많은 직업들이 곧 소프트웨어에 의해 사라질 것인지
대부분의 사람들은 아직 깨닫지 못하고 있다." (2014. 3 AEI에서)
옥스포드대학교의 연구진은 미국의 700여개 세부 직업 유형을 기준으로 향후 20년에 걸쳐
각 직업이 전산화될 확률을 분석하였다. 이 연구결과에 따르면 현재 미국의 직업중 47%가
사라질 위기에 놓여 있다.
먼 미래의 일이 아닌 로봇과의 취업전쟁, 어떤 직업이 살아남을 수 있을까?
취업전쟁 2030을 통해 각 직업들이 소프트웨어에 의해 대체될 확률을 조회해보고, 미래에
대비하자.

*주의사항

- 검색결과에 제공되는 직업 목록은 미국 표준 직업 분류(SOC)에 따른 것으로 한국의
직업과 직접 대응되지 않으며 같은 이름의 직업이라도 내용상의 차이를 가질 수 있다.

- 논문에서 분석한 직업만을 검색 대상으로 하여 현존하는 모든 직업을 포괄하지 않는다.

- 결과수치는 소프트웨어에 의해 대체될 수 있는 기술적 가능성만을 나타낸 것으로, 다른
변수에 의해 사라질 가능성까지 고려하고 있지 않다.

*참고논문

칼 베네딕트 프레이, 마이클 A. 오스본,
고용의 미래: 일자리는 컴퓨터화에 얼마나 취약한가?? (2013)

미래사회와 직업의 변화

1. 옛날의 직업과 현재의 직업을 비교하며 없어졌거나 사라져가는 직업, 새롭게 생기는 직업에 대해 보기를 참고하고 스마트폰도 사용하여 해당 직업들을 빈 칸에 적어 봅시다.

구분	종류
없어졌거나 사라져 가는 직업 (10개)	
계속 이어져 내려오는 현존하는 직업 (10개)	
새로 생겨날 직업 (10개)	

[보기]

- 화가
- 땜장이
- 웹 디자이너
- 타이피스트
- 버스 안내양
- 장기이식코디네이터
- 국가사이버안전요원

- 가수
- 의사
- 건축사
- 보부상
- 중, 고 교사
- 비애 치료사
- 위폐 감식 전문가

- 미용사
- 인력거꾼
- 굴뚝 청소ㄴ 원
- 게임 방송 해설가
- 우주여행 가이드
- 인터넷쇼핑몰운영자
- 토피어리 디자이너

- 물장수
- 펀드 매니저
- 학습 매니저
- 타자기 수리원
- 공해 방지 전문가
- 노인 복지 전문가
- 두피 모발 관리사

2. 2014 신직업 리포트를 살펴보면서 산업의 변화에 따른 직업 세계의 변화를 살펴봅시다.

- 1차 산업 혁명 → 농경사회 → 10만년 → _____ 시대 (Growing age)

- 2차 산업 혁명 → 산업사회 → 300만년 → _____ 시대 (Making age)

- 3차 산업 혁명 → 지식정보화 사회 → 30년 → _____ 시대 (Thinking age)

- 미래 산업 사회 → **휴먼 터칭 직업 시대** (로봇이 대신할 수 없는 일)

3. 2014 이후 20년 내에 없어질 가능성이 높은 직업

순	직 업	이유	순	직 업	이유
1			6	기계 전문가	3D 프린터기
2			7		무인 조종
3	소매 판매업자		8	경제학자	
4	전문작가		9	건강관련 기술자	로봇
5	부동산 중개원		10	배우	

4. 직업 세계 변화의 3 요소

전문화

세분화

다양화

5. 미래 직업의 변화에 따른 실 예를 찾아 적어보세요.

기존 직업	전문화, 세분화, 다양화된 직업
심리상담가	비애치료사, 무용치료사
파리바게트	언니네 식빵, 고로케 전문점

6. 미래 직업의 변화에 나의 진로에 대한 다짐

신생 직업 카드 만들기

[직업 카드에 들어가야 할 항목의 예 - 인물은 꼭 넣지 않아도 됩니다.]

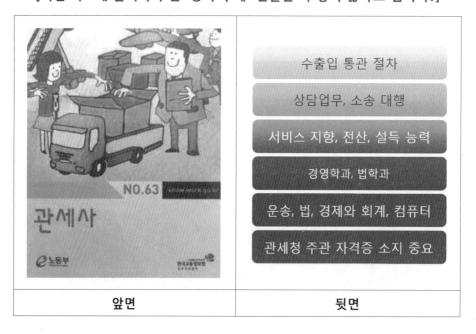

앞면	뒷면

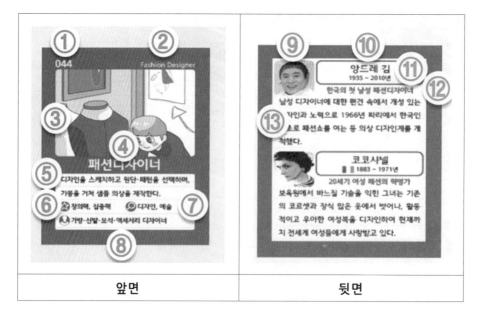

앞면	뒷면

-한국콘텐츠 미디어 롤모델 직업카드, 고용정보원 직업카드 인용

나의 미래 신생 직업 카드 만들기

★ 직업 이름 :

★ 나의 홀랜드 유형과 관계해서 선택한 이유

앞면	뒷면

안목의 힘 03

직업인으로서
어떻게 살아가야 하는가?

자신이 직업을 선택하는 이유가 개인의 자아 실현으로만 국한된다면 개인 주의적인 태도로 직업 생활을 추구할 것이다. 하지만 직업을 관계적인 측면에서 이해하고 직업을 통해 사회에 기여하는 것이라는 관점을 가지게 된다면 직업을 바라보고 생활하는 태도가 달라질 것이다.

이번 시간을 통해 직업 윤리의 중요성을 인식하고 다양한 현실 사례를 통해 고민할 수 있도록 한다. 직업 선택 10계명을 통해 직업 선택의 기준에 대하여 다시 한번 고민할 수 있도록 노력한다.

🔲 학습 목표

1. **지식 (이해)** : 바람직한 직업 윤리가 왜 필요한지 알 수 있다.
2. **기능 (활동)** : 직업 윤리가 살아있지 않을 때 생기는 문제점의 심각성을 이해하고 모둠 활동을 통해 자신의 생각을 표현할 수 있다.
3. **태도 (실천)** : 바람직한 직업 윤리를 위해 노력할 수 있다.

🅱 마음 열기

▶ **직업 윤리의 중요성**

- 직업 윤리가 왜 중요한지에 대하여 설명한다.

▶ **사건 뉴스 동영상 시청**

- 세월호 사건이나 대형 사고 사례 뉴스 동영상을 학생들에게 시청하도록 한다.

🔷 생각 키우기

▶ **사건 속에서 직업 윤리 찾기**

- 세월호 사건이나 대형 사고 사례를 통해 직업 윤리 측면에서 분석한다.
- [활동지1]을 통해 질문에 대한 자신의 생각을 기술한다.
- 모둠 안에서 토의한다.
- 모둠별로 토의한 결과를 발표하면 교사가 이에 대하여 간단히 피드백을 한다.

▶ **딜레마 토의 활동**

- [활동지2]를 모둠별로 배부한다.
- 교사가 딜레마 상황을 학생들에게 잘 제시한다.
- 각자 활동지를 통해 자신의 생각을 기록한다.
- 모둠별로 '내가 성진이라면' 주제를 가지고 토의한다.
- 모둠별로 한 가지 입장을 선택하고 그 이유에 대하여 기록한다.
- 모둠별 생각과 이유를 모둠 칠판을 활용하여 기록한다.
- 칠판 나누기 방법을 통해 각 모둠별 생각을 모둠 칠판을 활용하여 칠판에 붙인다.
- 교사가 딜레마 활동을 통해 직업 윤리의 중요성에 대하여 이야기한다.

삶에 반응하기

▶ **직업 선택 10계명**

- 거창고등학교의 직업 선택 10계명을 읽고 [활동지3]을 기록한다.

- [활동지3] 결과를 개별적으로 발표한다.

- 직업 선택의 기준과 관련하여 고민해야 할 것을 교사가 설명한다.

- 나의 직업 선택의 기준이 무엇인지 고민하여 다시 한번 기록할 수 있도록 한다.

참고자료

» 베버 저, 김상희 역(2006), "프로테스탄티즘과 자본주의정신", 풀빛

» 김현섭 외(2014), "사회적 기술", 한국협동학습센터

만약 직업 윤리가 살아있었다면?

이미 낡은 일본 배였다. 가고시마와 오키나와 사이 작은 섬들을 잇던 연락선 '나미노우에'는 1994년에 만들어졌다. 스무 살이 안 된 배였지만, 일본에서 퇴물이었다. 일본에서 배의 나이가 10~15년쯤 되면 조선소와 선박기자재 업체, 금융, 해상보험 등 선박 시장 참여자들의 압력에 눌려 해외 매각이 장려된다. 기능과 안전성이 떨어진 일본산 중고 배들은 비교적 '싼값'에 한국과 중국, 대만 등지로 흘러든다. 그리고 마지막엔 필리핀, 인도네시아 등 동남아로 보내진다.

나미노우에는 한국에 126억 원에 팔렸다. 천 톤이 넘는 우리나라의 여객선 열일곱 척 모두 외국에서 수입해온 중고 선박이다. 그 가운데 일본에서 들여온 게 일곱 척이다. 한 선박 중개업자는 "일본에선 폐선 비용이 더 든다. 거의 고철가격으로 한국에 들어온다. 나미노우에도 건조 당시엔 500억 원이 훨씬 넘었을 것"이라고 말했다.

청해진해운이 나미노우에를 사들였다. 회사는 비싼 새 배를 사서는 수익을 내기 어렵다는 판단 아래 헌 배를 샀다. 회사의 주 수입원이었던 오하마나호도 2003년 일본에서 들여온 중고 배였다. 1989년에 건조된 배였다. 회사는 오하마나호 한 척이 다니는 인천~제주 항로에 배를 한 척 더 투입하기로 결정했다. 더 많은 승객과 화물을 실어 돈을 벌려는 계산에서였다. 청해진해운에서 오랫동안 근무하다 퇴사한 한 간부는 "인천~제주는 노른자 항로였다"고 말했다. 돈 되는 항로에 다른 사업자의 진입을 막고, 항로의 독점을 유지하기 위한 목적도 있었다.

대한해협을 건너온 나미노우에호는 2012년 10월에 전남 목포에 있는 한 작은 조선소에 맡겨졌다. 낡은 배는 더 많은 승객과 화물을 실을 수 있도록 넉 달에 걸쳐 고쳐졌다. 이름도 세월호로 바뀌었다. 우리나라 여객선 두 척 가운데 한 척은 같은 이유로 개조된다. 세월호 개조를 맡은 조선소는 일감을 맡겨준 데 대한 감사의 뜻으로 청해진해운 이사에게 6000만 원가량을 건넸다. 4층에서 5층으로 높아진 세월호가 태울 수 있는 정원은 840명에서 956명으로 늘었다. 일본에서 들여올 때 595명이던 오하마나호의 정원도 4차례 개조를 거쳐 937명으로 증가했다.

세월호는 수리비로만 51억 원이 넘게 들었지만, 오하마나호가 그랬던 것처럼 얼마 되지 않아 본전을 뽑아낼 수 있을 것처럼 보였다. 세월호를 굴릴 시간도 넉넉히 확보돼 있었다. 지난해 3월 첫 출항을 시작한 세월호는 이미 19살이었지만, 11년 이상 운항할 수 있었다. '기업하기 좋은 나라'를 만들겠다던 이명박 정부의 규제완화 덕이었다. 2008년 5월 이 대통령이 주재한 국무회의에서 '기업 부담 해소'란 명분 아래 배의 나이 제한이 25년에서 30년으로 늘었다. 정부는 "기업의 비용절감 효과가 해마다 200억 원에 이를 것"이라고 밝혔다. 이는 말만 달랐지, 사실상 기업의 이윤증대 효과를 의미했다. 이날 하루 동안 국무회의에서 없어진 행정규칙은 94건이었다.

이윤을 뽑아낼 더 긴 시간을 보장받았지만, 회사는 만족하지 못했다. 비용을 최소화하고 이윤을 극대화할 수 있는 낯익은 방법들이 동원됐다.

청해진해운에서 정년퇴직을 하고 아파트 경비원을 하던 이준석씨를 다시 부른 것도 그런 연유에서였다. 퇴직 전에 정규직 선장으로 있던 그는 촉탁직 선장이 됐다. 1년마다 계약을 새롭게 맺어야 했다. 하는 일은 같았지만, 신분이 바뀌었다. 월급은 270만원(연간 3240만원)으로 확 줄었다. 한 연안여객선사 관계자는 "수당 등을 다 포함하면 큰 연안여객선의 선장 연봉은 보통 6000만~7000만원은 된다"고 말했다. 회사는 비정규직으로 선장을 고용해 매월 300만원이 넘는 비용을 절약할 수 있었다. 한때 잘나가는 원양선 선장이었던 그는 94년부터 가까운 바다에서 승객과 짐을 나르는 연안여객선 선장이 됐다. 임금도 낮고 잦은 출항과 승객 관리를 해야 하는 연안여객선은 선원들 사이에서 '3D 업종'으로 불린다. 내항선 임금은 외항선의 60%를 조금 웃돈다.

불꽃놀이까지 관람할 수 있는 화려한 여객선, 하지만 그 안에서 근무하는 선원들의 신분은 대체로 불안정했다. 갑판부와 기관부 선원 17명 가운데 12명이 4~12개월짜리 단기 계약직이었다. 임금을 줄이고 직접 고용에 따른 부담을 덜려는 회사의 '효율적' 인력 운용의 결과물이었다. 1~3등 기관사의 월급은 170만~200만원에 그쳤다. 회사는 배를 잘 아는 오래된 선원을 원치 않았다. 정규직을 최소화하면서 세월호에서만 매달 수천만 원의 임금을 아꼈다. 이충배 중앙대 국제물류학과 교수는 "청해진해운은 비용을 줄이고 이익을 증대시키기 위해 결국 '저급' 선원을 고용했다"고 말했다.

회사는 노동자의 목소리가 커질까봐 노조를 허용하지 않았다. 청해진해운 전직 간부는 "노조를 못 만들게 했다. 노조를 만들 기미가 보이면 바로 잘라버린다"고 말했다. 이 회사의 지주사 및 다른 계열사에도 노조가 없다. 청해진해운에서 퇴직금과 수당 미지급 등이 잦았던 것도 이런 영향이 컸다.

안전은 기업에 비용을 의미한다. 이윤의 극대화를 꾀하려는 기업에 안전은 '이윤 통제선'이자, 최소화해야 할 비용이었다. 세월호는 공공의 이익을 위해 설정한 한계선을 수시로 넘나들었다.

지난달 15일 저녁 인천항은 짙은 안개로 뒤덮였다. 모든 배들이 항구에 묶여 있었지만, 세월호만이 홀로 운무를 뚫고 밤 9시께 출항했다. 안전은 뒷전이었다. 무리한 출항에 과적까지 겹쳤다. 차량과 컨테이너 등을 다 더해 1107t 이상 실을 수 없는데도, 이날 세월호에는 3608t의 화물이 실렸다. 한도를 3.4배 초과했다. 회사의 수입이 그

만큼 늘어났지만, 배가 가라앉을 확률도 더 높아졌다.

 과적은 일상이었다. 세월호는 지난해부터 인천~제주 노선을 240차례(편도 기준) 다니면서 138번이나 과적했다. 이렇게 해서 30억원의 수익을 추가로 올렸다.

 과적을 하기 전에도 배는 이미 복원력이 크게 떨어져 있었다. 배가 기울어졌을 때 오 뚝이처럼 다시 일어나는 능력이 훼손된 것이다. 애초 더 많은 승객과 짐짝을 싣기 위 해 무리하게 증축한 결과였다. 세월호의 정규직 선장인 신아무개씨가 회사에 얘기했 으나 묵살됐다. 화물 과적의 위험성도 경고했지만, 역시 소용이 없었다. 회사는 배의 무게중심을 잡아주는 평형수를 적게 실었다. 대신 그 자리에 더 많은 화물을 실었다. 과적을 하다 걸리더라도 300만원 이하의 벌금을 내면 그만이었다. '안전 매뉴얼'은 '돈의 매뉴얼'을 제어하지 못했다.

 정부도 안전의 문턱을 낮춰줬다. 기업의 편의를 위해 끊임없이 안전과 관련된 법과 제도를 없애거나 기준을 완화했다. 이명박 정부에서 선령 제한이 연장된 데 이어 박 근혜 정부에서도 20건이 넘는 선박·해운 관련 안전규제가 이미 풀렸거나, 완화가 추 진중이었다. 내항선을 운항하는 선장에게 주어진 안전 관련 부적합 사항의 보고 의 무 등이 폐지됐다.

 덩달아 안전을 제대로 지키는지 관리·감독하는 정부의 권한도 하나둘씩 민간의 손 에 넘어갔다. 자율 준수란 이름 아래 관리·감독을 받아야 할 주체에게 관리·감독권이 주어졌다. 15일 밤 세월호가 인천항을 떠나기 전에 받은 안전점검의 주체는 한국해운 조합이었다. 비영리를 표방하는 조합은 실은 여객선사(배를 소유한 회사)들을 회원 으로 하는 이익단체다. 1970년 남영호 침몰 사건(326명 사망)을 계기로 해운조합에 안전점검 권한이 주어진 뒤 지금까지 이어져오고 있다. 조합의 운항관리자가 조합원 인 청해진해운을 제대로 감독하기 어려운 구조였다. 여느 때처럼 세월호에 대한 안전 점검은 요식행위에 그쳤다. 한국해운조합 관계자는 "청해진해운은 가입비로 10만원, 연회비로 96만원을 납부했다"고 말했다. 청해진해운은 네 등급으로 된 조합원 가운 데 가장 많은 연회비를 납부한다. 그만큼 조합 내 입김도 셀 수밖에 없다. 공길영 한국 해양대 항해학부 교수는 "안전 의무를 어겼을 때 조합이 배의 출항을 정지시켜야 하 지만, 같은 편인데 제대로 할 수 있겠느냐"고 말했다.

 정부의 안전검사는 한국선급에도 위탁됐다. 비영리를 내세운 선급은 위탁 업무로 영리를 챙길 수 있었다. 이곳에서 세월호는 모두 5번의 검사를 받았다. 그렇게 한국 선급으로 흘러들어간 검사비만 1억5000만원에 이른다. 하지만 세월호는 지난해 증 축했을 때도, 지난 2월 정기검사를 받았을 때도, 문제없이 한국선급의 검사를 통과했 다. 검사는 매번 통과의례였다. 정부 위탁 업무로 인한 한국선급의 수익은 보장됐지 만, 배의 안전은 보장되지 못했다.

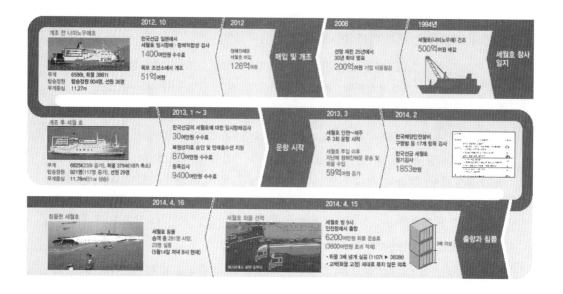

세월호 참사 일지

지난 2월 구명벌 등 17개 항목에 대한 안전검사를 수행한 한국해양안전설비 쪽도 실제 점검을 거의 하지 않은 채 '양호' 판정을 내렸다. 하지만 세월호 침몰 당시 46개 구명벌 가운데 단 하나만 펴졌다. 한국해양안전설비는 목포해양항만청이 지정한 우수정비사업장이었다.

한국해운조합이나 한국선급은 이사장이나 회장 자리를 해양수산부나 국토해양부 차관 등 관련 부처 고위 공직자들에게 매번 내주었다. 기업의 '대리인'이 된 퇴직 공무원은 현직 공무원의 의사결정에 직간접적인 영향을 미치며, 정부가 해야 할 '감시견' 역할을 마비시켰다. 그들에게 수억원의 연봉을 챙겨주지만, 그 이상의 대가가 조합과 법인에 돌아온다. 수십년째 카르텔이 깨지지 않고 유지되는 이유다.

'돈이 매뉴얼'인 사회는 세월호를 소유한 청해진해운이 온갖 수단과 방법으로 이윤을 극대화하기 좋은 토양이었다. 이렇게 악착같이 불린 기업의 이윤은 정작 어디로 흘러들어간 걸까? 주식회사 청해진해운이란 기업의 외피를 벗겨내면, 불과 몇 사람에게 이윤이 집중되는 구조가 드러난다. 이 회사의 전신인 세모그룹의 회장을 지낸 유병언씨는 청해진해운의 주식이 한 주도 없다. 회사와는 아무런 법적 관련이 없는 인물이다. 그런 그가 매달 고문료 명목으로 1000만원씩을 챙겨갔다. 인건비를 줄이려 선원 대부분을 비정규직으로 썼던 기업의 '속살'이었다. 유씨가 빼간 돈은 이준석 선장과 같은 비정규직 선장 4명분의 임금이다. 유씨 일가가 청해진해운과 이 회사의 지배회사인 주식회사 천해지, 그 위 지주회사인 아이원아이홀딩스 등에서 온갖 불법과 편법을 써서 빼돌린 돈도 수백억원에 이른다. 이는 유씨 일가가 축적한 재산 2500억원의 종자와 거름이 되었다.

'돈의 흐름'은 세월호 침몰에 이르기까지 구조적 원인들뿐 아니라, 침몰 이후 '구조 0명'이라는 비극적 상황에도 영향을 미쳤다. 자본의 탐욕과 거기에 날개를 달아준 정부가 세월호를 좌초시켰다면, '예산절감'이라는 단순 논리가 낳은 정부의 무능력은 좌초 뒤 구조·구난의 실패로 이어졌다.

국가의 가장 중요한 임무는 국민의 생명과 재산을 지키는 일이다. 정부가 조난사고가 발생했을 때 민간의 도움을 받을 수는 있으나, 민간에 너무 의지한 채 임무 수행 능력을 제대로 키우지 못했다. 해양경찰청은 세월호 침몰 직후부터 '언딘'이란 민간 업체에 크게 의존했다. 효율적 정부란 명분 아래, 정부는 구조·구난에서 민간의 역할과 능력을 키웠다. 해경은 대놓고 "구조나 수색 이런 점에선 오히려 민간(언딘)이 실력이 낫다"고까지 말했다.

2011년 10월18일 국회 국토해양위원회 소회의실, 임창수 당시 해경 차장은 의원들에게 '수난구호법 전면개정안'을 통과시켜달라고 호소했다. "저희들(해경)이 장비를 보유하고 있을 때는 오히려 더 많은 비용이 들어간다. 그것보다는 (민간) 자율구조대를…네트워킹을 잘 만들어 놓고 활성화를 시키면 예산도 절감되고 오히려 저희들이 장비를 가지는 것보다도 더 효과적으로 대응할 수 있지 않냐." 이에 김진애 당시 민주당 의원은 "절대로 바람직하지 않다. 공공의 책임을 미루는 거다"라며 반대했지만, 결국 해경의 바람대로 처리됐다.

정부에 스며든 기업의 비용 최소화 원리는 정부 업무의 민영화로 이어졌다. 개정안은 "행정기관이 위탁하는 업무의 수행과 해양 구조·구난 업계의 건전한 발전" 등을 위해 해양구조협회를 설립하도록 했다. 지난해 발족한 이 협회는 해경 본청 민원실 2층에 자리잡고 있다. 침몰한 세월호의 구조·구난을 독점한 언딘의 대표이사가 이 협회의 부회장이다. 한국선급과 한국해운조합은 당연직 회원이다. 해경 출신 '낙하산'들도 포진해 있다. 여기에 정부의 보조금도 지원됐다. 협회는 해양 이해집단의 공생 관계를 보여주는 압축판과도 같았다.

해경은 큰 해양 사고가 있을 때마다 몸집을 불려왔지만, 정작 구조·구난 전문 인력은 많지 않다. 안전 관련 예산도 전체 약 1조1136억원의 예산 가운데 1.6%(181억원)에 불과하다. 주강현 제주대 석좌교수는 "해경 인력의 상당 부분이 구조 및 구난보다 수사나 정보 쪽에 편중돼 있다. 정부 차원의 구조 시스템은 제대로 갖추지 않은 채 자신들 은퇴 이후 내려갈 수 있는 해양구조협회를 만들어놨다. 안전을 민영화한 것이다. 거기에서 공무원과 민간업자, 국회의원의 부패 고리가 생겨났다"고 말했다. 국민의 생명을 지키는 일을 부분적으로 '민영화'했지만, 임창수 전 차장의 말대로 예산이 절감되긴 글렀다. 언딘 쪽은 "어떤 형태로든 국가에 최대한 (구난 비용을) 받아낼 것"이라고 밝혔다. 결코 돈으로 보상할 수 없는 수 백명의 생명은 또 어떻게 할 것인가.

– 한겨레신문 2014.5.15.

1. 세월호 사건 속에 숨겨져 있는 문제점들을 찾아보세요.

    (1) ....

    (2) ....

    (3) ....

    (4) ....

    (5) ....

2. 직업 윤리 측면에서 문제점의 원인을 기록해 보세요.

    (1) ....

    (2) ....

    (3) ....

3. 많은 사람들이 돈보다는 생명이 소중하다고 하면서도 실제로는 돈을 위해 다른 가치들을 상대화하는 사례가 많은데, 이와 비슷한 사례들을 찾아보세요.

    (1) ....

    (2) ....

    (3) ....

4. 대형 사고가 일어나지 않기 위해 각자가 해야 할 역할과 책임은 무엇입니까?

    (1) 선장과 선원 :

    (2) 선박회사 :

    (3) 구조대원과 해경 :

    (4) 언론 :

    (5) 국민 :

내가 성진이라면?

성진이는 ○○구청 건설 허가 관련 실무 업무를 담당하고 있다. 어떤 대기업 건설회사에서 아파트 공장을 지으려고 하였는데, 해당 부지가 여러 가지 이유로 인하여 허가 받기 힘든 상황이었다. 실무자로서 성진이가 해당 부지에 가서 답사를 했는데, 아파트 공장을 짓기에는 민원 소지가 있었고 인근 교통 문제가 번잡한 편이라 쉽지 않은 상황이었다. 그래서 실무 답사 보고서를 작성하여 구청장에게 보고를 했는데, 특별한 이유 없이 허가하라는 결정이 내려왔다. 그래서 해당 건설 업체가 본격적으로 아파트 공장 건설을 추진하게 되었다.

나중에 알고 보니 원래 구청에서 추진하기로 예정되었던 인근 도로 확장 공사를 해당 건설 업체가 기증 형태로 진행하게 되었다는 것을 알게 되었다. 성진이가 생각하기에는 이번 사업 추진과 관련하여 실무 업무를 담당하면서 그 사실을 잘 알고 있었기에 왠지 찜찜한 기분이 들었다.

부서 회식 자리에서 다른 날보다 고급 음식점에서 가서 식사를 하게 되었고 2차, 3차까지 가서 고급 주점까지 들르게 되었다. 알고 보니 해당 업체에서 부서 회식비를 내준 것이었다. 상관인 국장에게 아파트 공장 추진 문제에 대하여 이야기를 하니까 건설 업체에서 구청장에게 별도의 사례까지 하게 되었다는 사실까지 알게 되었다. 평소 '정직해야 한다'는 신조를 가지고 살아온 성진이로서는 이 사실을 알고 어떻게 행동해야 할 것인지 난감해졌다.

성진이가 생각하기에 이러한 결정은 부정직하고 불공정한 일이라고 생각하였다. 하지만 그렇다고 이미 뇌물을 주고 아파트 공장 건설이 추진되고 있는 상태에서 이 사실을 공개적으로 다른 사람에게 알리게 되면 문제가 더 커질 것일 것이다. 해당 업체 뿐 아니라 구청장 그리고 건설 업무를 담당하고 있는 공무원들에게도 책임을 묻게 되거나 감사를 받게 될 것이다. 국장이 나중에 문제가 생겨도 구청장이 책임을 질 것이기 때문에 실무자들에게 돌아갈 책임을 적을 것이고 나 혼자 알고 조용히 넘어가면 이 문제는 그대로 묻힐 수 있는 상황이다. 만약 문제가 발생하면 성진이도 이 문제로 인하여 구청에서 인사적 불이익을 당할지도 모른다. 결혼을 앞두고 있는 성진이로서는 불미스러운 일로 휩쓸리고 쉽지 않고 어렵게 공무원이 된 만큼 공무원을 그만두기도 힘든 상황이다.

과연 내가 성진이라면 이 문제를 어떻게 해결해야 할 것인가?

1. 내가 만약 성진이라면 어떠한 행동을 할 것인지 입장과 그 이유를 쓰시오.

2. 우리 모둠 입장에서 내가 성진이라면 어떻게 행동을 선택할 것인지 논의해 보시오. 만장일치제를 통해 모둠 입장을 정리하고 그 입장과 그 이유를 쓰시오.

거창고 직업 선택 10계명

제1계명	월급이 적은 쪽을 택하라.
제2계명	내가 원하는 곳이 아니라 나를 필요로 하는 곳을 택하라.
제3계명	승진 기회가 거의 없는 곳을 택하라.
제4계명	모든 것이 갖춰진 곳은 피하고 처음부터 시작해야 하는 황무지를 택하라.
제5계명	앞을 다투어 모여드는 곳은 절대 가지 마라. 아무도 가지 않는 곳으로 가라.
제6계명	장래성이 전혀 없다고 생각되는 곳으로 가라.
제7계명	사회적 존경 같은 건 바랄 수 없는 곳으로 가라.
제8계명	한가운데가 아니라 가장자리로 가라.
제9계명	부모나 아내나 약혼자가 결사반대하는 곳이면 틀림없다. 의심치 말고 가라.
제10계명	왕관이 아니라 단두대가 있는 곳으로 가라.

1. 윗 글은 거창고등학교 직업 선택 10계명이다. 직업 선택 10계명이 일반적인 직업 선택 가이드와 다른 것이 있다면 무엇입니까?

2. 직업 선택을 하는 데 있어서 나의 기준을 기록해 보세요.

연번	직업 선택의 기준	그 이유
1		
2		
3		
4		
5		

안목의 힘 04

나를 소개합니다

진로교육의 시작은 자기이해에서부터 시작된다. 자신이 어떤 삶을 살아 왔는지, 무엇을 하고 싶은지를 한 장의 종이에 모으는 것이 자기소개서, 혹은 이력서라고 한다. 직업을 선택하거나 입사하기 위해 자신의 이력서, 동영상, ppt를 이용해서 PR하기도 한다. 짧은 시간과 공간 안에 자신이 갖고 있는 강점을 어떻게 보여줄 수 있을까? 여러 번의 되돌아봄과 점검이 있어야 정돈된 자기소개서가 나올 수 있을 것이다. 또 최근 고등학교나 대학 진학 시에도 자기주도전형이 본격화된 현 입시제도에서는 자신에 대한 충분한 이해에서 비롯되는 자기소개는 필수 불가결하다. 따라서 자신의 강점을 부각시켜 스토리 중심의 자기를 광고함으로써 자신의 강점뿐만 아니라 정리된 생각을 갖게 함으로써 출발점을 좀 더 명확하게 하고 부족한 점을 보완해 갈 수 있도록 해야 한다. 고3 정도라면 본격적인 이력서를 작성하겠지만 중학교 학생들은 자기 소개서를 다양한 양식을 통해 여러 번 작성해 보는 것은 미래를 위해 큰 도움이 되는 일일 것이다.

🖼 학습 목표

1. 지식 (이해) : 이력서나 자기 광고에 들어가야할 내용을 이해한다.

2. 기능 (활동) : 자기이해를 통한 자기소개서를 작성한다.

3. 태도 (실천) : 진실한 자세로 자신의 포트폴리오에 들어갈 경험들을 찾아간다.

🎗 마음 열기

■ **자기소개서 맛보기**

• '자기소개서 UCC'동영상을 시청하며 자기소개서에 대한 시각을 정리하게 한다.
  http://www.youtube.com/watch?v=80WiEGgi5HU

- 자기소개 제출용   http://www.youtube.com/watch?v=oVTJOMsEnhw
- 핵심만 말하는 자기 PR - 일에 대한 열정을 보여주는 자기 PR법
  http://www.youtube.com/watch?v=H79EaRX-TP4
- 면접 1분 자기소개 유형 http://www.youtube.com/watch?v=mVyHPvIK2OU

생각 키우기

■ 자기소개서 작성하기

- [활동지1]을 배부하고
  1분 자기소개를 위한 마인드맵을 그린다.

- 학생의 수준에 맞게 [활동지2~5]를 배부하며 다양한
  자기소개서 양식을 소개하고 자신에 맞게 자기소개서를
  작성한다.

- [활동지2]는 자신이 가장 사랑하는 것을 중심으로
  자기를 소개하는 소개서 양식으로 저학년에 어울린다.

- [활동지3]은 자유롭게 자신에 대해 광고나 색지를
  이용하여 소개하는 방법으로 창의적인 사고와 소개를
  이끌어 낼 수 있다.

- [활동지4]는 문장완성하기를 통한 자기소개서 양식
  으로 정해진 틀로 자기를 소개하고 싶은 학생들이
  사용하면 좋다.

- 모둠 안에서 자기소개서를 서로 읽어주고 평가한다.

- [활동지5]는 각 모둠에서 한명씩 선발하여 전체 학생
  앞에서 자기를 소개할 때 사용할 수 있다. 들은 내용을
  기록하는 양식으로 이 수업 이후에도 학생들에게 또래의
  꿈에 대해 생각해 보게 한다.

'내가 사랑하는 _____' 예시

자기 광고 그래피티 예시

삶에 반응하기

- 학급원들의 자기소개를 들으면서 자신의 진로를 성숙시키기 위해 각자의 개성에
  맞게 꿈을 꾸며 그와 연관하여 다양한 직, 간접 체험이 필요함을 느끼고 미리 준비
  되어야한다는 것을 함께 공유한다.

자기소개 마인드 맵

1. 자기소개서를 쓸 때 유의사항

〈합격 자기소개서의 예〉

- 자기 흥미, 꿈, 특기가 지원하는 곳과 되도록 일치하는 내용이 분명하고 뚜렷하게 작성한다.
- 성장과정은자신의 적성이나 성격 나타날 수 있게 사건 중심으로 기술한다.
- 장점을 부각하되 단점을 긍정적으로 기술하며 극복한 경험도 써도 좋다.
- 진정성이 담긴 솔직한 글이어야 한다.
- 논리적이고 설득력이 있으며 간결해야한다.

〈불합격 자기소개서의 예〉

- 자기 진로계획이 명확하게 담겨져 있지 않다.
- 상투적인 표현, 지나친 아부의 글을 쓴다.
- 자신의 경력을 자랑삼아 나열한다.
- 일목요연하지 않고 장황하다.

2. 자기소개 마인드 맵 예시

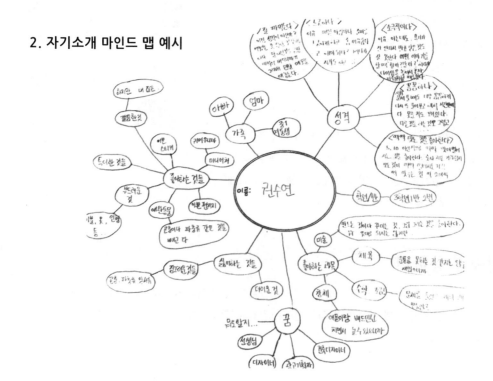

자기소개 마인드 맵

꿈, 꿈을 이루기 위해 한 일, 롤 모델, 가족, 방과 후 하는 일, 성격을 나타내는 형용사 3개,
좋아하는 것들(3가지 이상), 싫어하는 것들(3가지 이상), 좋아하는 과목(4개),
가장 싫어하는 과목, 들으면 기분 좋은 말, 가장 소중한 것 등 최소 40가지 이상 써 내려 가세요.

이름

내가 사랑하는 ....

자기소개의 또 다른 형식으로 자신의 꿈과 관련되어 소중히 여기는 사람, 물건 등을 이용하여
자신의 꿈을 설명해보세요. 그것을 선택한 이유, 동기, 계기, 일화, 소중한 정도, 롤 모델, 앞으로의 계획 등을
구체적인 사례를 들어 설명해보세요. (□ 안에는 그림, 발표했을 때 3분 이내 분량)

(원서) 접수번호	이 력 서	출신중학교

이름					한자로 쓰면				
이름을 지어주신 분					이름에 담긴 뜻				
생년월일	년	월	일						
종교									
주소 (새 도로명 주소)	(우) -								
집 전화번호					내 휴대폰 번호 (없으면 공란)				
긴급 시 연락 가능한 부모님 직장 전화번호					부모님 중 한 분의 휴대폰 번호				

내가 살아온 이야기	태어나서 초등학교 입학할 때까지
	초등학교 시절
	중학교 시절
	사진 또는 케릭터

학년 / 반		학생 이름	

우리 집 가족을 소개합니다. 저는 ( )남 ( )녀 중 ( )입니다.	
아버지는 이런 분이십니다.	어머니는 이런 분이십니다.
그 밖의 가족을 소개하자면	고민이 있을 때 주로 들어주는 가족은?

내가 생각하는 내 성격의 장·단점	나의 가장 큰 고민거리
좋아하는(자신 있는) 과목과 그 이유	싫어하는(자신 없는) 과목과 그 이유
진학하고자 하는 대학 및 학과 그리고 이유는?	장차 종사하고 싶은 직업(분야)와 이유
자신의 제안으로 문제가 해결 · 개선되었던 경우, 실현하고 싶은 참신한 아이디어를 가지고 있는 경우, 자기가 자랑하고 싶은 것을 구체적으로 쓰시오.	자발적으로 참여한 봉사 · 선행 활동과 리더로서 중요한 역할을 했던 경험이 있으면 쓰시오.
인상깊게 읽은 책 이름과 이유	자신의 진로를 위한 여름방학 계획

자신의 진로탐색검사 결과 및 추천 직업			
검사	홀랜드 진로탐색 검사	다중지능검사	MBTI검사
결과			
직업			

자기 광고 그래피티

❖ 자신의 꿈, 이유, 성격을 나타내는 형용사 3가지, 가치관, 성격의 장점, 좌우명, 꿈을 향한 도전, 가고 싶은 학교·나라 등 자신의 모습을 그리거나 다양한 재료를 이용하여 표현하시오.

자 기 소 개 서

1. 성장과정

저는 _____ 환경에서 자랐습니다.

저는 학창시절에 _____을 맡아_____역할을 수행했습니다.

친구들은 이런 저에게 _____ 란 이야기를 많이 합니다.

저는_____경험을 통해_____를 배우는 계기가 되었습니다.

이러한 저의_____면은_____에 꼭 필요한 인재입니다.

2. 성격의 장단점

저의 장점은 _____입니다.

저는 학창시절_____활동을 하였습니다.

이 활동을 하며 저는_____능력을 키웠습니다.

저의 단점은_____입니다.

저는_____능력 부족으로 인해_____어려움을 겪었습니다.

하지만 저는 부족한 부분을 보완하기 위해_____노력을 하였습니다.

3. 주요 경험의 성공과 실패 사례

저의 대표 경험은 _____입니다.

주요 내용(언제, 어떤 상황)은_____입니다.

제 역할(행동과 노력)은_____입니다.

저는_____한 노력을 하였습니다.

4. 지원동기

위 기관을 저에게 _____ 한 인연이 있습니다.

저는 주어진 일을 수행하기 위해_____한 능력을 갖추었습니다.

업무 역량을 갖추기 위해 _____한 노력을 했고

_____은 이 기업에 제가 지원하는 이유입니다.

우리 반 학생들이 가장 소중히 여기는 것들

이름:
소중히 여기는 것:
꿈:
요약:
질문사항:

이름:
소중히 여기는 것:
꿈:
요약:
질문사항:

이름:
소중히 여기는 것:
꿈:
요약:
질문사항:

이름:
소중히 여기는 것:
꿈:
요약:
질문사항:

이름:
소중히 여기는 것:
꿈:
요약:
질문사항:

이름:
소중히 여기는 것:
꿈:
요약:
질문사항:

안목의 힘 05

꿈 너머
꿈을 꿈꾸며

청소년들에게 꿈이 무엇이냐고 물어보면 흔히 '의사가 되겠다.', '변호사가 될 것이다.', '선생님이 되고 싶어요'라고 말한다. 그런데 의사가 되고, 변호가가 되고, 선생님이 된 후, 그 다음에 무엇을 할 것인지? 그 다음의 꿈은 무엇인지? 그 꿈을 이룬 다음에는 무엇을 하고 싶은지에 대한 생각은 찾아볼 수 없다. 하지만 꿈은 언제나 진행형이다. '꿈 너머 꿈'으로 가는 길은 바로 이것이다. '꿈 너머 꿈'을 꾸는 것은 자기중심의 '이기적인 나'에서 '이타적인 나'로 발걸음을 옮기는 사람에게만 가능하다. 설사 백만장자가 되기를 꿈꾸는 사람이라면 적어도 백만장자가 되어 가난한 사람들을 돕겠다는 이타적인 발걸음을 한 번 더 내딛어야 한다. 무엇이 됐든, 그것은 내 배를 불리고 내 등을 따뜻하게 하는 정도의 꿈을 넘어서야 한다는 말이다. 그것이 '꿈 너머 꿈'이다. '꿈 너머 꿈'을 가진 사람은 무지개를 보는 사람이다. 지금은 비가 내리지만, 조금만 더 걸어가면 그 비가 그치고 무지개가 피어나는 것을 내다보며 묵묵히 빗길을 사는 사람이다. '꿈 너머 꿈'으로 사는 길을 찾아보자. 꿈이 있으면 행복해지고, '꿈 너머 꿈'이 있으면 위대해진다.

🖥 학습 목표

1. **지식 (이해)** : '꿈 너머 꿈'이 무엇인지 말할 수 있다.

2. **기능 (활동)** : 나의 꿈이 무엇인지 적어보고, 좀 더 나은 꿈의 방향을 모색할 수 있다.

3. **태도 (실천)** : 우리 주변에서 '꿈 너머 꿈'을 실천하는 사람들을 찾아보고,
   이들의 공통된 가치를 찾아 나의 꿈속에 반영할 수 있다.

🔓 마음 열기

- 지식채널 '바보라 불리운 사람, 의사 장기려 1,2부' 중 한편의 동영상을 본다.

- [활동지1]을 돌아가며 읽고, 장기려 박사가 수많은 의사들 중에서 기억에
  남는 의사가 될 수 있었던 이유를 모둠별로 이야기 해 본다.

- 학생들에게 '꿈 너머 꿈'의 의미를 알려주고(수업의 주안점 참고), 장기려 박사의
  '꿈 너머 꿈'이 무엇이었는지, 이 '꿈 너머 꿈'이 왜 가치를 가지는지 토의해 본다.

✏ 생각 키우기

- [활동지2]의 가장 작은 원에 나의 일반적인 꿈을 적어본다. 그리고 난 다음 그 꿈을
  이루면 할 수 있는 일들을 중간 원에 생각나는 대로 적어본다. 중간 원 속에 있는 일
  중 나의 '꿈 너머 꿈'이 될 수 있는 일을 골라 가장 큰 원에 적는다.

  예) 꿈: 의사가 되겠다.
     꿈 너머 꿈: 의사가 되어 가난한 이들의 병을 고쳐주겠다.

- 가장 큰 원에 적을 것이 없는 학생들은 [활동지3]을 한 후에 찾은 가치들을 나의
  꿈속에 반영하여 '꿈 너머 꿈'을 찾을 수 있도록 한다.

👍 삶에 반응하기

- 신문이나 잡지 속에서 찾을 수 있는 우리 주변의 '꿈 너머 꿈' 실천가를 찾아 오려서 [활동지3]에 붙여본다. 모둠 안에서 돌아가며 각자가 찾은 인물을 소개한다.

- 각자 찾은 인물들이 지닌 가치를 찾고, 모둠 안에서 이 인물들이 가지고 있는 공통의 가치도 찾아보는 활동을 해본다.

- 이들의 삶을 통해 발견할 수 있는 가치들은 나의 꿈 속에서 적용해보는 활동을 한다. 다시 [활동지2]로 돌아가서 좀 더 구체적인 '꿈 너머 꿈'의 목표를 찾아서 적어본다.

- 공통으로 찾은 추상적인 가치들은 내 꿈 속에서 실천에 옮길 수 있도록 구체적인 방안을 생각해본다.

- 서로 나온 의견들을 공유하고, 작지만 실천 가능한 것들을 뽑아 '꿈 너머 꿈'으로 가는 길의 필요성을 함께 나눈다.

왜 그를 기억하는가?

성산(聖山) 장기려 박사(1911~1995년)는 한평생 가난하고 소외받는 사람들을 위해 헌신의 삶을 사신 '한국의 슈바이처'라 불리는 분이다. '바보 의사'라는 별칭도 갖고 있는 그는 이광수 소설〈사랑〉의 주인공 '안빈'의 실제 모델로도 유명하다. 생전에 그가 살았던 부산 복음병원 옥탑방은 엘리베이터가 끝나는 곳에서 다시 계단을 올라야 들어설 수 있는 곳이다. 그는 바다가 훤히 바라보이는 그곳이 대한민국에서 가장 좋은 집이라고 늘 말씀하셨다.

이북에서 최고의 실력을 인정받은 의사였지만 한국전쟁 중 부상당한 국군장병들을 돌보다가 본인의 의사와 상관없이 국군 버스를 타고서 남으로 내려온 이후 북에 남겨진 아내와 다섯 자녀를 그리워하며 눈물짓는 삶을 사셨다. 가난과 질병으로 죽어가는 사람들을 위해 병원을 설립하고 치료비가 없는 환자들에게는 자신의 월급으로 대신 처리하곤 했으며, 때로는 직원들 몰래 도망가라고 뒷문을 열어주기까지 했던 그의 일화는 너무나도 유명하다.

사람들은 돈이 인생의 전부가 아니라고는 하지만 정작 돈 보다 더 중요한 것은 없는 듯이 살아가는 우리들에게 장기려 박사의 삶과 철학은 감동과 존경 이상을 준다. 존경받는 사람들이 점점 줄고 있는 이때 행복의 열쇠는 무엇이고 어디에 있는지를 진지하게 사유토록 한다. 그는 평생 혼자 살면서 가난하고 소외되고 병든 이들의 친구로 살았으나 외롭지 않았고, 평생 집 한 채 없이 병원 사택에서 살았으나 그는 사랑으로 부족함 없이 살았다. …(중략)… 요즘 같은 때 장기려 박사가 평생 신조로 삼은 '성산삼훈(聖山三訓)'이 더욱 값지게 다가온다. '사랑의 동기 아니면 말을 삼가라, 옳은 것은 옳다 하고 아닌 것은 아니다 하라, 문제의 책임은 항상 자신이 져야한다'.

- 사랑의 의사 장기려 박사 이야기 (한국일보, 1994)

1. 수많은 의사들 중에서 장기려 박사의 생애를 기억하는 이유는 무엇인가?

2. 장기려 박사의 '꿈 너머 꿈'은 무엇이었나?

내 꿈, 너머의 꿈

(   )의
꿈 너머 꿈이 되는 일

(   )이/가
되어서 할 수 있는 일

나는
(   )
이/가
되고 싶다

'꿈 너머 꿈'을 비추며 사는 사람들

1. 신문지나 잡지 속에서 꿈 너머 꿈을 이루며 사는 사람들의 예를 찾아 붙여보자.

(신문, 잡지 기사 붙이는 곳)

2. 꿈 너머 꿈을 실천하는 사람들이 추구하는 가치는 무엇인지 생각해보고,
   내 꿈 안에서 이러한 가치를 실천하기 위한 실천방안을 써보자.

   • 가치 : (   )

   • 실천방안

      ①

      ②

앗싸!
나도 사장님 되어볼래

    고용없는 성장(雇用-成長, 영어:jobless growth, jobless recovery)으로 경제는 성장하지만, 고용은 늘어나지 않는 현상이 진행되고 있다. 경제가 성장함에도 불구하고 일자리가 늘어나지 않거나 오히려 줄어드는 이 현상은 공장자동화, 정보기술(IT)산업에 대한 의존도 확대, 섬유나 식품 등 노동집약형 산업체들의 해외투자 확대 등을 원인으로 꼽을 수 있다. 급변하고 있는 사회 현상 중 하나는 로봇 산업과 3D프린터기의 개발을 꼽을 수 있다. 이 두가지 변화는 미래 직업 세계를 변화하도록 만들고 있는데 로봇 산업은 미래에 인간이 할 수 있는 일만이 살아남는다는 인식을 가져다주고 있으며 3D프린터기의 개발은 많은 공장 제조업의 소멸과 함께 1인 창업의 시대를 열고 있다. 스스로 사업의 아이템을 생각해 내고 3D 프린터기의 프로그램을 구상하여 물건을 제작하고 시장에 내어놓는다. 1인 창업뿐만 아니라 소규모 창업이 늘어나는 이때에 학생들로 하여금 스스로 사업 아이템을 생각하고 구상해보는 것은 미래사회를 준비하는 좋은 경험이 될 것이다. 이 수업은 학생들의 수업 참여 진행 속도에 따라 3차시에서 5차시까지도 진행할 수 있다.

🖥 학습 목표

1. **지식 (이해)** : 젊은 기업가의 예를 통해 기업가 정신에 대해 이해하고 회사를 구상한다.

2. **기능 (활동)** : 창업 아이템구상, 회사 이름, 로고 만들기, 구성원 만들기, 구인광고 만들기, 신입사원 뽑기 등의 활동을 통해 사장이 되어보는 경험을 한다.

3. **태도 (실천)** : 창업에 필요한 요소와 어려움을 경험함으로써 진로를 성숙하게 한다.

💰 마음 열기

■ 올바른 기업가 정신

- [활동지1]을 배부한다.
- 청년 CEO 안준희 사장의 강연 100℃를 통해 올바른 기업가 정신에 대해 생각해 본다.
  http://www.youtube.com/watch?v=7YinwJDcmS4
- 〈정답〉
  - 기업이란 가계나 정부로부터 재화와 용역을 공급받은 다음 수익을 창출하고
    그 수익을 다시 가계와 정부로 돌려주는 것이다.
  - 올바른 기업가의 7가지 요소에는 창의력, 독립심, 리더쉽, 판단력, 인내심,
    추진력이 있다.

✏ 생각 키우기

■ 회사 만들어 보기

- 창업을 위한 회사 구상하기
- 친한 친구들과 모둠을 구성한 후 자신들의 관심 분야에 대해 모둠 마인드 맵을 그린다.
- 공통의 창업 아이템을 찾아낸다.
- 회사 설립을 위한 회사명, 로고를 작성한다.
- 회사 내에 어떤 사람이 필요한지 고민한다.

■ 구인 광고 만들기

- [활동지2]를 배부한다.
- 회사 사원 모집을 위한 구인광고를 제작한다.
- 한 모둠원 중 2명만 작성한 회사의 구인을 위해 해당 회사의 사장, 인사담당 부장으로 남는다.

■ **회사 지원하기**

- 구인광고를 게시하고 홍보하여 지원자들이 어느 회사를 지원할 지 결정하게 한다.

- 2명은 사원 모집을 위한 기준표를 작성한다.

- 각 회사의 2인을 제외한 나머지 사람들은 타 회사를 지원하는 지원자로서의 역할을 한다.

- 지원자들은 이력서를 작성한다.

■ **신입사원 선발하기**

- 각 회사의 사장, 인사부장은 교실 안에 남고, 지원자는 복도에 있다가 들어와서 면접을 실시한다.

- 한 회사에서는 2인 이상 뽑을 수 없음을 미리 고지한 후 엄격한 심사를 실시하여 합격자를 공지한다.

- 회사 사원모집, 입사의 어려움을 경험한다.

👍 **삶에 반응하기**

- 회사 설립에서 구인광고를 만들어 보면서 어떤 회사가 필요하며 한 회사 내에 어떤 구성원들이 함께 일하고 있을 지를 생각해 본다.

활동지 1

앗싸! 나도 사장님 되어볼래

1. 청년 CEO 안준희 사장의 강연 100℃를 통해 올바른 기업가 정신에 대해 적어보세요.

> 창업은 수익활동을 위한 사업을 처음으로 이루는 일로써 창업가 정신은 사회의 긍정적인 변화를 이끌어 내는 힘이 된다.
>
> 기업이란 가계나 정부로부터 _____ 와 _____을 공급받은 다음 _____을 창출하고 그 수익을 _____가계와 정부로 돌려주는 것이다.

2. 올바른 기업가의 7대 정신은 무엇이 있을까요?
   빈칸에 모둠원과 상의하여 채워보세요.

> 올바른 기업가는 그 영향력이 크든 작든 사회를 긍정적인 방향으로 변화하는 사람이다.
> 그들이 공통적으로 갖는 7가지 덕목은
>
> _____, _____, _____, _____, _____, _____, _____이다.

3. 창업을 위한 10인 회사 구상하기

- **창업 아이템:**

- **회사 명 및 로고**

예시 기아자동차	KIA MOTORS The Power to Surprise

구인광고 만들기

1. 예시: 동아제약 구인광고

인재상

- 진취적인 사고와 도전정신을 갖춘 인재
- 창의적인 사고와 변화에 유연한 인재
- 전문가적 역량을 갖춘 능력 있는 전문 인재
- 긍정적인 사고로 적극적으로 행동하는 인재

〈승진〉

- 직위체계 : 사원 → 주임 → 대리 → 과장 → 차장 → 부장
- 특진제도 : 실적 우수자에 대해 특진제도가 있어 많은 업적을 달성하는 직원에게는
  더 많은 대우와 발전의 기회를 부여하고 있습니다.

〈급여제도〉

- 대졸초임 : 년 3,700 만원 (※ 영업직은 실적에 따라 성과급 지급)
- 수당 : 직위수당, 생활수당, 자격수당 외

〈교육훈련〉

- 동화특강 (서울/충주)
- 자기계발 통신교육
- 외국어 교육
- 우수사원 해외연수

〈채용 및 경력개발〉

- 사내공모제
- 외부 인재 추천제

모집부문

부문	전공 및 자격	학력
연구/개발	※ 모집부문 관련학과 졸업자로 신입 및 경력자 　- 약학, 의학, 수의학, 화학, 생명과학계열 　- 법정, 상경계열 ※ 분야별 우수전문인력으로 의사, 약사, 수의사, MBA, 　변리사, CPA, 변호사, 세무사, 해외전문 인력(박사급) 등 　자격 및 직능 소유자	대졸 / 대학원졸 (경력포함)
생산/품질관리		
마케팅/영업		
기획/관리		

지원자격

- 해외여행에 결격사유가 없는 자로서, 남자는 병역을 필한 자 또는 면제자
- 연구직채용은 석사, 박사 학위수여자에 한함

지원방법

- 아래 '온라인 입사지원' 이용

2. 내 회사 구인광고 만들기

구인광고를 만든 후의 소감

_____회사 신입사원 선발 기준 및 점수표

- 사장:　　　　　　　(인)
- 인사부장:　　　　　(인)

■ 모집 분야:

★ 지원자명:	학년　　　　반　　　　이름	점수
1		2　4　6　8　10
2		2　4　6　8　10
3		2　4　6　8　10
4		2　4　6　8　10
5		2　4　6　8　10
6		2　4　6　8　10
7		2　4　6　8　10

최종 합격 여부	합격 □　　　　　　　불합격 □
	이유:

_____회사 신입사원 지원자 명단

■ 사장: (인)

■ 인사부장: (인)

순	이름	지원동기 및 심사 결과	합격 여부
1			
2			
3			
4			
5			
6			
7			
8			
9			
10			

■ 최종 합격자 명단 발표

이 력 서

<table>
<tr><td rowspan="4"></td><td rowspan="3">성명</td><td>(한글)</td><td>주민번호</td><td colspan="2">-</td></tr>
<tr><td>(영문)</td><td>생년월일</td><td colspan="2">년 월 일</td></tr>
<tr><td>(한자)</td><td>E-mail</td><td colspan="2"></td></tr>
<tr><td>본적</td><td colspan="2"></td><td>연락처</td><td></td></tr>
</table>

<table>
<tr><td></td><td></td><td>현
주소</td><td colspan="2"></td><td>핸드폰</td><td></td></tr>
</table>

신체 사항	신장	체중	시력	혈액형	색맹	결혼여부

병역 사항	제대구분	복무기간	군별	계급	병과	면제사유
		~				-

자격 및 교육 사항	취득일자	자격 및 교육명	등급	취득일자	자격 및 교육명	등급

학력	기간	학교	졸업구분	전공	석차	비고

경력	근무기간	근무처	직위	담당직무

해외 연수	국가	기간	목적	상벌 사항	

자기소개서

1) 성장과정 및 학교생활

2) 인생관 및 좌우명

3) 성격의 장, 단점

4) 지원동기 및 입사 후 포부

상기 내용이 사실과 다름없음을 확인합니다.

작성일자 :   년   월   일   작성자: (서명)

Thinking

+

Heart

+

Insight

+

The **Strength** of Selection

선택의 힘

The strength of Selection

학교선택!
그것이 알고 싶다

인문계 고등학교를 갈 것인지 특성화고등학교를 갈 것인지의 선택은 고등학교 졸업 후 진학이냐 취업이냐를 결정하는 중요한 선택이 된다. 그리고 인문계 고등학교를 진학할 경우 문과를 선택할 것인지 이과를 선택할 것인지 고민해야 하고, 특성화 고등학교를 진학할 시 상업 계열인지 공업 계열인지 자기 자신의 모습 속에 신중히 고민해야 한다.

또한 대학을 진학하게 될 경우 학과 선택이라는 또 다른 선택이 기다리고 있다. 우리나라의 대학은 4년제 대학을 기준으로 9천개 정도의 학과가 개설되어 있다. 기계 및 산업공학 내에서도 '기계공학', '산업공학'으로 나눠지고, '문헌정보학' 내에서도 '문헌정보학과, 기록학과, 기록관리학과, 기록보존학과, 인문정보학' 등 여러 개의 세부전공으로 나누어진다. 따라서 입학 전에 관심학과에 대해 어떤 과목을 배우는지, 졸업 후에는 어떤 진로로 진입하는지 탐색하는 과정이 필요하다. 따라서 이번 시간에는 학교와 학과 선택을 알아보는 시간을 갖도록 한다.

🖥 학습 목표

1. **지식 (이해)** : 관심 학교 및 학과의 교육과정 및 정보를 알 수 있다.

2. **기능 (활동)** : 정보 사이트를 활용하여 자신에게 맞는 진학 정보를 검색할 수 있다.

3. **태도 (실천)** : 학교 체험 계획서를 작성하여 방문할 수 있다.

🔁 마음 열기

▶ **Live Your Dream now?**

- 맹목적인 경력보다 눈에 보이는 것만 추구하기보다 자신의 적성과 흥미를 고려하여 진로를 선택하고 실력 쌓기에 노력하는 것이 중요하다는 사실을 일러둔다.

- 학벌과 취업에 관한 동영상을 시청한다.

- 'Live your dream now?'을 시청하도록 한다.
  http://www.youtube.com/watch?v=LgDOQOg5qyI

✏ 생각 키우기

▶ **학교정보 탐색하기**

- [활동지 1]을 배부하고 정보사이트에 접속하여 필요한 정보를 검색한다. 교사가 직접 접속 시연을 보여주며 고등학교(대학교) 유형과 특징에 대해서 간단하게 설명해 주고 자신이 가고 싶은 고등학교(대학교) 유형과 학과 특징을 찾아 적어 보게 한다.

- 제한 시간은 25분으로 제한하여 필요한 정보를 빠르게 찾고 활동지에 충실하게 적도록 한다.

- 인터넷이 가능한 학습 환경에서 실시하도록 한다.

- 정보를 찾는 방법은 고등학교의 경우 ① 인문계 및 특성화 학교 정하기 ② 계열 정하기 ③ 관심 계열이 개설되어 있는 학교 찾기 ④ 각 학교의 홈페이지에 들어가 교과과목 및 세부정보 탐색하기 순서로 하도록 한다.

- 대학교의 경우 ① 관심학과를 정하고 ② 관심학과가 개설되어 있는 대학교를 찾고 ③ 각 대학의 홈페이지에 들어가 교과과목, 졸업 후 진로 등 세부적인 정보를 탐색 하도록 한다.

- 고입 정보 포털사이트 http://www.hischool.go.kr 활용하기

- 커리어넷 http://www.career.go.kr/School.do 활용하기

- 진학 진로 정보센터 http://www.jinhak.or.kr 활용하기

- 한국직업정보시스템 http://know.work.go.kr 활용하기

- 한국대학교육협의회 사이트 http://univ.kcue.or.kr 활용하기

👍 삶에 반응하기

▶ **학교탐방 계획서 구성하기**

- 학교 탐방은 고등학교(대학교)라는 곳의 교육환경을 직접 눈으로 확인하고, 수업방식 등 교육시스템을 이해하는데 있음을 인지시킨다.

- 학교탐방의 유의사항을 모둠별로 정해 보도록 한다.

- 선생님 및 재학생과의 인터뷰를 위해 필요한 절차가 구상해 보고, 다양한 질문 등을 모둠별로 정리해 보자.

- 예) 학교탐방 유의사항
  - 개별행동을 금지하며, 학교 내를 벗어나지 않는다.
  - 학교 투어를 진행해 주시는 해당 학교 홍보팀 선생님의 말을 잘 경청한다.
  - 지정된 장소 이외에는 함부로 건물을 돌아다니지 않으며, 교실복도를 지날 때는 큰 소리로 떠들어 수업을 방해하지 않도록 한다.
  - 쓰레기를 함부로 버리지 않고, 학교 시설물을 소중히 다룬다.
  - 학교 내에서 길을 잃었을 경우, 선생님에게 연락한다.

- 예) 인터뷰 진행절차
  - 학교 선생님 및 재학생 만남
  - 학교 선생님 및 재학생에게 자기소개
  - 인터뷰 진행 및 활동지 작성
  - 사진촬영(허락할 경우)
  - 감사 인사 및 마침

- 예) 인터뷰 질문예시
  - 이 학교에 들어오려면 어떤 조건을 갖추어야 하나요?
  - 입학 면접에서는 무엇을 물어보나요?
  - ○○학과 수업내용은 어떻게 되나요?
  - ○○학과 학생들은 졸업 후에 주로 어느 분야로 진출하나요?
  - 활동하고 있는 동아리가 있나요?

참고자료

» 이강은 외(2013), 전환기진로지도 프로그램 운영 매뉴얼, 한국직업능력개발원
» 이강은 외(2012), "클릭! 스마트한 진로 네비게이션", 한국교육과정평가원

올바른 고등학교 진학 방향에 대한 조언

가. 우리나라의 학제

기간	만연령	교육 구분	학교분류					
22	27		대학원 (석,박사)					
21	26							
20	25							
19	24			대학원				
18	23	고등 교육						
17	22							
16	21							
15	20		대학교 (학사)	교육 대학교 (학사)	산업 대학교 (학사)		기타 (방통대, 사이버대등) (학사)	
14	19					전문 대학 (전문학사)		
13	18							
12	17	중등 교육	일반 고등학교	특성화 고등학교	특수목적 고등학교		자율형 고등학교	
11	16							
10	15							
9	14		중학교		국제 중학교		기타 (고등공민학교)	
8	13							
7	12							
6	11	초등 교육	초등학교					의무 교육 기간
5	10							
4	9							
3	8							
2	7							
1	6							

출처 : 서울특별시 교육연구정보원

나. 고등학교 유형

학교 유형	종류
일반 고등학교	일반고
특수 목적 고등학교	과학고, 외국어고, 국제고, 예술고, 체육고, 마이스터고
특성화 고등학교	마이스터고를 제외한 특성화 전문계고
자율형 고등학교	자율형 공립고, 자율형 사립고

다. 학교 유형별 설립 목적 및 학교 수

구분	일반고	특수목적고				특성화고		자율고	
		과학고	외국어고 국제고	예술고 체육고	마이스터고	특성 (직업)	체험 (대안)	자율형 사립고	자율형 공립고
설립 목적	중학교 교육의 기초위에 중등교육 실시	과학인재 양성	외국어에 능숙한 인재 및 국제전문 인재 양성	예술인 및 체육인 양성	전문적인 직업교육을 위한 맞춤형 교육과정 운영	소질과 적성 및 능력이 유사한 학생을 대상으로 특정분야 인재 양성	자연현장 실습 등 체험위주 교육	학교별 다양한 교육 실시, 사립 학교의 자율성 확보	교육 과정과 학사 운영의 자율성 제고 및 전인교육 구현
학교수 (전국)	1,317	19	외고 (25) 국제고 (1)	예고 (25) 체고 (15)	21	670	23	46	44

라. 학교 유형별 학생 선발 방법

학교 유형		모집단위	입학전형	사회적배려대상자
일반고		지역/광역	평준화 : 추첨, 배정 비평준화 : 내신+선발고사	-
특수 목적고	과학고	광역	자기주도학습 전형 + 과학창의성 전형	자기주도학습전형의 20%
	외국어고 국제고	광역	자기주도학습 전형	20%
	예술고 체육고	전국	내신, 면접, 실기 등	-
	마이스터고	전국	내신, 면접, 실기 등	-
특성화고	특성 (직업)	광역/전국	내신, 면접, 실기 등	-
	체험 (대안)	광역/전국	내신, 면접, 실기 등	-
자율고	자율형사립고	광역	평준화 : 교육감결정 (내신, 면접+추첨) 비평준화 : 자기주도학습 전형 (필기고사 금지)	모집정원의 20%
	자율형공립고	광역	평준화 : 선지원, 후추첨 비평준화 : 자기주도학습 전형 (필기고사 금지)	-

출처 : 서울특별시 교육연구정보원

마. 교육 과정 및 특징

외국어고 / 국제고

외국어고와 국제고는 어학 인재 양성이 목표이므로 외국어와 관련된 전문 교과 과정이 80단위 이상 진행된다. 국제고는 모든 교과과정이 영어로 진행된다는 점이 외국어고와 차이가 난다.

따라서 이공계 진학을 희망하는 학생은 외국어고 혹은 국제고에 진학하는 것은 피해야 할 것이다. 일단 전문 교과 과정 수업의 이수단위가 높고, 자연계열 진학에 필요한 수학/과학 과목을 정규 수업 시간과 시험 시간에 볼 수 없다.

영재학교 / 과학고

영재 학교와 과학고는 비슷하지만 작은 차이가 있다.

일단, 영재학교는 교과부에서 지정하여 교과서를 자율로 쓸 수 있으며, 조기 졸업이 없이 3년을 다녀야 한다. 과학고는 교육청에서 지정하므로 교과서를 고등학교 교과서로 써야 하며, 조기졸업이 가능하여 대부분 2학년에 대학에 응시한다.

선발 방식은 거의 유사하지만, 영재 학교는 다단계 전형을 실시하고, 과학고의 경우는 자기 주도 학습 전형과 일반 전형, 이렇게 두 가지로 나누어 실시하는 것이 일반적이다.

자율형 사립고 / 자율형 공립고

자율형 사립고와 자율형 공립고는 차이가 조금 있다.

자율형 사립고의 경우에는 필수 시수 단위가 58단위이고 나머지 교과는 자율적으로 편성하도록 되어 있다.

자율형 공립고의 경우에는 필수 이수 단위가 72단위이고 나머지 교과는 교과군별로 50%의 증감이 학교장의 재량 하에 가능하다. 등록금의 차이도 있다.

자율형 사립고의 경우는 조금 더 특성화되고 집중적인 교육을 시키기에 더욱 수월하다. 자율형 공립고의 경우는 교과군별 이수단위를 완전히 무시할 수는 없기에, 교육 과정의 구성에서 자립형 사립고보다는 일정 정도 제약이 있다.

일반고 / 과학 중점학교

일반고는 필수 이수 단위가 116단위이며, 비평준화 지역은 연합고사와 내신으로 선발한다. (경기도 지역은 올해부터 고입 연합고사 폐지)

이러한 일반고 중 과학 중점 학교로 지정된 학교는 일반고보다 30% 정도 이상의 수학/과학 교육을 받게 된다. 과학 중점 학교는 1학년에는 공통 교과를 2학년에는 중점 교과를 이수하게 된다.

특성화고(공업)

정보 통신 기술의 급진전 및 세계화 정보화 지식 기반의 사회를 이끌어갈 창의적이며 주도적인 기능 기술인을 육성하기 위하여 공업에 관한 기초 전문 교육을 실시하는 직업 교육 기관이다. 공업 계열 고등학교의 교육은 공업 분야의 기능 기술을 바탕으로 자기 주도적으로 사고하고 실천하는 기능 기술인의 양성을 목적으로 한다.

특성화고(상업)

지식 기반 사회에서 요구되는 자기 주도적 학습 능력과 직업 기초 능력을 기르고, 상업 분야의 실무 능력을 함양하며, 고등 교육 기회를 통하여 더 많은 지식과 정보를 습득할 수 있는 기반을 마련하는 데 교육의 중점을 두는 직업 교육 기관이다.

상업 정보 산업 분야의 직업적 소양을 갖추고 기초 지식과 기술을 습득하여 상업 정보 산업 현장에서 요구되는 직무를 효율적으로 수행하는 것을 목표로 한다.

산업 수요 맞춤형고(마이스터고)

전문적인 직업 교육의 발전을 위하여 산업계의 수요에 직접 연계된 맞춤형 교육 과정을 운영하는 교육 기관이다.

최고의 기술 교육으로 마이스터(Young Meister)를 양성하고, 졸업 이후 우수 기업 취업, 특기를 살린 군 복무, 직장과 병행 가능한 대학 교육으로 우리나라 최고의 기술 명장을 육성하는 것을 목표로 한다.

바. 통학 형태 : 기숙사 / 통학 학교

고등학교에서 기숙사 학교냐 아니냐 하는 것은 많이 고려하지 않지만 매우 중요한 문제 중 하나이다. 여러 명이 함께 생활하는 기숙사 학교가 학생의 적성과 성격에 잘 맞는지 하는 것을 잘 고려해야 한다. 예민한 시기인 만큼, 성격상 기숙사 학교에 적응하는 것이 아주 큰 스트레스가 되는 경우도 있다. 통학을 고려한다면, 통학 버스는 운행되는지, 도보로 통학이 가능한지 잘 따져보는 것이 좋다.

사. 학생의 학업 적성

학생의 학업 적성에 적합한 고등학교는 어느 곳인지 잘 살펴봐야 한다. 만약 인문계열이나 자연계열 진학이 확정되지 않은 성적 상위권 학생이라면 외고 국제고 같은 경우보다 자율형 사립고, 자율형 공립고, 일반고 진학이 유리할 수 있다. 특히, 자연계열 진학 희망 학생 중에 국내 대학 진학 희망자라면 외고 국제고 진학은 바람직하지 않다.

아. 그 외 고려 사항

학교마다 특징이 있으므로, 학교의 교육방침과 정책을 잘 알고 선택해야 한다. 특히, 사립고의 경우에는 학교마다 종교, 학풍, 교육 정책 등의 차이가 있으므로, 잘 알아보고 학생의 취향과 성격에 잘 맞을 수 있는지를 따져볼 필요가 있다.

대학교 전공 수업체계에 대한 안내

학점 체계

4년제 대학기준으로 전공필수, 전공선택, 교양필수, 교양선택 등의 과목을 선택할 수 있으며 일정 학점이수하면 졸업요건을 갖추게 된다. 4년제 대학의 경우 보통 140학점이다. 한 과목은 1~3학점 정도이며, 한 학기에 약 20학점 내외의 수업 수강이 가능하다. 성실히 수업을 들으면 조기 졸업도 가능합니다.

학점은 학교마다 총점이 다릅니다. 4.5 만점인 학교도 있고, 4.3 또는 4.0을 만점으로 하는 학교도 있습니다.

전공 이수

대학교에서는 선택한 학과의 전공 이외에도 다양한 전공 수업을 들을 수 있습니다.

용 어	내 용
전공 (Major)	한 개인이 어떤 자격 수준에 도달하기 위해서 이론·실제적인 면에 걸쳐 집중적으로 연구하는 학문분야를 말함.
부전공 (Minor)	소속된 학부 또는 학과 이외의 학부 또는 학과에서 소정의 전공 과목을 일정 수 이상 각각 체계적으로 이수하는 것
복수 전공 (Double Major)	소속한 학부 또는 학과의 전공 과정을 포함하여 2개 이상의 전공과정을 이수하는 것
연계 전공 (Connection Major)	2개 이상의 전공 과정이 연합하여 제공하는 교과 과정상 또는 학칙상 전공을 이수하는 것을 말함.

4년제 대학 학과(전공)분류

대분류	중분류	소분류
인문계열	언어 · 문학	언어학, 국어 · 국문학, 일본어 · 문학, 중국어 · 문학, 기타 아시아어 · 문학, 영미어, 독일어, 러시아어, 스페인어, 프랑스어
	인문과학	문헌정보학, 문화, 민속, 미술사학, 심리학, 역사, 종교학, 국제 지역학, 철학, 윤리학, 교양인문학
사회계열	경영 · 경제	경영학, 경제학, 관광학, 광고, 홍보학, 금융, 회계, 세무학, 무역, 유통학, 교양경상학
	법률	법학
	사회과학	가족 · 사회 · 복지학, 국제학, 도시지역학, 언론방송매체학, 정치외교학, 행정학
교육계열	교육일반	교육학
	유아교육	유아교육학
	특수교육	특수교육학
	초등교육	초등교육학
	중등교육	언어교육, 인문교육, 사호교육, 공학교육, 자연계교육, 예체능교육
공학계열	건축	건축 · 설비공학, 건축학, 조경학
	토목 · 도시	토목공학, 도시공학
	교통 · 운송	교통공학, 항공학, 해양공학
	기계 · 금속	기계공학, 금속공학, 자동차공학
	전기 · 전자	전기공학, 제어계측공학
	정밀 에너지	광학공학, 에너지 공학
	소재 · 재료	반도체 · 세라믹 공학, 섬유공학, 신소재 공학, 재료공학
	컴퓨터 통신	전산학, 컴퓨터공학, 응용소프트웨어공학, 정보 · 통신공학
	산업	산업공학
	화공	화학공학
	기타	기전공학, 응용공학, 교양공학
자연계열	농림 · 수산	농업학, 수산학, 산림 · 원예학
	생물 · 화학	생명과학, 생물학, 동물 · 수의학, 자원학, 화학, 환경학
	생활과학	가정관리학, 식품영양학, 의류 · 의상학, 교양생활과학
	수학 · 물리 천문 · 지리	수학, 통계학, 물리과학, 천문 기상학, 지구 지리학
의약계열	의료	의학, 치의학, 한의학
	간호	간호학
	약학	약학
	치료 · 보건	보건학, 재활학, 의료공학
예체능계열	디자인	디자인일반, 산업디자인, 시각디자인, 패션디자인, 기타디자인
	응용예술	공예, 사진, 만화영상, 예술
	무용체육	무용, 체육
	미술조형	순수미술, 응용미술, 조형
	연극영화	연극, 영화
	음악	음악학, 기악, 국악, 성악, 작곡, 기타음악

정보 탐색하기

1. 관심 학교 및 학과 유형과 입학조건

- 희망 전공 :

- 학교유형 및 학과 :

- 입학요건 :

2. 학과 소개 및 진로유형

- 관심학교의 특징 :

- 관심학과의 교과목 :

- 졸업 후 진로 :

- 그 외 알게된 새로운 사실!!

학교 탐방 계획서 작성하기

1. 학교 탐방 유의사항 작성하기

2. 인터뷰 절차 및 질문만들기

①

②

③

④

⑤

- BEST 질문 5가지 선택하기

직업 지도(Jab Map) 따라 직업 여행

　자신의 진로를 선택하기 위해서 다양한 구체적인 정보 수집 중 가장 중요한 것은 직업세계 전망이다. 현재 우리나라 한국고용정보원에 등록된 직업은 14000개 정도 된다. 미국의 경우 3만개 정도 된다. 또 산업 발달과 함께 새롭게 등장하는 직업의 개수가 늘어나고 있기 때문에 그 변화를 알아야할 뿐만 아니라 그 직업 세계를 구체적으로 알아야한다. 즉 직업의 정의, 되는 방법, 전망, 수입, 현재 근무자 수, 승진체계 등 현실적인 정보를 통해 구체적으로 직업에 대해 알아갈 때 보다 성숙된 진로 결정을 할 수 있게 되므로 구체적인 직업 정보를 제공하고 세분화하여 살펴보기로 한다.

📖 학습 목표

1. **지식 (이해)** : 다양한 직업의 세계를 살펴본다.
2. **기능 (활동)** : 여러 기준에 따른 직업을 구체적으로 알아간다.
3. **태도 (실천)** : 자신의 희망 직업에 대한 구체적인 정보를 찾아 진로 성숙을 가져온다.

🔁 마음 열기

■ **가장 창의적인 직업**

• 가장 창의적인 직업 동영상(http://www.youtube.com/watch?v=4FMeJQTSVDk)을 보고 여러 직업의 연봉과 가장 창의적인 직업에 대해 생각하게 한다.

🔷 생각 키우기

■ 직업 지도(Jab Map) 살펴보기

- [활동지1]을 배부한다.
- 직업 지도(Jab Map)를 전체적으로 살펴본다.
  http://www.work.go.kr/jobMap/jobMapData.do?pageType=byData
  위 사이트에서 엑셀로 자료를 다운 받아 사용함
- 다양한 기준으로 직업들을 살펴본다.
- 자신이 희망하는 직업을 찾아 적어본다.
- 직업 지도(Jab Map)의 직업 수: 391개

소득 Best 3

직업명	종사자 (천명)	평균학력 (년)	평균연령 (년)	평균근속 년수	월평균소득 (만원)
기업고위임원	2.9	16.8	53.1	20.3	1088.9
기타 금융 및 보험 관련 전문가	3.4	16.0	45.5	13.8	690.8
금융 및 보험 관리자	36.9	15.4	48.4	16.1	630.2

소득 Worst 3

직업명	종사자 (천명)	평균학력 (년)	평균연령 (년)	평균근속 년수	월평균소득 (만원)
패스트푸드원	17.8	11.9	25.9	1.5	58.3
육아도우미	111.8	9.3	54.8	2.8	72.2
임산물 채취 및 기타 임업관련 종사원	4.5	8.1	55.8	13.3	72.3

학력 Best 3

직업명	종사자 (천명)	평균학력 (년)	평균연령 (년)	평균근속 년수	월평균소득 (만원)
대학교수	75.1	19.8	48.8	12.2	486.3
인문과학 연구원/ 사회과학 연구원	9.1	18.5	40.2	7.1	324.3
대학 시간 강사	25.1	15.8	40.9	4.8	157.9

👍 삶에 반응하기

■ 선호 직업 탐색

- 자신이 좋아하는 직업에 대해 구체적으로 알아보며 진로 성숙을 꾀한다.

직업 지도(Jab Map) 따라 직업 여행하기

1. '세상에서 가장 창의적인 직업' 동영상을 시청 한 후 빈칸을 채우시오.

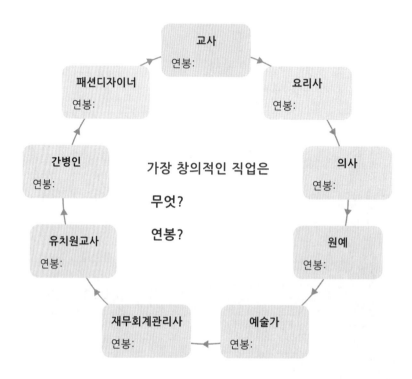

교사
연봉:

패션디자이너
연봉:

요리사
연봉:

간병인
연봉:

가장 창의적인 직업은

무엇?

연봉?

의사
연봉:

유치원교사
연봉:

원예
연봉:

재무회계관리사
연봉:

예술가
연봉:

2. 직업 지도(Jab Map)란?

직업 지도로서 고용노동부 산하 한국고용정보원에서 전국 7만 5천 표본가구조사를
통한 "직업정보 통계"

3. 직업 지도(Jab Map)에는 어떤 내용이 있나요?

- 직업명 : 직업의 세분류
- 종사자수(천명) : 직업에 근무하는 사람수
- 평균학력(년) : 학교를 다닌 년수
- 평균연령(세) : 종사자들의 평균 연령
- 평균 근속년수(년) : 소득이 발생되는 기간
- 평균 소득(만원) : 월 평균 소득

4. 직업 지도(Jab Map)에 있는 모든 직업의 수는?   개

5. 소득 Best 3

직업명	종사자 수 (천명)	평균학력 (년)	평균연령 (년)	여성비율 (%)	근속년수 (년)	월평균소득 (만원)

6. 학력 Best 3

직업명	종사자 수 (천명)	평균학력 (년)	평균연령 (년)	여성비율 (%)	근속년수 (년)	월평균소득 (만원)

7. 관심 직업 (순위는 상관없음)

직업명	종사자 수 (천명)	평균학력 (년)	평균연령 (년)	여성비율 (%)	근속년수 (년)	월평균소득 (만원)

직업 지도(Jab Map) 09-10 직업지도   http://www.work.go.kr/

직업세분류(KECO)		전체종사자					임금근로자 종사자		월평균소득(임금근로자)		
KECO	세분류명	종사자 수 (천명)	평균 학력 (년)	평균 연령 (세)	여성 비율 (%)	평균 근속 년수 (년)	임금근로자 (천명, 비율%)		월평균 소득 CV(%)	평균 소득 (만원)	중위 값 (만원)
0111	패스트푸드원	17.8	11.9	25.9	68.3	1.5	16.5	92.6	7.5	58.3	50
0112	육아 도우미	111.8	9.3	54.8	97.8	2.8	51.4	46.0	4.2	72.2	70
0121 0123	임산물 채취 및 기타 임업 관련 종사원	4.5	8.1	55.8	32.1	13.3	0.4	8.1	16.4	72.3	60
0122 0133	농림어업관련 단순 종사원	160.0	6.4	58.8	65.4	4.3	149.4	93.4	1.7	74.9	70
0124	채소 및 특용작물 재배원	759.4	6.6	61.6	57.1	29.8	9.9	1.3	6.6	76.5	60
0125	과수작물 재배원	254.4	7.9	59.4	47.6	25.2	2.0	0.8	11.4	77.1	60
0131	가사 도우미	83.0	8.8	54.1	99.2	2.7	75.2	90.6	3.1	79.2	80
0132	환경 미화원 및 재활용품 수거원	220.4	6.5	61.4	44.7	3.7	179.0	81.2	3.4	79.6	60
0134	기타 의료복지 관 련 서비스 종사원	50.7	11.2	46.8	85.2	2.1	48.9	96.5	3.4	81.3	75
0135	곡식작물 재배원	720.3	6.5	62.6	43.8	33.5	2.3	0.3	11.9	83.0	75
0140	기타 예식 관련 서비스 종사원	28.0	9.1	52.0	69.6	10.5	1.3	4.6	36.4	85.2	50
0151	청소원	366.8	8.0	56.2	75.7	3.6	344.2	93.8	1.2	88.9	80
0152	간병인	139.0	10.5	51.0	96.2	1.8	136.0	97.8	1.8	90.1	90
0153 0159	세탁원 및 다림질원	31.1	10.1	50.7	68.2	11.2	6.1	19.6	7.2	91.4	90
0160	보조 교사 및 기타 교사	41.6	14.6	37.2	89.4	2.3	39.1	93.8	4.2	93.7	90
0171	기타 판매관련 단순 종사원	83.3	11.1	40.2	59.0	2.5	76.5	91.8	2.9	94.5	90
0172	주방 보조원	304.1	9.5	48.2	90.1	2.6	280.1	92.1	1.2	96.6	100
0179	검표원 기타 서비스관련 단순 종사원	75.4	10.5	50.3	51.9	2.3	71.3	94.6	4.1	98.0	90
0181	매장계산원 및 요금정산원	227.7	12.3	40.0	68.4	4.4	132.3	58.1	2.3	98.5	100
0182	오락시설 서비 스원	144.4	12.2	37.9	37.1	3.4	58.4	40.4	4.3	101.3	100
0190	김치 및 밑반찬 제조 종사원	15.2	9.8	51.0	86.4	4.5	10.7	69.8	4.5	102.2	100

직업세분류(KECO)		전체종사자					임금근로자 종사자		월평균소득(임금근로자)		
KECO	세분류명	종사자 수 (천명)	평균 학력 (년)	평균 연령 (세)	여성 비율 (%)	평균 근속 년수 (년)	임금근로자 (천명, 비율%)		월평균 소득 CV(%)	평균 소득 (만원)	중위 값 (만원)
0211 0212	노점 및 이동 판매원	109.3	8.9	53.6	47.9	10.4	5.9	5.4	14.5	103.9	80
0213	기타 종교관련 종사자	36.5	15.4	42.2	47.3	6.0	33.2	91.1	4.1	104.4	90
0221	웨이터	531.4	11.7	37.8	66.7	3.0	365.9	68.9	1.6	106.1	100
0221	웨이터	531.4	11.7	37.8	66.7	3.0	365.9	68.9	1.6	106.1	100
0222 0223	주차 관리원 및 안내원	44.4	11.4	49.5	13.4	3.4	41.2	92.8	3.8	108.9	100
0224	음식 배달원	58.9	11.4	38.6	8.0	3.7	35.8	60.7	3.6	109.2	100
0231	제조관련 단순 종사원	425.7	10.5	43.6	71.5	3.6	404.8	95.1	1.2	109.7	100
0232 1231 0233	경비원	247.0	10.1	60.5	0.7	3.7	246.6	99.8	1.1	112.0	100
0234	예능 강사	155.0	15.2	36.2	81.7	5.1	70.0	45.2	4.5	116.7	100
0241	떡제조원	22.8	10.6	49.5	48.0	10.4	5.0	22.1	15.2	117.6	100
0242	재봉사	158.7	9.9	47.7	81.1	6.6	121.8	76.8	1.9	118.2	100
0243	대학 교육조교	22.0	15.8	26.3	61.7	1.7	22.0	100.0	7.9	118.5	100
0244	보육교사	218.8	14.4	35.2	98.6	2.9	190.3	87.0	1.3	119.7	120
0245	전산 자료 입력원 및 사무 보조원	240.7	13.3	34.7	75.6	3.5	228.4	94.9	2.3	120.2	100
0246	세탁관련 기계 조작원	50.2	10.3	50.9	34.9	12.1	7.5	15.0	7.6	120.8	100
0247	기타 식품가공 관련 종사원	43.0	10.4	51.5	50.6	8.4	14.1	32.8	4.2	122.0	120
0248	한복 제조원	9.6	9.6	53.6	91.1	13.7	2.6	27.0	15.7	123.0	100
0251	기타 주방장 및 조리사	219.9	11.5	44.3	72.8	4.4	64.3	29.2	2.5	123.8	120
0252	모피 및 가죽의복 제조원/의복·가죽 및 모피 수선원	40.7	9.2	51.5	69.4	11.1	5.8	14.3	11.6	124.1	100
0261	방문 판매원	92.6	12.2	45.1	92.4	4.6	69.3	74.9	4.2	124.3	100
0262	주유원	43.9	12.2	43.7	11.8	4.4	32.6	74.3	4.0	124.7	117
0271	바텐더/기타 음식 서비스 종사원	26.0	11.8	40.8	71.4	3.7	14.0	53.7	9.6	125.3	100
0272	미용사	150.4	12.0	38.5	88.1	7.6	60.1	40.0	2.8	125.6	120
0281	배우 및 모델	9.0	14.7	30.6	29.9	6.9	5.3	58.8	15.1	127.8	100
0282	한식 주방장 및 조리사	520.4	10.6	48.9	78.6	5.5	284.2	54.6	1.4	127.8	119

직업세분류(KECO)		전체종사자					임금근로자 종사자		월평균소득(임금근로자)		
KECO	세분류명	종사자 수 (천명)	평균 학력 (년)	평균 연령 (세)	여성 비율 (%)	평균 근속 년수 (년)	임금근로자 (천명, 비율%)		월평균 소득 CV(%)	평균 소득 (만원)	중위 값 (만원)
0283	건설 및 광업 단순 종사원	345.2	10.2	48.1	6.3	2.9	338.8	98.1	1.0	128.6	120
0291	통계관련 사무원	20.2	13.8	42.6	79.6	3.6	20.1	99.4	9.2	130.8	100
0292	상점판매원	1,669.9	12.0	43.7	55.2	7.7	662.9	39.7	1.1	131.8	120
0299	홍보 도우미 및 판촉원	17.6	12.6	39.0	77.3	3.5	16.1	91.3	7.0	133.5	120
0311	이용사	19.0	8.5	58.6	5.3	23.7	0.1	0.4	12.2	133.9	130
0312	결혼상담원 및 웨딩플래너/ 혼례 종사원	9.5	13.3	39.8	70.8	3.1	6.6	69.5	11.5	134.8	120
0313 0315	기타 배달원	130.5	11.7	41.5	23.2	5.1	95.8	73.4	2.7	135.1	140
0314	택시 운전원	325.5	10.7	54.2	1.3	10.5	116.3	35.7	1.5	135.5	130
0319	피부미용 및 체형관리사/메이크업 아티스트 및 분장사	75.5	12.7	35.4	92.9	3.6	42.3	56.1	2.9	135.7	130
0321	기타 사육관련 종사원	11.3	9.8	57.6	28.6	16.2	0.9	7.9	22.3	136.3	100
0322	낙농업관련 종사원	9.9	10.5	50.6	37.7	21.0	0.5	5.4	17.8	136.9	110
0323	무용가 및 안무가	1.9	14.8	25.0	60.8	3.3	1.8	92.8	28.4 *	137.5	150
0324	간호조무사	135.6	12.5	31.7	97.5	3.6	135.0	99.6	2.8	137.7	120
0330	매표원 및 복권 판매원	18.2	12.9	37.5	65.6	6.7	13.6	74.7	10.8	141.1	120
0411	공예원	20.7	11.9	48.4	35.7	14.4	4.5	21.8	10.4	144.1	130
0412	배관 세정원 및 방역원	10.5	11.9	42.3	22.8	4.2	7.4	70.2	13.5	145.0	120
0421	컴퓨터 강사	15.7	14.8	36.0	64.9	4.4	12.0	76.7	6.1	146.5	140
0422	안내·접수사무원 및 전화 교환원	82.0	13.4	33.6	78.3	4.5	75.5	92.1	2.7	146.8	130
0431	텔레마케터	50.5	12.9	36.1	90.2	2.6	49.5	98.1	3.2	147.0	130
0432	사진인화 및 현상기 조작원	13.1	12.8	39.7	30.2	7.9	6.0	45.6	6.3	147.4	130
0441 0442	스포츠 및 레크레이션 강사	70.7	14.2	34.2	24.7	4.2	45.3	64.1	4.1	147.7	150
0451 0452	기타 사무원	31.6	13.9	36.8	64.0	4.1	26.9	85.0	6.6	147.8	120
0453	조림·영림 및 벌목원	4.7	10.2	50.3	8.5	4.0	4.4	91.9	5.7	148.4	120
0461	만화가 및 만화영화 작가	6.1	13.5	36.9	43.4	7.4	1.5	24.0	11.9	148.5	130

직업세분류(KECO)		전체종사자					임금근로자 종사자		월평균소득(임금근로자)		
KECO	세분류명	종사자 수 (천명)	평균 학력 (년)	평균 연령 (세)	여성 비율 (%)	평균 근속 년수 (년)	임금근로자 (천명, 비율%)		월평균 소득 CV(%)	평균 소득 (만원)	중위 값 (만원)
0462	기타 섬유 및 가죽 관련 기능 종사원	16.2	10.4	45.7	50.5	8.9	10.7	66.2	7.1	149.5	130
0463	원예작물 재배원	31.6	10.4	54.2	39.0	13.5	4.8	15.1	8.9	149.6	150
0469	프로게이머 외 기타 스포츠 및 레크레이션 관련 전문가	2.4	12.2	25.4	8.4	4.5	0.2	8.4	0.0	150.0	150
0470	직조기 및 편직기 조작원	21.8	10.6	47.2	43.9	10.4	14.8	68.1	4.4	150.2	123
0481	고무 및 플라스틱 제품 조립원	12.4	11.5	41.8	52.0	6.1	11.2	89.7	7.8	150.7	130
0482	기타 제조관련 기계 조작원	25.2	11.7	40.9	47.8	5.6	23.2	92.3	3.9	151.2	140
0483	기타 의복 제조원/패턴사/패턴사	21.3	11.0	47.0	55.9	7.9	10.7	50.3	7.8	151.4	145
0484	학습지 및 방문 교사	175.6	14.7	34.2	81.5	3.9	81.9	46.7	2.8	152.7	150
0485	애완동물 미용사/기타 미용관련 서비스 종사원	9.6	12.0	35.3	89.6	4.5	5.8	59.7	14.9	153.1	140
0489	상담 전문가 및 청소년 지도사	17.3	15.6	38.2	81.3	3.3	16.8	96.7	6.7	153.1	150
0511	경리 사무원	466.1	13.3	35.3	90.6	4.9	396.8	85.1	1.1	153.8	140
0512	유치원 교사	61.7	14.9	29.8	99.0	3.5	60.9	98.6	2.5	153.8	140
0513	제빵원 및 제과원	38.5	12.6	34.7	43.3	4.0	30.4	79.1	3.8	154.4	150
0514	상품 대여원	26.5	12.6	42.6	45.4	6.0	8.0	30.3	10.6	155.5	120
0520	양식원	15.8	10.0	48.7	33.1	15.5	2.9	18.2	7.3	156.2	150
0531	기타 사회복지관련 종사원	18.3	14.8	43.0	64.2	5.0	15.2	83.1	7.5	156.4	130
0532	제화원	10.4	10.1	50.7	23.5	8.3	7.0	67.2	6.9	156.9	150
0533	국악 및 전통예능인	3.4	14.8	34.8	50.5	6.0	3.1	93.0	10.5	157.1	160
0611	대학 시간강사	26.1	18.5	40.9	60.6	4.8	25.1	96.3	5.7	157.9	150
0612	방수공	11.5	11.4	48.4	3.8	6.0	7.6	65.7	5.3	157.9	150
0613	전기·전자 부품 및 제품 조립원	210.0	12.0	37.5	54.9	4.8	199.4	94.9	1.7	159.1	150
0614	하역 및 적재 단순 종사원	70.1	11.3	41.5	10.2	5.1	65.1	92.8	3.2	159.4	150
0620	식품 및 담배 등급원	0.8	12.2	37.2	33.5	5.6	0.8	100.0	19.0	159.5	110

직업세분류(KECO)		전체종사자					임금근로자 종사자		월평균소득(임금근로자)		
KECO	세분류명	종사자 수 (천명)	평균 학력 (년)	평균 연령 (세)	여성 비율 (%)	평균 근속 년수 (년)	임금근로자 (천명, 비율%)		월평균 소득 CV(%)	평균 소득 (만원)	중위 값 (만원)
0630	계기 검침원 및 가스 점검원	13.1	12.4	44.4	51.2	7.7	11.8	90.4	6.1	159.8	135
0641	택배원	75.8	11.9	41.9	6.3	3.9	43.8	57.8	3.0	159.8	150
0642 0664	정육원 및 도축원	17.7	10.5	45.2	32.5	5.7	13.9	78.8	4.7	159.8	150
0651	기타 자동차 운전원	80.4	11.8	45.1	6.8	5.0	64.7	80.4	3.0	160.5	150
0652	신발제조기 조작원 및 조립원/기타 직물 및 신발 관련 기계 조작원 및 조립원	16.0	10.6	48.6	34.7	7.8	12.8	79.6	4.8	160.9	150
0661	미장공	49.3	9.6	51.4	3.0	5.8	41.7	84.6	2.5	161.1	150
0662	여행 및 관광통역 안내원	13.1	14.0	42.2	54.1	4.8	10.0	76.2	7.1	162.5	160
0663	통신서비스 판매원	56.8	13.5	31.6	31.3	3.0	36.8	64.8	3.9	162.9	150
0665	금속기계부품 조립원	14.2	11.5	42.6	22.7	6.7	11.1	78.6	4.9	163.1	150
0671 0672 0674	고객 상담 및 모니터 요원	102.2	13.6	34.7	81.7	3.9	95.4	93.4	2.4	164.3	150
0673	악기제조 및 조율사	3.9	11.2	47.5	20.7	11.7	2.5	64.2	7.5	164.6	150
0675	도배공 및 유리 부착원	59.6	11.7	46.2	24.3	7.5	27.0	45.3	4.0	165.0	150
0681	철근공	31.3	10.3	48.3	1.0	4.4	26.2	83.8	3.5	166.2	150
0682	기타 기능관련 종사원	13.7	12.4	45.4	16.5	10.4	6.3	46.1	9.8	166.6	170
0689	인터넷 판매원	51.7	13.9	35.0	50.6	3.2	17.6	34.1	6.1	167.5	150
0711	조적공 및 석재 부설원	14.0	10.5	51.6	4.8	4.7	12.9	92.0	5.6	167.5	150
0712	과실 및 채소 관련 기계 조작원	0.7	11.9	43.9	33.5	4.0	0.4	53.2	7.4	168.9	180
0713	치과위생사/ 의지보조기기사	33.9	14.0	27.8	93.0	3.6	33.6	99.2	2.6	169.2	160
0714	사회복지사	48.7	15.4	34.7	70.8	4.5	47.1	96.5	2.5	169.3	160
0721	번역가	6.9	15.8	38.6	70.6	5.2	2.7	38.6	19.6	169.4	200
0722	귀금속 및 보석 세공원	13.2	12.0	39.6	26.1	8.2	7.6	57.8	8.1	169.9	150
0729	곡물가공제품 기계 조작원	11.6	11.0	43.6	37.7	7.8	8.0	69.3	5.1	170.0	160

직업세분류(KECO)		전체종사자					임금근로자 종사자		월평균소득(임금근로자)		
KECO	세분류명	종사자 수 (천명)	평균 학력 (년)	평균 연령 (세)	여성 비율 (%)	평균 근속 년수 (년)	임금근로자 (천명, 비율%)		월평균 소득 CV(%)	평균 소득 (만원)	중위 값 (만원)
0731	기타 경호 및 보안 관련 종사원	23.7	12.9	37.8	12.7	3.7	23.7	100.0	4.2	171.0	160
0739	가구조립원	7.3	11.2	42.5	7.1	4.8	6.4	87.3	7.0	171.5	170
0811	양식 주방장 및 조리사	21.8	13.1	33.6	42.8	3.6	17.9	82.2	5.7	172.7	150
0812	보일러 설치 및 정비원	39.8	11.2	47.4	0.3	8.5	23.4	58.9	3.1	172.9	150
0813	표백 및 염색 관련 조작원	21.0	11.4	46.4	15.4	5.5	20.4	97.2	3.4	173.2	180
0814	재단사	22.7	10.9	46.5	14.4	8.6	16.1	71.0	5.0	173.4	160
0821 0822	섀시 조립 및 설치원	45.6	11.8	43.1	3.0	7.5	26.6	58.4	2.9	173.6	170
0830	간판 제작 및 설치원	29.9	12.5	42.2	4.9	9.5	8.8	29.5	7.1	174.1	170
0841	문리 및 어학 강사	297.1	15.6	35.1	66.5	3.5	201.0	67.6	2.3	174.4	150
0842	제분 및 도정 관련 기계 조작원	22.4	10.2	49.5	35.2	13.5	7.3	32.6	9.9	174.6	150
0843	건축 목공	138.4	10.5	48.7	0.4	5.3	106.0	76.5	1.8	174.7	170
0844	조경원	34.8	11.5	47.8	6.0	6.3	25.7	73.9	3.6	176.1	160
0845	성직자	87.1	16.5	49.6	16.1	10.7	76.4	87.8	2.7	177.3	160
0846	가축 사육 종사원	106.6	9.7	53.2	32.6	17.3	7.4	6.9	6.5	178.5	150
0847	어부 및 해녀	48.4	8.1	54.1	23.7	18.1	12.2	25.2	3.9	178.6	160
0851	기술 및 기능계 강사	20.8	13.9	42.2	45.2	5.4	17.1	82.2	6.2	178.7	150
0852	기타 운송장비 정비원	7.8	11.1	44.9	9.0	10.4	2.9	37.0	13.4	179.0	160
0853	부동산 컨설턴트 및 중개인	172.4	13.5	48.1	33.0	5.9	43.1	25.0	5.8	179.6	150
0854	아나운서 및 리포터	2.4	14.5	27.4	71.9	3.5	2.2	92.9	15.7	180.1	170
0855	용접기 조작원	9.1	11.6	40.8	9.6	3.2	7.8	85.2	7.0	180.2	173
0856	건축 도장공	37.9	10.5	48.7	16.7	6.9	28.0	73.9	4.2	180.2	160
0861	경호원	8.1	13.1	30.6	14.4	3.5	7.9	96.9	9.1	180.4	160
0862	플라스틱제품 생산기 조작원	59.9	11.9	40.2	22.9	6.3	52.0	86.8	2.7	180.9	160
0863	건축 석공	5.9	11.4	45.0	0.3	5.8	4.3	73.2	5.9	181.0	200
0871	지휘자·작곡가 및 연주가	10.2	15.1	36.6	43.8	6.7	5.8	56.8	11.0	181.4	200
0872	영양사	27.9	15.4	32.6	96.9	5.3	27.9	100.0	3.3	181.4	160

직업세분류(KECO)		전체종사자					임금근로자 종사자		월평균소득(임금근로자)		
KECO	세분류명	종사자 수 (천명)	평균 학력 (년)	평균 연령 (세)	여성 비율 (%)	평균 근속 년수 (년)	임금근로자 (천명, 비율%)		월평균 소득 CV(%)	평균 소득 (만원)	중위 값 (만원)
0873	가구제조 및 수리원	39.5	11.6	42.7	8.3	6.5	25.4	64.2	3.4	181.8	180
0874 0879	수금원	4.8	12.3	50.2	40.1	9.5	1.1	21.8	20.5	182.1	120
0881 0882	점토제품 생산기 조작원	5.4	10.8	46.6	19.2	10.8	4.7	88.0	5.9	182.5	160
0911 0912	기타 식품가공 관련 기계 조작원	12.2	11.2	46.7	38.3	10.5	7.1	58.5	6.4	182.7	150
0913	안마사/위생사/ 의무기록사	7.9	13.9	37.7	63.2	6.6	6.7	85.2	9.2	183.2	150
0921	PC 및 사무기기 설치 및 수리원	61.6	13.6	34.1	4.0	4.6	42.3	68.7	4.0	183.6	160
0922	섬유제조 기계 조작원	29.2	10.9	45.8	43.9	8.2	26.9	91.9	4.0	184.1	170
0931	임상심리사 및 기타 치료사	11.3	15.9	37.3	76.8	4.1	6.8	60.0	9.9	184.3	180
0932	바닥재 시공원	36.6	11.4	45.3	4.3	7.0	24.7	67.4	4.0	184.9	170
0933	유리제조 및 가공 기 조작원	20.1	12.3	38.7	23.2	6.3	18.2	90.6	4.0	185.5	160
0939	경량 철골공	9.5	11.5	43.3	2.1	6.8	6.5	68.4	6.4	187.3	200
0940	광석 및 석제품 가공기 조작원	7.1	10.8	47.3	12.5	7.5	5.3	74.0	5.5	187.5	200
0951	화가 및 조각가	7.3	15.2	48.4	39.7	16.9	0.2	2.5	3.6	188.3	180
0952	목재가공 관련 기계 조작원	12.2	11.1	47.0	5.6	8.3	10.2	83.0	4.5	188.4	180
0953	촬영기사	6.6	14.5	31.7	22.1	5.2	4.6	70.1	11.3	188.9	150
0954	육류·어패류 및 낙농품 가공기계 조작원	10.6	11.2	41.4	32.0	7.5	10.4	97.9	7.1	189.9	180
0959	물리 및 작업 치료사	33.2	14.6	31.6	66.2	3.3	33.0	99.4	2.7	190.5	190
1011	중식 주방장 및 조리사	35.9	11.0	43.1	20.4	6.1	14.5	40.4	5.4	190.8	200
1012	주조원	6.2	11.5	44.8	7.0	11.6	4.0	64.8	4.7	191.0	180
1013	인쇄기 조작원	62.6	12.2	44.6	14.2	9.8	32.2	51.5	3.3	191.1	180
1014	큐레이터 및 문화 재 보존원/사서 및 기록물관리사	17.7	15.5	36.5	69.8	6.2	17.1	96.7	7.4	191.7	150
1015	전자 부품 및 제품 제조 기계 조작원	88.0	12.8	32.4	32.6	5.0	81.8	93.0	2.1	193.0	180
1019	청원 경찰	14.9	12.7	37.9	6.1	8.0	14.9	100.0	7.2	193.2	160

직업세분류(KECO)		전체종사자					임금근로자 종사자		월평균소득(임금근로자)		
KECO	세분류명	종사자 수 (천명)	평균 학력 (년)	평균 연령 (세)	여성 비율 (%)	평균 근속 년수 (년)	임금근로자 (천명, 비율%)		월평균 소득 CV(%)	평균 소득 (만원)	중위 값 (만원)
1020	기타 비금속제 품 관련 생산기 조작원	5.4	12.2	40.3	4.3	6.5	4.7	86.9	6.0	193.6	180
1031	가수 및 성악가	6.0	14.5	38.9	45.1	7.6	4.3	71.9	15.7	194.1	180
1032	사진작가 및 사 진사	15.1	13.7	40.8	25.5	7.7	5.5	36.8	11.8	195.3	170
1033	화물차 및 특수차 운전원	433.1	11.5	45.7	0.7	7.4	167.7	38.7	1.3	195.4	180
1034	장례상담원 및 장례지도사	9.9	12.3	47.4	33.8	4.7	8.3	83.4	8.4	195.4	180
1035	목제품 제조관련 종사원	6.9	11.2	48.2	4.7	10.4	3.3	48.7	11.2	196.4	190
1041	버스 운전원	165.5	11.3	49.1	3.4	7.1	146.0	88.3	1.2	196.4	200
1042	판금원/판금기 조작원	9.2	11.9	43.1	12.3	8.1	7.7	83.6	5.1	196.5	180
1051	무인 경비원	16.4	12.9	31.7		4.1	16.4	100.0	5.6	196.7	160
1052	건설 배관공	61.4	11.2	46.3	0.9	6.7	44.7	72.8	2.3	196.8	200
1053	기타 전기·전자 기기 설치 및 수리원	38.1	13.2	37.8	7.8	6.4	28.5	74.7	3.1	196.8	200
1054	직업상담사 및 취업 알선원	23.0	14.1	45.2	31.6	4.7	12.1	52.5	7.3	196.9	170
1059	일식 주방장 및 조리사	18.7	12.0	38.9	16.1	3.7	11.9	63.6	3.6	197.3	200
1111	단열공/기타 건축마감관련 기능 종사원	53.1	12.0	46.1	2.9	7.7	30.0	56.4	4.0	197.4	190
1112	전기 부품 및 제품제조 기계 조작원	24.5	12.4	38.9	19.5	7.2	21.9	89.3	4.0	197.6	180
1113	도금 및 금속분무 기 조작원	23.5	11.3	40.4	12.1	5.5	20.8	88.6	4.1	197.9	200
1119	일반기계 조립원	41.9	12.1	41.6	12.7	7.6	34.9	83.3	2.9	199.3	200
1120	냉동·냉장·공조기 설치 및 정비원	25.9	12.3	39.2		6.4	14.8	57.4	4.0	199.7	200
1131	연구 관리자	0.1	16.0	39.0	100.0	20.8	0.1	100.0	0.0	200.0	200
1132	재활용 처리 및 소각로 조작원	11.0	12.0	45.2	0.9	5.9	9.4	85.8	4.6	200.4	200
1133	냉,난방 관련 설비 조작원	20.7	11.9	48.0	1.2	9.3	18.2	87.9	5.3	200.8	175
1134	양장 및 양복 제조원	7.3	10.8	47.8	32.4	14.1	1.4	19.5	6.2	201.4	200

직업세분류(KECO)		전체종사자					임금근로자 종사자		월평균소득(임금근로자)		
KECO	세분류명	종사자수 (천명)	평균학력 (년)	평균연령 (세)	여성비율 (%)	평균근속년수 (년)	임금근로자 (천명, 비율%)		월평균소득 CV(%)	평균소득 (만원)	중위값 (만원)
1135	농업용 및 기타 기계장비 설치 및 정비원	15.1	11.6	44.2	4.7	12.1	8.0	53.0	8.7	201.5	180
1140	금속공작기계 조작원	157.9	11.9	41.3	7.9	6.8	129.3	81.9	1.7	201.8	180
1151	자동차 부분품 조립원	143.0	11.9	39.2	25.0	7.4	136.1	95.2	2.1	202.4	180
1152	합계	24,053.7	12.3	43.7	41.8	8.4	16,709.5	69.5	2.6	202.8	170
1153	콘크리트공	8.8	11.2	49.5	4.6	7.0	7.5	84.9	5.3	204.3	200
1154 1159	자동차 정비원	164.1	12.2	39.9	1.0	7.8	114.5	69.8	1.8	204.4	200
1211	기타 배관공	5.0	12.1	44.2		7.9	3.0	59.3	10.9	204.5	200
1212	여행 사무원	20.9	14.4	37.4	54.3	6.1	16.1	77.2	6.3	206.3	200
1213 1214	용접원	153.7	11.6	41.5	4.6	5.2	145.0	94.4	1.4	206.4	200
1215 1219	내선전공	157.0	12.7	41.7	0.5	6.5	134.2	85.5	1.4	206.5	200
1221 1222	기타 건설관련 기능 종사원	38.0	11.9	43.6	2.3	5.6	27.4	72.1	3.2	207.4	200
1223	기타 여가 및 스포츠 관련 종사원	17.7	12.7	34.8	69.9	3.7	16.5	92.9	5.1	207.9	200
1229	종이제품 생산기 조작원/기타 목재 및 종이 관련 기계 조작원	18.6	11.5	42.3	9.6	7.6	15.0	81.0	4.1	208.0	200
1232	물품 이동 장비 설치 및 정비원	6.0	12.6	42.4		8.6	4.7	79.4	6.5	208.0	200
1233	타이어 및 고무제품 생산기 조작원	22.3	11.4	44.2	18.5	11.2	19.5	87.4	4.1	209.6	200
1241 1242	단조원/단조기 조작원	8.6	11.3	46.0	9.7	11.2	6.3	72.5	6.6	209.8	180
1250	기타 문리·기술 및 예능 강사	19.9	15.6	42.4	63.8	5.5	15.2	76.7	8.8	210.1	185
1260	웹 및 멀티미디어 디자이너	34.4	15.0	30.9	48.1	3.0	28.5	82.9	5.2	210.4	190
1271 1273	패션 디자이너	31.0	14.8	31.9	75.4	4.2	25.2	81.2	4.2	211.9	200
1272	통역가	5.6	15.1	31.0	83.4	3.2	4.4	79.2	8.5	212.2	210
1274	비서	26.0	14.7	31.6	74.9	5.2	26.0	99.9	5.1	213.3	180
1275	전기 및 전자 설비 조작원	59.8	12.9	42.4	0.7	6.6	58.3	97.5	2.4	214.7	200
1279	임상 병리사	19.7	14.9	32.9	80.9	7.2	19.7	100.0	4.8	214.9	200

직업세분류(KECO)		전체종사자					임금근로자 종사자		월평균소득(임금근로자)		
KECO	세분류명	종사자 수 (천명)	평균 학력 (년)	평균 연령 (세)	여성 비율 (%)	평균 근속 년수 (년)	임금근로자 (천명, 비율%)		월평균 소득 CV(%)	평균 소득 (만원)	중위 값 (만원)
1311	간호사	202.0	14.7	33.1	96.7	5.7	201.9	100.0	1.6	215.4	200
1312	숙박시설 서비스원	47.5	12.1	48.3	41.8	7.3	15.4	32.4	8.5	216.0	190
1313	자동조립라인 및 산업용 로봇 조작원	12.1	12.9	36.2	14.2	6.5	11.5	94.8	6.3	216.7	200
1314	통신·방송 및 인터넷 케이블 설치 및 수리원	42.3	13.3	37.0	0.6	5.6	38.9	92.2	2.9	218.0	200
1315 1329	행사기획자	9.1	15.3	33.4	38.4	3.2	5.5	60.7	10.9	219.0	200
1319	치과기공사	16.8	14.3	36.2	23.9	6.5	11.7	69.6	6.0	219.0	200
1321	금형원	48.8	12.2	41.1	3.4	7.2	37.7	77.2	3.2	219.5	200
1322	소방공학 기술자 및 연구원	8.1	14.6	39.4	3.7	6.6	5.9	73.7	7.3	220.8	200
1323	농림어업관련 시험원	5.1	14.6	38.4	33.2	9.2	5.1	100.0	9.7	221.6	200
1324	시민 단체 활동가	2.8	15.7	46.5	41.5	9.2	2.8	100.0	9.3	221.8	250
1411 1416	화학제품 생산기 조작원	29.5	12.5	38.8	21.9	8.0	27.0	91.3	4.3	222.0	200
1412	강구조물 가공원 및 건립원	26.2	12.1	43.8	3.1	8.5	19.6	74.8	5.0	222.0	200
1413	우편물 집배원	17.1	12.6	39.4	8.3	11.1	17.1	100.0	3.7	222.6	200
1414	캐드원	45.0	14.1	34.0	19.9	4.3	41.5	92.2	2.8	223.2	200
1415	가전제품 설치 및 수리원	35.7	12.6	38.1	1.7	8.5	25.4	71.3	4.6	223.9	200
1421	영상 및 관련 장비 설치 및 수리원/ 통신 및 관련 장비 설치 및 수리원	39.1	13.8	36.9	2.5	6.3	34.0	86.9	3.5	224.5	200
1422	주조기 조작원	13.3	11.9	42.5	4.4	7.9	12.0	90.0	5.5	225.0	200
1423	안경사	13.5	13.9	35.1	16.4	5.6	6.9	50.7	12.6	225.1	170
1424	보험 설계사 및 간접투자증권 판매인	229.8	13.1	43.7	65.8	6.0	188.6	82.1	2.5	226.4	200
1425	물품이동 장비 조작원	82.4	12.0	41.6	1.7	8.1	64.6	78.4	2.2	226.6	200
1426	조명기사 및 영사 기사/기타 연극· 영화 및 영상 관련 종사자	8.7	13.6	35.1	28.8	6.0	6.9	78.9	15.9	226.6	180
1427	금속 가공기계 조작원	52.3	12.2	41.9	7.5	8.5	45.0	86.1	2.5	227.4	200

직업세분류(KECO)		전체종사자					임금근로자 종사자		월평균소득(임금근로자)		
KECO	세분류명	종사자 수 (천명)	평균 학력 (년)	평균 연령 (세)	여성 비율 (%)	평균 근속 년수 (년)	임금근로자 (천명, 비율%)		월평균 소득 CV(%)	평균 소득 (만원)	중위 값 (만원)
1429	회계 사무원	174.6	14.4	34.4	65.6	6.0	169.9	97.3	2.2	227.8	200
1431	건설 및 채굴 기계 운전원	89.6	11.7	43.9	0.6	9.6	32.3	36.0	2.7	228.1	200
1432	음료 제조관련 기계 조작원	7.8	12.2	44.5	26.4	12.9	6.5	82.8	6.1	228.3	220
1433 1439	광원·채석원 및 석재 절단원	4.3	11.3	46.5	7.7	10.0	3.8	88.3	4.0	229.3	220
1434	시각 디자이너	56.1	15.2	32.8	56.0	4.1	40.1	71.5	5.4	230.5	200
1435	시멘트 및 광물제품 제조기 조작원	8.9	12.0	44.8	1.7	9.7	8.6	96.7	4.8	231.4	200
1436	승강기 설치 및 정비원	19.3	13.0	37.8		8.1	17.6	91.6	5.1	232.1	210
1441	제관원/제관기 조작원	7.6	10.9	45.4	1.2	7.1	6.7	87.2	6.8	232.7	200
1442	실내장식 디자이너	38.3	14.6	36.0	30.2	5.1	24.4	63.6	6.4	233.1	200
1449	약사 및 한약사	33.6	16.3	46.9	56.6	12.0	12.4	36.8	4.9	234.3	200
1450	환경공학 시험원	12.5	15.9	34.8	23.4	5.6	11.6	92.8	7.6	234.9	200
1461	건설 및 광업 기계 설치 및 정비원	14.4	11.9	42.3	1.3	7.7	11.2	77.3	5.2	236.6	200
1462	수의사	5.7	16.3	42.4	15.1	11.7	2.6	45.5	16.9	238.7	200
1469	연예인 및 스포츠 매니저/마술사 및 기타 문화·예술 관련 종사자	8.0	14.0	35.4	20.6	3.9	6.4	80.1	23.6	239.3	180
1470	도장기 조작원	34.1	11.8	42.2	13.2	7.5	33.5	98.4	3.7	239.8	200
1511	자재관리 사무원	230.8	13.8	37.6	12.7	7.0	226.7	98.2	1.5	241.1	200
1512	특수교육 교사	15.5	16.1	35.2	72.9	6.4	15.3	98.8	5.3	241.6	220
1521	신용 추심원	17.5	14.1	38.3	25.3	5.3	16.4	94.0	6.8	242.2	200
1522	상·하수도 처리장치 조작원	15.1	12.9	42.1	0.7	10.0	14.7	97.8	3.7	243.1	200
1523	펄프 및 종이 제조장치 조작원	6.6	12.4	41.9	2.7	9.8	6.2	94.4	6.1	243.9	220
1524	비파괴 검사원	6.1	14.4	36.9	-	7.6	6.1	100.0	7.5	244.5	250
1525	출납창구 사무원	78.1	14.5	32.9	79.2	8.1	77.5	99.2	2.3	245.0	220
1526	총무 사무원	663.9	14.4	38.8	35.3	7.4	626.2	94.3	1.0	245.2	210
1529	기타 채굴 및 토목 관련 종사자	7.3	12.0	47.4	9.6	7.7	5.1	69.6	7.8	245.3	250
1531	부동산, 조사, 인력알선 및 그외 전문서비스 관리자	11.1	14.8	51.1	5.8	7.0	9.9	89.2	6.0	245.4	250

직업세분류(KECO)		전체종사자					임금근로자 종사자		월평균소득(임금근로자)		
KECO	세분류명	종사자 수 (천명)	평균 학력 (년)	평균 연령 (세)	여성 비율 (%)	평균 근속 년수 (년)	임금근로자 (천명, 비율%)		월평균 소득 CV(%)	평균 소득 (만원)	중위 값 (만원)
1532	컴퓨터 보안 전문가	4.2	15.5	31.8	7.0	4.1	4.2	100.0	8.9	245.6	200
1533	경기감독 및 코치/경기심판 및 경기기록원	4.7	15.0	40.7	6.6	7.8	4.3	91.5	9.6	246.8	250
1539	제품 및 광고 영업원	388.1	13.9	40.0	7.0	6.4	274.3	70.7	1.5	247.4	210
1540	공업 배관공	12.2	11.7	42.3	1.4	7.5	11.0	90.2	5.8	248.0	200
1551	자연과학 시험원/ 생명과학 시험원	4.3	15.8	34.1	41.5	5.1	4.3	100.0	10.9	249.1	200
1552	웹 개발자	10.7	15.0	33.0	23.6	3.5	9.0	83.7	7.9	249.1	226
1560	외선전공	12.6	12.6	40.9	4.3	8.0	11.4	90.6	5.8	251.6	250
1570	환경·청소 및 경비 관련 관리자	0.7	14.6	50.0	-	3.0	0.7	100.0	12.4	253.1	215
1581	제품 디자이너	26.3	15.1	32.3	38.7	3.8	22.5	85.7	4.6	253.3	210
1582	방사선사	16.2	14.8	36.0	31.7	7.1	16.2	100.0	5.1	253.6	230
1591	선박 갑판원 및 관련 종사원	4.5	11.0	47.8	7.0	6.2	4.4	97.1	8.4	254.0	250
1592	측량 및 지리정보 전문가	16.8	14.5	36.4	5.1	8.4	15.4	91.7	4.9	254.2	220
1593	법률관련 사무원	60.7	14.9	38.0	33.8	6.3	58.9	97.0	3.9	254.5	220
1611 1712	선박 정비원	13.5	12.1	43.3	-	7.6	11.6	86.1	5.0	255.1	220
1612	음식서비스관련 관리자	9.4	13.7	43.2	29.7	6.6	3.7	39.3	15.3	256.2	200
1621 1622	무역 사무원	95.8	15.3	36.8	39.6	5.7	72.1	75.2	3.3	258.4	230
1623 1624	운송장비 조립원	21.0	12.1	41.2	0.9	10.4	20.4	97.3	4.5	261.1	200
1625	철로 설치 및 보수원	6.3	12.6	45.2	3.3	11.2	6.3	100.0	7.4	262.5	230
1631 1632	공업기계 설치 및 정비원	74.3	12.8	39.5	0.9	8.7	66.7	89.8	2.7	262.7	233
1633	작가 및 관련 전문가	11.4	15.7	35.8	60.9	9.7	3.8	33.0	20.1	263.2	150
1634	섬유공학 기술자 및 연구원/식품· 섬유 공학 및 에 너지 시험원 (섬유분야)	2.5	16.6	35.9	17.1	4.8	2.1	86.2	19.8	264.7	220
1641	화학물 가공장치 조작원	20.0	12.6	40.1	3.3	10.0	19.2	96.3	4.5	264.9	220

직업세분류(KECO)		전체종사자					임금근로자 종사자		월평균소득(임금근로자)		
KECO	세분류명	종사자 수 (천명)	평균 학력 (년)	평균 연령 (세)	여성 비율 (%)	평균 근속 년수 (년)	임금근로자 (천명, 비율%)		월평균 소득 CV(%)	평균 소득 (만원)	중위 값 (만원)
1642	응급구조사	8.6	13.5	36.3	32.8	8.2	8.6	100.0	5.1	266.5	250
1651	영상·녹화 및 편집 기사	6.3	14.8	34.6	11.7	5.8	3.7	59.4	16.2	266.7	200
1652	관세행정 사무원	11.1	14.8	38.2	38.1	11.1	11.1	100.0	6.0	269.4	250
1661	산업전공	16.3	12.9	38.0	1.6	8.9	15.1	92.8	4.6	272.5	250
1662	보건위생 및 환경 검사원	4.7	15.4	39.3	26.1	12.8	4.7	100.0	5.7	274.9	280
1671	생명과학 연구원	30.7	17.7	35.2	50.8	6.4	30.4	99.0	4.1	275.4	250
1672	사회복지관련 관리자	7.7	15.3	45.8	66.1	7.6	1.9	24.7	11.2	279.8	250
1673	생산 및 품질 관리 사무원	287.6	14.1	38.9	10.1	8.5	278.2	96.7	1.1	281.7	250
1674	직업 운동선수	4.8	14.0	25.2	20.3	3.4	4.7	97.4	8.4	281.7	300
1679	국가·지방 및 공 공행정 사무원	323.2	14.9	41.5	32.3	13.9	322.8	99.9	0.8	283.4	300
1711	금속·재료공학 기 술자 및 연구원/ 화학공학 시험원	16.6	15.9	35.8	20.2	8.3	16.2	97.9	5.1	283.5	250
1721	금속·재료공학 시험원	3.3	14.0	35.6	2.5	8.7	3.3	99.5	12.4	283.6	230
1722	화물열차 차장 및 관련 종사원	4.5	13.9	42.5	0.9	10.7	4.3	96.8	9.6	284.0	260
1729	운송 사무원	78.7	14.1	41.7	18.0	9.4	66.8	84.9	2.7	284.4	250
1731	전기·전자 및 기 계 공학 시험원 (전기·전자분야)	9.3	15.1	36.2	13.3	8.7	9.2	99.2	6.4	286.3	300
1732	기자 및 논설위원	21.4	16.0	36.9	24.9	8.0	21.0	98.3	6.5	286.3	280
1733	식품·섬유 공학 및 에너지 시험원 (식품분야)	1.0	16.9	39.3	20.7	7.4	1.0	100.0	10.5	286.9	276
1734	식품공학 기술자 및 연구원	5.5	15.9	33.9	43.1	5.2	5.5	100.0	8.1	290.6	280
1811 1812	자동차 영업원	70.8	13.7	40.7	4.5	7.8	46.4	65.5	3.4	290.8	300
1820	상품중개인 및 경매사	13.5	14.1	45.9	10.2	10.9	6.3	46.4	10.5	291.1	280
1831	음향 및 녹음 기사	6.1	15.2	36.9	6.2	7.5	4.6	74.4	14.2	293.7	300
1832	정보 시스템 운영자	53.4	15.5	34.7	9.7	6.0	51.2	95.8	3.9	297.1	250
1841	기획 및 마케팅 사무원	541.9	14.8	39.4	22.2	7.3	461.7	85.2	1.2	298.2	270

직업세분류(KECO)		전체종사자					임금근로자 종사자		월평균소득(임금근로자)			
KECO	세분류명	종사자 수 (천명)	평균 학력 (년)	평균 연령 (세)	여성 비율 (%)	평균 근속 년수 (년)	임금근로자 (천명, 비율%)		월평균 소득 CV(%)		평균 소득 (만원)	중위 값 (만원)
1842	금속 가공관련 제어장치 조작원	19.8	12.4	42.1	0.8	12.8	18.4	93.0	5.8		299.6	270
1843 1844	기타석유 및 화학물 가공장치 조작원	0.1	12.0	27.0	-	0.2	0.1	100.0	0.0		300.0	300
1849 1851	초등학교 교사	165.4	16.3	39.2	79.3	11.7	165.4	100.0	1.2		301.2	300
1852	조세행정 사무원	28.3	15.2	40.3	28.0	12.8	28.3	100.0	4.5		301.6	290
1853	응용 소프트웨어 개발자	91.7	15.4	34.7	11.9	4.4	78.6	85.7	3.3		301.8	280
1859	보험 심사원 및 사무원	64.6	14.8	36.9	48.8	9.2	62.3	96.4	3.3		305.9	300
1861	출판물 전문가	15.0	15.6	41.4	45.0	9.2	11.5	76.6	8.4		307.1	250
1862 1869	인사 및 교육·훈련 사무원	141.0	14.8	40.7	21.4	8.8	134.9	95.7	2.0		308.6	290
1863	소방관	25.6	14.1	40.3	1.6	12.3	25.6	100.0	2.7		309.0	300
1911	네트워크시스템 개발자	6.9	15.8	34.7	5.9	7.2	6.9	100.0	7.6		311.5	300
1912	산업안전 및 위험 관리원	31.7	14.8	41.8	3.1	9.1	30.9	97.5	2.9		313.4	300
1913	철도 기관차 및 전동차 정비원	16.5	13.9	40.8	-	13.6	16.5	100.0	4.8		314.2	300
1921	웹 및 멀티미디어 기획자	4.1	15.4	32.0	24.3	4.1	3.4	83.0	8.8		314.2	280
1922	기타 공학관련 기술자 및 시험원	2.2	15.3	38.6		10.5	2.2	100.0	10.3		315.4	310
1923	소년보호관 및 교도관	12.5	14.6	41.4	9.7	13.5	12.5	100.0	5.1		315.9	300
1931	전기·전자 및 기계 공학 시험원 (기계분야)	9.5	14.6	39.1	3.4	10.6	9.4	99.6	5.7		318.1	300
1932	건축가 및 건축공학 기술자/건설자재 시험원	137.6	15.6	41.5	10.6	7.5	114.2	83.1	2.3		319.2	300
1939	감독 및 기술감독	16.3	15.5	35.8	13.1	6.4	11.3	69.5	6.7		320.0	300
1940	병무행정 사무원	16.8	14.9	43.1	29.5	15.1	16.8	100.0	4.3		320.7	300
1950	기타 기술영업 및 중개 관련 종사자	2.0	14.8	43.3	42.3	4.0	0.9	44.8	27.0	*	322.3	250
1961	인문과학 연구원/ 사회과학 연구원	9.6	18.5	40.2	38.9	7.1	9.1	94.4	8.1		324.3	300
1962	자동차 조립원	49.7	12.4	40.6	7.9	13.1	49.7	100.0	2.9		324.4	300
1970	데이터베이스 개발자	5.2	16.1	35.0	25.5	6.7	5.1	97.8	10.9		324.7	300

직업세분류(KECO)		전체종사자					임금근로자 종사자		월평균소득(임금근로자)		
KECO	세분류명	종사자 수 (천명)	평균 학력 (년)	평균 연령 (세)	여성 비율 (%)	평균 근속 년수 (년)	임금근로자 (천명, 비율%)		월평균 소득 CV(%)	평균 소득 (만원)	중위 값 (만원)
2011	금융관련 사무원	175.8	14.9	36.7	34.3	9.5	172.5	98.1	1.9	325.2	300
2012	경찰관	99.9	14.4	41.8	6.3	14.8	99.9	100.0	1.3	327.1	300
2021	중·고등학교 교사	237.3	16.6	41.2	53.3	13.0	237.3	100.0	1.0	328.0	300
2022	시스템 소프트웨어 개발자	72.2	15.8	34.9	15.1	5.5	66.0	91.3	4.5	328.4	300
2023	기술 영업원	115.4	15.1	38.7	3.3	6.6	103.1	89.4	2.3	329.2	300
2031	조경 기술자	10.8	14.8	38.6	29.6	7.9	8.3	76.9	16.6	329.4	250
2032	항공기 객실승무원/선박 및 열차 객실승무원	14.2	15.5	34.2	62.1	9.3	14.2	100.0	4.7	333.5	300
2041	기계공학 기술자 및 연구원	100.7	15.8	36.7	4.1	7.1	95.6	95.0	2.1	335.3	300
2042	일반 의사	6.3	16.5	40.5	40.9	7.8	5.2	82.1	10.2	336.2	300
2051	전자공학 기술자 및 연구원	35.2	15.6	38.9	3.0	8.2	34.5	97.9	3.8	336.8	300
2052	감사 사무원	10.9	15.7	46.3	22.2	11.9	10.9	100.0	6.6	338.1	300
2061	컴퓨터 하드웨어 기술자 및 연구원	5.9	16.2	34.3	2.9	6.7	5.9	100.0	8.2	338.9	330
2062 2063	법무사 및 집행관	8.3	15.3	51.7	3.9	11.3	2.0	24.7	17.4	339.3	400
2064	화학공학 기술자 및 연구원	16.3	16.9	36.0	8.9	6.5	16.2	99.2	7.4	342.4	300
2111	토목공학 기술자	79.6	15.9	40.7	5.1	7.4	71.3	89.5	2.3	343.6	300
2112	석유 및 천연가스 제조 관련 제어장치 조작원	7.6	13.5	37.1	2.9	10.4	7.6	100.0	6.6	346.5	300
2121	통신 및 방송송출 장비 기사	8.3	15.1	40.8	6.8	11.8	8.3	99.7	6.9	347.6	300
2122	전기공학 기술자 및 연구원	93.8	16.3	34.5	10.4	6.1	92.4	98.4	2.3	350.1	300
2131	환경공학 기술자 및 연구원	9.8	16.9	40.1	7.2	7.2	8.2	83.6	6.3	350.6	350
2132	발전 및 배전 장치 조작원	20.4	14.5	40.5	1.2	13.6	19.7	97.0	3.8	352.4	350
2133	철도 및 전동차 기관사	13.2	14.3	41.5	-	14.8	13.2	100.0	4.5	355.7	350
2139	항공기 정비원	6.1	14.5	41.3	-	12.3	6.1	100.0	6.8	358.4	320
2141	자연과학 연구원	15.8	17.8	37.2	23.4	8.8	15.5	98.0	6.8	361.7	300
2142	도시 및 교통설계 전문가	8.0	16.8	37.5	11.4	6.9	7.5	94.4	10.8	367.5	300
2143	관제사	0.6	14.6	39.5	-	16.3	0.6	100.0	8.1	368.0	400

직업세분류(KECO)		전체종사자					임금근로자 종사자		월평균소득(임금근로자)		
KECO	세분류명	종사자 수 (천명)	평균 학력 (년)	평균 연령 (세)	여성 비율 (%)	평균 근속 년수 (년)	임금근로자 (천명, 비율%)		월평균 소득 CV(%)	평균 소득 (만원)	중위 값 (만원)
2144	장학관·연구관 및 교육 관련 전문가	8.6	17.3	42.1	57.6	12.2	8.0	93.2	9.5	368.4	360
2145	통신공학 기술자 및 연구원	36.7	16.4	34.5	7.1	6.5	35.5	96.6	7.4	368.5	320
2149	한의사	11.6	17.4	41.8	20.1	9.5	2.4	20.5	14.7	372.9	400
2211	해외 영업원	31.6	15.7	40.3	10.4	7.3	25.3	80.0	4.7	374.1	350
2212	식품·섬유 공학 및 에너지 시험원 (에너지분야)	0.1	13.5	47.0		19.3	0.1	100.0	17.5	377.3	300
2213	세무사/관세사	12.8	16.1	49.1	6.7	8.3	2.9	22.4	11.2	378.9	380
2221	치과의사	15.4	17.4	42.8	15.6	9.4	2.3	15.0	11.9	384.1	250
2222	컴퓨터시스템 설계 및 분석가	11.5	16.2	37.3	19.4	5.1	10.8	93.3	4.9	386.1	400
2223	의회의원·고위공무원 및 공공단체임원	3.9	15.8	51.3	9.4	7.6	3.9	100.0	8.1	403.4	400
2224	가스·에너지 기술자 및 연구원	2.2	16.2	38.0		11.7	2.2	100.0	13.2	404.0	400
2225	감정평가 전문가	5.8	15.1	40.8	8.2	6.3	4.6	79.4	12.6	404.9	330
2229	판사 및 검사	3.6	16.3	37.3	46.2	6.5	3.6	100.0	11.0	416.9	420
2231	인사 및 노사 관련 전문가/경영 및 진단 전문가	27.0	16.2	44.2	13.9	7.8	19.3	71.7	5.7	419.3	385
2232	증권 및 외환딜러	25.5	15.6	37.1	31.5	7.0	24.9	97.7	6.6	424.0	350
2241	정부 및 공공 행정 전문가	32.1	15.7	48.9	11.9	20.5	32.1	100.0	1.8	429.3	420
2242	보험 및 금융 상품 개발자/손해 사정인	6.1	15.5	35.6	9.3	7.0	5.5	89.6	12.5	444.1	400
2251	건설 및 광업 관련 관리자	42.8	14.8	47.8	1.5	11.3	32.6	76.3	3.9	449.2	400
2252	정보통신 관련 관리자	4.2	14.5	49.5	7.6	16.0	4.2	99.6	8.1	455.2	360
2253 2259	광고 및 홍보 전문가	10.4	16.4	42.8	22.3	5.5	7.9	76.2	7.8	459.4	410
2261	교육 관리자	34.8	16.9	53.7	37.5	20.0	26.4	75.9	2.2	465.6	496
2262	항공기 조종사/ 선장·항해사 및 도선사	17.4	13.3	49.0	-	10.0	15.9	91.7	6.5	468.7	400
2263	전기·가스 및 수도 관련 관리자/기타 건설·전기 및 생산 관련 관리자	9.7	14.8	50.1	-	13.9	7.6	78.7	10.1	470.2	400

직업세분류(KECO)		전체종사자					임금근로자 종사자		월평균소득(임금근로자)		
KECO	세분류명	종사자 수 (천명)	평균 학력 (년)	평균 연령 (세)	여성 비율 (%)	평균 근속 년수 (년)	임금근로자 (천명, 비율%)		월평균 소득 CV(%)	평균 소득 (만원)	중위 값 (만원)
2271	대학 교수	75.1	19.8	48.8	21.6	12.2	75.1	100.0	2.3	486.3	500
2272	영업 및 판매 관련 관리자	24.1	15.0	46.7	9.9	9.6	16.2	66.9	5.9	488.3	500
2273	상품기획 전문가/ 여행상품 개발자/ 조사 전문가	10.9	16.1	39.3	22.2	7.2	10.0	91.7	6.8	489.2	500
2279	보건의료관련 관리자	0.8	17.4	54.1	40.8	14.5	0.5	56.7	7.6	489.5	500
2281	정부행정 관리자/ 법률·경찰·소방 및 교도 관리자	1.4	16.3	52.1	7.2	24.6	1.4	100.0	8.9	497.9	500
2289	숙박·여행·오락 및 스포츠 관련 관리자	3.7	15.1	48.5	10.2	13.1	2.5	68.5	9.9	506.0	500
2290	변리사	2.6	16.5	37.2	44.7	7.2	2.6	100.0	12.2	506.1	500
2311	투자 및 신용 분석가	11.5	16.1	39.5	16.7	6.6	10.4	90.6	9.7	519.6	450
2312	변호사	10.8	16.5	46.2	13.4	10.9	4.4	40.3	12.9	527.2	500
2313	자산 운용가	10.6	16.2	37.5	19.5	7.1	9.5	89.6	9.8	529.2	500
2314	기타 판매 및 고객 서비스 관리자	1.1	15.4	47.5	3.6	4.0	1.1	100.0	12.1	535.4	500
2315	운송관련 관리자	3.0	15.8	55.1	-	17.8	2.6	89.5	10.0	560.9	500
2321	문화·예술·디자인 및 영상관련 관리자	2.4	16.1	53.9		9.3	2.4	100.0	15.6	565.3	500
2322	제품 생산관련 관리자	45.0	14.7	50.0	5.3	13.3	26.6	59.0	5.4	568.1	500
2329	회계사	8.6	16.7	41.2	11.1	7.9	6.0	70.5	8.1	578.9	500
2331	전문 의사	51.5	17.4	41.7	20.0	7.1	34.0	66.0	4.6	597.3	500
2339	경영지원 관리자/ 행정 및 경영지원 관련 서비스 관리자	18.6	16.0	48.1	3.7	12.9	16.6	89.1	6.7	628.4	583
2341	금융 및 보험 관리자	37.2	15.4	48.4	7.6	16.1	36.9	99.1	2.6	630.2	600
2342	기타 금융 및 보험 관련 전문가	3.8	16.0	45.5	7.9	13.8	3.4	90.3	10.2	690.8	650
2350	기업고위임원	2.9	16.8	53.1	9.7	20.3	2.9	100.0	34.8 *	1088.9	830
	구두미화원	0.6	9.8	50.5	10.7	10.2					

주1) ＊ : 월평균소득CV ≧ 25%
주2) 구두미화원은 CV 산출불가
주3) - : 실재 취업자가 존재할 수 있지만 본 조사에서는 추출되지 않은 경우임

선택의 힘 03

직테크!
직무능력이란?

대학을 진학하고 원하는 학과를 선택한다는 것은 자신이 원하는 분야에 취업을 하고자 하는 생각 때문일 것이다. 행복한 직장생활을 한다는 것은 공부만 잘하면 되는 것일까? 그렇지 않다. 행복한 직장생활을 하기 위해서는 자질과 역량이 필요하다. 업무를 수행하는 직무능력이 있어야 하고, 성인이 되는 과정에서 시간을 효율적으로 관리할 수 있어야 한다. 또한 혼자 업무를 보는 것이 아니기 때문에 직장 내 대인관계 능력 또한 뛰어나야 한다. 그리고, 자신이 일해서 번 급여에 대해 지혜롭게 관리할 수도 있어야 한다. 이 모든 것이 역량이다.

이 시간에는 희망하는 직업 및 직장에서 요구되는 핵심 직무능력이 무엇인지 알아보고, 이를 키우기 위해 어떤 노력을 기울일 것인지 살펴보기로 한다.

🏛 학습 목표

1. **지식 (이해)** : 직무핵심역량의 중요성에 대해 이해할 수 있다.

2. **기능 (활동)** : SWOT 분석을 통해 나의 핵심직무능력의 강점, 약점과 기회, 위협을 이해할 수 있다.

3. **태도 (실천)** : 전략맵의 중요성을 알고, 직무능력과 관련하여 자신의 꿈을 장·단기적 전략을 구체적으로 구성하여 실천할 수 있다.

₿ 마음 열기

▶ 직무핵심역량 생각해보기

- 직업에서의 핵심적인 직무능력에 대해 생각해 볼 수 있는 지식채널-e에 소개된 '토스터를 위하여' 라는 동영상을 시청한다.

- 소설 '은하수를 여행하는 히치하이커'의 한 구절에 영향을 받아 맨손으로 토스터를 만든 영국의 한 청년의 이야기임을 알려준다.

- 토스터를 만들기 위해 분해한 제품에서 몇 개의 부품으로 구성되었는지 묻고 활동지에 적게 한다.

- 핵심부품은 몇 개였고 무엇이었는지 묻고, [활동지 1]에 적게 한다.

- 일반적인 직업을 갖게 될 경우 가져야 하는 역량은 무엇인지, 특정 직업에서 요구하는 핵심 직무능력은 무엇인지 모둠별로 토의해 발표해 보도록 한다.

- 활동 후 '읽기자료'를 제시하여, 모둠이 적은 것과 비교해 본다.

업무수행능력

읽고 이해하기	듣고 이해하기	글쓰기	말하기	수리력
논리적 분석	창의력	범주 분류화	기억력	공간지각력
추리력	학습전략	선택적 집중력	모니터링	사람파악
행동조정	설득	협상	가르치기	서비스 지향
문제해결력	판단과 의사결정	시간관리	재정관리	물적자원 관리
인적자원 관리	작동 점검	조직체계 분석 및 평가	정교한 동작	신체적 강인성
움직임 통제	반응시간과 속도	유연성과 균형	시력	청력

*자세한 설명은 한국직업정보시스템(know.work.go.kr)에서 살펴볼 수 있다.

직무 핵심 역량

핵심역량 항목	세부내용	평가 하위 영역
의사소통 역량	읽기, 듣기, 쓰기, 말하기 능력과 갈등해결을 위한 조정 능력	듣기 / 토론과 조정 / 읽기/ 쓰기 / 말하기
종합적 사고력	문제상황을 명료화 하여 인식하고, 과제해결을 위해 추론하며, 준거에 비추어 아이디어를 판단하고 가장 타당한 해결책을 제시하는 능력	분석적, 추론적, 대인적, 평가적 사고력
자원 정보 기술의 활용 능력	시간, 예산, 인적, 물적 자원과 문자, 숫자, 그림, 정보, 그리고 정보통신, 과학기술, 기기 작동기술 등을 수집, 분석, 활용하는 능력	내용요소 : 자원, 정보, 기술 수행요소 : 수집, 분석, 활용
글로벌 역량	세계화 시대에 적합한 국제적 감각과 자세 및 이에 필요한 능력	외국어 능력 다문화 이해 및 수용능력
자기관리 역량	문제 상황을 진단하고 이를 해결하기 위해 자신을 관리하는 능력, 자기주도학습능력, 계획수립 및 실행능력, 직업의식, 정서적 자기 조절 능력	자기주도적 학습능력 목표지향적 계획수립 및 실행능력 정서적 자기조절
대인관계 역량	다양한 인간관계와 사회적 상황속에서 공동의 목표를 달성하기 위해 필요한 정서적 유대, 협력, 중재, 리더십, 조직에 대한 이해도	정서적 유대/ 협력 / 중재 / 리더십 / 조직에 대한 이해

기업공통역량

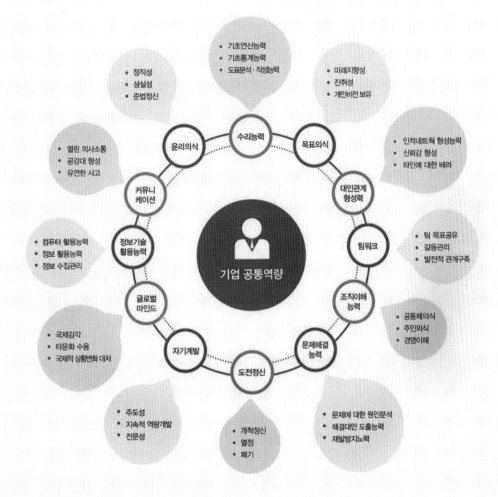

- 기초연산능력
- 기초통계능력
- 도표분석·작성능력

- 정직성
- 성실성
- 준법정신

- 미래지향성
- 진취성
- 개인비전 보유

- 열린 의사소통
- 공감대 형성
- 유연한 사고

- 인적네트웍 형성능력
- 신뢰감 형성
- 타인에 대한 배려

- 컴퓨터 활용능력
- 정보 활용능력
- 정보 수집관리

- 팀 목표공유
- 갈등관리
- 발전적 관계구축

- 국제감각
- 타문화 수용
- 국제적 상황변화 대처

- 공동체의식
- 주인의식
- 경영이해

- 주도성
- 지속적 역량개발
- 전문성

- 개척정신
- 열정
- 패기

- 문제에 대한 원인분석
- 해결대안 도출능력
- 재발방지노력

윤리의식 · 수리능력 · 목표의식 · 대인관계 형성력 · 커뮤니케이션 · 팀워크 · 정보기술 활용능력 · 조직이해 능력 · 글로벌 마인드 · 문제해결 능력 · 자기계발 · 도전정신

기업 공통역량

🖊 생각 키우기

▶ SWOT분석으로 강점발견하기

- [활동지 2]를 나눠주고 활동지 중앙에 자신이 이루고 싶은 꿈과 직업을 머릿속에 그리며 적도록 한다.

- 제시된 직무역량 예시표를 보고 자신이 꿈꾸고 있는 직업을 이뤄나가는데 자신의 강점역량과 역점역량을 활동지에 적는다.

- '기회', '위협'의 영역에 자신이 선택한 직업을 꿈꾸기 위해 필요한 역량은 무엇인지를 파악한 다음, 외부적으로 얻을 수 있는 기회요소는 무엇이 있는지, 위협받는 요소는 무엇이 있는지 생각해 보고 정리해 보도록 한다.

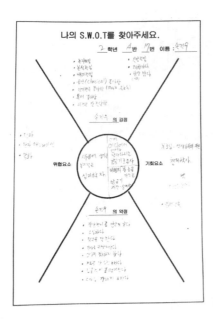 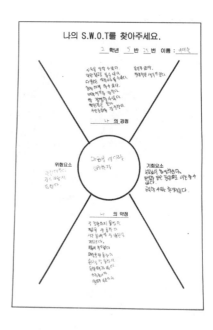

SWOT 분석 활용 예시

SWOT

1) SWOT 이란?

SWOT은 스탠포드 대학에서 500대 기업을 연구하면서 얻게 된 결과물로 알버트 험프리가 개발한 것이다. 이것은 강점(Strength), 약점(Weakness), 기회(Opportunity), 위협 (Threat)의 머리글자를 모아 만든 단어로서 경영 전략을 수립하기 위한 분석 도구이다. 내적인 면을 분석하는 강점, 약점 분석과 외적 환경을 분석하는 기회, 위협 분석으로 나누기도 하며 긍정적인 면을 보는 강점과 기회 그리고 그 반대로 위험을 불러오는 약점과 위협을 저울질하는 도구로 활용되기도 한다. 이를 통해 아래 표와 같이 강점과 기회를 활용한 전략, 강점과 위협을 활용한 전략, 약점과 기회를 활용한 전략, 약점과 위협을 활용한 전략을 구성하여 자신에게 주어진 기회를 유리하게 만들기도 하고 위협에 적절하게 대처하며, 약점을 최대한 보완하는 전략을 구성하는 것이다.

내적 요소 외적 요소	강점 (Strength)	약점 (Weakness)
기회 (Opertunity)	SO 전략 기회로부터 이익을 얻기 위해 강점을 활용하는 전략을 작성한다.	WO 전략 약점을 극복하면서 기회를 살리는 전략을 작성한다.
위협 (Threat)	ST 전략 위협을 회피하기 위해 강점을 활용하는 전략을 작성한다.	WT 전략 약점을 최소화하고 위협을 회피하는 전략을 작성한다.

경영학에서 사용되는 이러한 분석을 진로 교육에 적용해 봄으로써 자신이 꿈꾸고 있는 직업의 강점과 약점, 기회와 위협을 파악하고 자신을 구체적으로 이해할 수 있다. 뿐만 아니라 자신의 약점과 위협을 보완하고 대처하기 위해 할 수 있는 활동을 진행해 봄으로써 그 상황을 인식해 보는 것으로 좋은 도구이다.

2) SWOT 분석을 활용 예시

〈환자에게 희망을 주는 남자 간호사〉

강점	약점
* 성실하고 끈기와 고집이 있음 * 나보다 남을 먼저 생각함 * 책임감이 강함 * 소수의 사람들과 잘 어울림 * 자신이 좋아하는 일에 몰입함	* 1학년 때 전반적인 성적이 좋지 않음 * 전공과목을 좋아하지 않음 * 안되는 일이면 쉽게 포기함 * 소극적인 모습이 있음

기회	위협
* 2학년 내신 성적을 올리면 가능함 * 음악동아리 공구통 활동을 함 * 동아리 활동을 통한 봉사활동이 가능함 * 수능을 치르면 더 좋은 학교에 진학함 * 부모님의 전폭적인 지원이 있음	* 간호학과 커트라인이 높음 * 수능 공부를 함께 할 친구가 없음 * 기초가 없어 수능 준비가 두려움 * 음악을 너무 좋아해서 공부할 시간 빼앗길까 두려움

〈한국에서 최고의 보일러 기능장〉

강점	약점
* 성실하고 끈기가 있음 * 다양한 활동을 통한 단체활동이 가능 * 정교한 동작이 능숙함 * 분석적 사고와 자기관리가 철저함 * 자신의 일에 대한 고집이 있음	* 국영수 관련 인문과목 관심부족 * 인문과목에 대한 두려움 * 결과에 대한 승복보다 변명이 강함 * 책임감 부족

기회	위협
* 교내 기능영재반 운영 * 서울 및 기능경기대회 참가 기회 * 노원구 내 직업전문학교 운영 * 기능 영재반의 전폭적인 지원	* 부모님의 대학진학 성화 * 인덕대학 기계과에 들어갈 성적이 안 됨 * 고졸 취업에 대한 두려움

🏃 삶에 반응하기

▶ 전략맵 구성하기

- [활동지 3]의 (1)번 문항 '자신의 꿈을 이루기 위해 필요한 전략'을 함께 생각한다. 자신에게 필요한 영역 3가지를 동그라미로 표시하게 한다.

- 'SWOT 분석을 통한 진단' 시간에 정리한 행복한 삶을 살기 위한 자신의 구체적인 꿈을 제일 앞 칸에 적는다. 예) 한국에서 최고의 보일러 기능장

- 다음 세 칸에 자신의 꿈을 이루기 위해 필요한 선택한 3가지 전략 목표를 차례로 나열하고, 다음 칸에 전략 목표를 이루기 위한 장기(2~3년) 실천 계획을 적어 보도록 한다.

- [활동지 4]를 나누어 주고, 각 전략 목표의 1차 전략을 세운 내용 가운데 중요도가 높은 2~3개를 선택해서 두 번째 활동지에 적도록 한다.

- 다음 1차 실행 계획을 이루기 위한 단기(6개월~1년) 실천 계획을 적도록 한다.

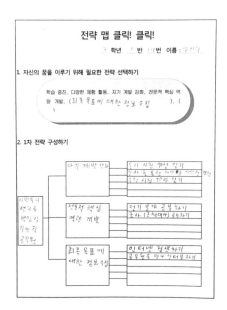
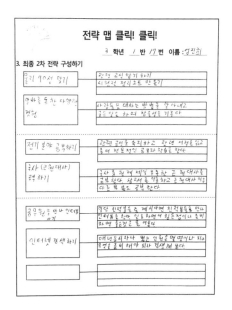

전략맵 예시

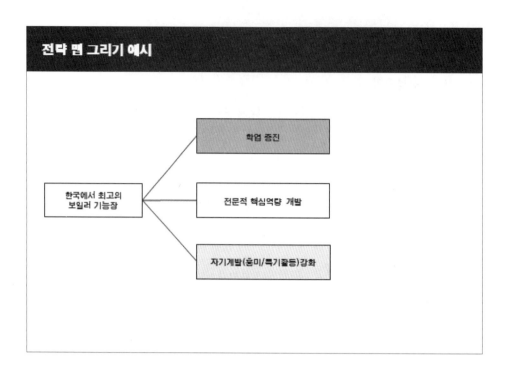

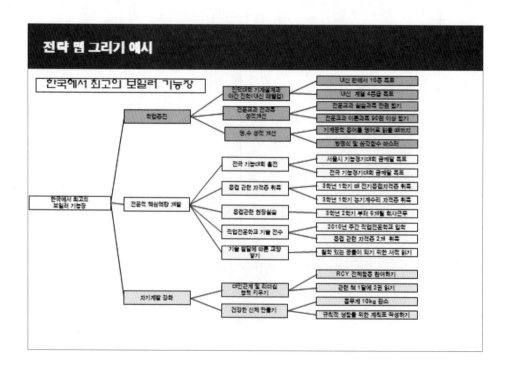

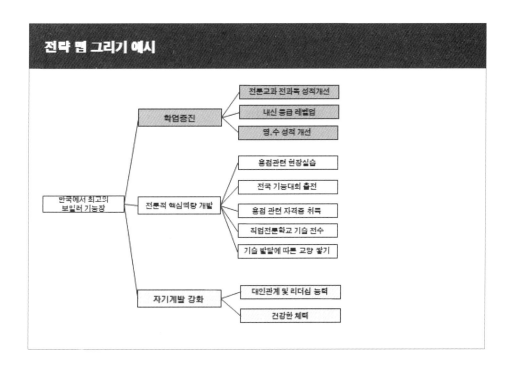

전략 맵 그리기 예시

- 만국에서 최고의 보일러 기능장
  - 학업증진
    - 전문교과 전과목 성적개선
    - 내신 등급 레벨업
    - 영.수 성적 개선
  - 전문적 핵심역량 개발
    - 용접관련 현장실습
    - 전국 기능대회 출전
    - 용접 관련 자격증 취득
    - 직업전문학교 기술 전수
    - 기술 발달에 따른 교양 쌓기
  - 자기계발 강화
    - 대인관계 및 리더십 능력
    - 건강한 체력

┌─ **참고자료**

» 이강은 외(2013), 전환기진로지도 프로그램 운영 매뉴얼, 한국직업능력개발원
» 이강은 외(2012), 클릭! 스마트한 진로네비게이션, 한국교육과정평가원
» 지식채널-e '토스터를 위하여' 편

토스터를 위하여

❖ 〈토스터를 위하여〉 영상을 보고 물음에 답해보자.

1. 남자 주인공이 토스터를 만들기 위해 분해한 제품에서 몇 개의 부품으로 구성되었다고 했나요?

2. 그 중에서 핵심 부품은 몇 개였다고 했나요?

3. 토스터를 분해해서 마주한 400개의 부품처럼, 어떤 직업을 갖고 업무를 수행하기 위해서는 수많은 기본역량이 필요하다. 어떤 역량이 필요할지 모둠별로 토의해보자.

4. 만약, 특정직업을 선택한다면 그 직업에서 요구하는 강철, 운모, 플라스틱, 구리, 니켈과 같은 핵심적인 직무능력이 있을 텐데, 특정직업을 모둠별로 선정해 보고 핵심 직무능력은 무엇이 있을지 이야기 해 보자.

나의 S.W.O.T 탐색하기

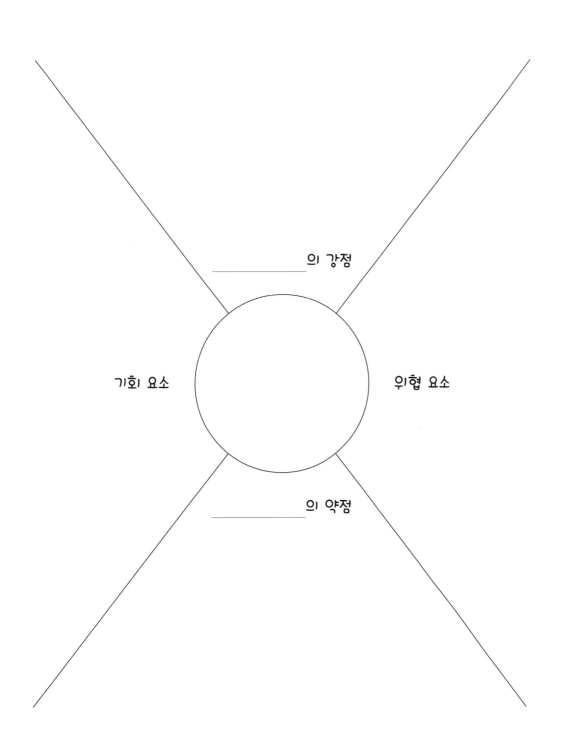

_____ 의 강점

기회 요소

위협 요소

_____ 의 약점

전략 맵 클릭! 클릭!

1. 자신의 꿈을 이루기 위해 필요한 전략 선택하기

> 학습 증진, 다양한 체험 활동, 자기 계발 강화, 전문적 핵심 역량 개발,
>
> (   ), (   )

2. 1차 전략 구성하기

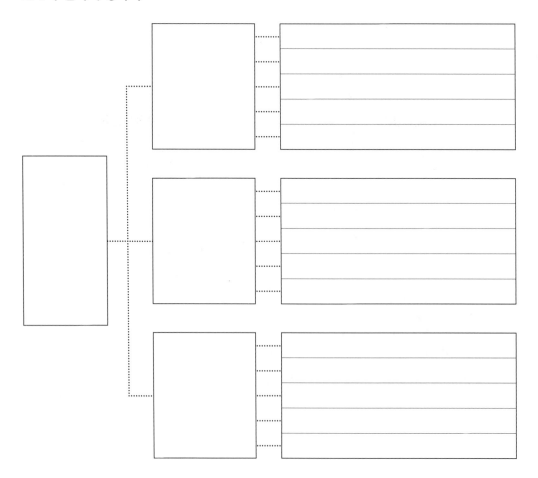

전략 맵 클릭! 클릭!

3. 최종 2차 전략 구성하기

시간을
어떻게 선택할 것인가?

나폴레옹은 '나는 영토를 잃을지 몰라도 결코 시간은 잃지 않을 것이다.'라고 말했고 서양속담에 '시간은 돈이다.'와 같이 시간의 중요성을 이야기 하는 수 많은 이야기를 들어보았을 것이다. 어려서부터 우리 사회는 성공이나 성취라는 명분 아래 주어진 시간을 쪼개고 아껴서 더 많은 일들을 하도록 강요하였다. 결국 우리는 시간 관리를 위해 살아가면서 순간순간 선택의 갈림길에 서게 되고 그때마다 최선의 선택을 하기 위해 고민을 하게 된다. 아침에 눈을 뜨고 친구와 밥을 먹고 학교에서 공부를 하고 저녁에 잠들기까지 끊임없이 선택을 하는 것이다. 일상의 소소한 일에서는 시간관리가 조금 부족하더라도 그것이 큰 영향을 미치지 않지만 자신의 진로와 연관을 맺게 되면서 효율적이고 체계적인 시간관리가 당연하게 필요하다는 것을 알고 있다. 평소에 시간관리 방식에 대해 이해하고 잘못된 습관을 점검할 수 있도록 도와주면서 효율적인 시간관리 방향을 제시해 주는 것이 필요하다. 또한 시간에 대한 개념을 자연스럽게 흘러가는 물리적 시간(크로노스:Cronos)을 뛰어 넘어 특별한 의미가 부여된 주관적 시간(카이로스:Kairos)으로 인식하여 자신의 소중한 시간을 의미 있게 활용하는 자세를 갖도록 돕는다.

학습 목표

1. **지식 (이해)** : 평소 시간 관리 모습을 돌아보며 앞으로의 시간 사용 계획을 세워보고 스스로 부족한 부분을 이해한다.
2. **기능 (활동)** : 물리적 시간과 주관적 시간의 차이를 알고 주관적 시간에 의미를 부여해 본다.
3. **태도 (실천)** : 자신만의 특별한 의미가 부여된 주관적 시간(카이로스) 계획표를 통해 효율적으로 시간을 관리하고 바른 선택을 하도록 한다.

마음 열기

▶ 평소 시간사용 점검하기

- 평소 1주일 동안의 사용 시간을 최대 30분 단위로 구분하여 [활동지1]을 작성해 본다.
- 1주일 동안의 시간을 기록하고 내일부터 시간사용 계획을 고민하여 본다.
- + 해야 할 시간, - 해야 할 시간을 고민하고 조정한다.
- 조정한 시간을 통해 앞으로의 시간 사용을 계획한다

생각 키우기

▶ 물리적 시간 vs 주관적 시간

- 아침시간의 나의 모습을 돌아보면서 [활동지2]를 통해 물리적 시간과 주관적 시간 개념을 인식한다.
- 둥근 해가 떴습니다. 가사 (둥근 해가 떴습니다. 자리에서 일어나서 제일 먼저 이를 닦자 윗니 아랫니 닦자 세수할 때는 깨끗이 이쪽저쪽 목 닦고 머리 빗고 옷을 입고 거울을 봅니다. 꼭꼭 씹어 밥을 먹고 가방 메고 인사하고 유치원에 갑니다. 씩씩하게 갑니다.)
- 세수할 때는 '깨끗하게', 밥을 먹을 때는 '꼭꼭 씹어서', 유치원에 갈 때는 '씩씩하게'라는 의미를 찾을 수 있다.
- 남녀의 연애할 때 크로노스의 개념으로 접근하면 사귄지 100일, 1년이 의미 있는 날이 되고 카이로스의 개념으로 접근하면 처음으로 만난 장소, 처음으로 손잡은 날이 의미 있는 날이 된다.

- **주관적 시간**

    사람은 누구나 시간을 인식하는 심리학적 시계가 있는데, 자신의 고유 경험을 통해 가치를 부여하는 시간이다. 너무 지루한 일을 하면서 10분의 시간이 1시간처럼 느껴지는가 하면, 반대로 1시간을 해도 너무 재미있고 즐기다보니 10분의 시간이 지나간 것처럼 느껴지게 되는 것이다. 결국 같은 물리적 시간을 지낸다고 하더라도 그것을 주관적으로 보내는 사람에 따라 시간의 흐름이 달라지는 것이다.

- 시간 속에 의미가 부여된 활동을 찾아보면서 의미 있는 시간 사용의 중요성을 깨닫는다.

삶에 반응하기

▶ 나의 학창시절 계획표

- 자신의 꿈을 이루기 위해 재학 중 꼭 해야 할 내용을 포함된 계획을 수립포미래 사회를 살아가야할 주인공으로 가정하여 [활동지3]을 통해 행복한 미래 사회를 맞이할 준비한다.

- 미래 사회의 변화에 적응하기 위해 갖추어야할 역량을 학생들 스스로 뽑아볼 수 있도록 하여 준비하는 마음을 갖는다.

> **Tip**
>
> - 「관계중심 시간경영」에서
>
> **물리적 시간**
> 그리스 말로 Cronos(시계시간)는 노동 시간이며 어떤 생산에 소요되는 것을 기준으로 하여 산업혁명을 계기로 짜여 진 노동 시간 경영이었습니다. 그러니까 Cronos는 어떤 의미에서 '기능적 인간'의 시계에 매인 삶입니다. Cronos는 그냥 흘러가는 시간입니다.
>
> **주관적 시간**
> Kairos(사건 시간)는으로 질적 시간으로 진정한 삶을 추구하는 관계 중심적 질적 향상을 위한 삶의 질(質)의 시간이고 우리의 삶과 인격을 변화시키어 성숙한 인간으로 만드는 질적 시간입니다.

참고자료

» 황병구(2010). "관계중심 시간경영". 코리아닷컴

시간사용 계획 세우기

❖ 자신의 사용시간을 분석하여 낭비시간과 부족시간을 찾아 시간사용계획을 다시 세워보자.

시간＼요일	월	화	수	목	금	토	일
05:00~06:00							
06:00~07:00							
07:00~08:00							
08:00~09:00							
09:00~10:00							
10:00~11:00							
11:00~12:00							
12:00~13:00							
13:00~14:00							
14:00~15:00							
15:00~16:00							
16:00~17:00							
17:00~18:00							
18:00~19:00							
19:00~20:00							
20:00~21:00							
21:00~22:00							
22:00~23:00							
23:00~24:00							
24:00~01:00							
01:00~02:00							
02:00~03:00							
03:00~04:00							
04:00~05:00							

❖ 일주일간의 시간사용 체크하기

활동	사용시간	내일부터 시간사용 계획	
① 공부하는 시간(학교 수업)			
② 공부하는 시간(과외, 학원, 독서)		+ 2시간	
③ 교내 활동 시간(동아리, 봉사)			
④ 교외 활동 시간(등하교, 세면, 이동, 알바)			
⑤ 졸거나 잠자는 시간		- 2시간	
⑥ 밥 먹는 시간			
⑦ 개인 활동 시간(TV, 핸드폰, 컴퓨터, 종교)			
⑧ 친구들 만나는 시간(PC방, 영화, 쇼핑 등)			
합계	168시간	168시간	

물리적 시간 vs 주관적 시간

❖ **아침 시간의 모습을 돌아보자.**

- **물리적 시간** (자연스럽게 흘러가는 시간)

시 간	활 동

- **주관적 시간** (의미가 부여된 시간)

활 동	의 미

참고자료 〈동요 - 둥근 해가 떴습니다〉

둥근 해가 떴습니다. 자리에서 일어나서 제일 먼저 이를 닦자 윗니 아랫니 닦자 세수할 때는 깨끗이 이쪽저쪽 목 닦고 머리 빗고 옷을 입고 거울을 봅니다. 꼭꼭 씹어 밥을 먹고 가방 메고 인사하고 유치원에 갑니다. 씩씩하게 갑니다.

나의 학창시절 계획표

1. 꿈을 이루기 위해 꼭 해야 할 일들을 계획해보자.

나 자신에게 물어보고	스스로 답과 구체적인 이유를 찾아요.
〈좋아하는 직업〉 정말 관심이 있고 하고 싶은 직업이 있다면?	
〈잘 할 수 있는 직업〉 전문적으로 할 수 있는 직업이 있다면?	
〈주변 사람들의 추천 직업〉 내게 어울린다고 말해주는 직업이 있다면?	

2. 위에서 자신이 답한 직업을 하기 위해 학창시절 이루어져야 할 〈SMART한 전략〉을 계획해보자.

> **S** (specific, 구체성) : 나는 정확히 무엇을 달성하고자 하는가?
> **M** (measurable, 측정 가능성) : 목표 달성 여부를 어떻게 판단할 것인가?
> **A** (achievable, 달성 가능성) : 내가 무엇을 어떻게 해낼 수 있는가?
> **R** (realistic, 현실성) : 내가 처한 환경 여건 아래서 가능한가?
> **T** (time-bounded, 한시성) : 언제까지 달성할 것인가?

Specific	- 구체적이어야 한다. - 사실에 근거하여 누구나 이해할 수 있는 구체적인 목표 　〈예〉 토익 점수를 올린다.
Measurable	- 측정할 수 없으면 통제할 수 없다. - 달성정도를 정확하게 정량적/정성적으로 측정 가능한 목표 　〈예〉 매일 두 시간씩 리스닝을 학습한다.
Achievable	- 목표를 달성 가능한 수준에 맞추어야 한다. - 조직전체, 소속 부서, 개인의 사명 및 비전과 관련하여 정확한 목표 　〈예〉 등·하교 시간에 MP3를 이용해서 리스닝을 한다.
Result oriented	- 쓸데없는 일에 시간 낭비하지 말고 성과를 중심으로 생각하라. - 피평가자가 통제 가능하며 수용할 수 있는 내용 및 수준의 목표 　〈예〉 800점에 도달한다.
Time bounded	- 정해진 시간 또는 스케줄 안에서 움직여라. - 환경 및 상황의 변화가 반영된 목표 　〈예〉 3개월 내에 목표 점수에 도달한다.

SMART한 전략

구분	단기 목표	구체적 준비 상항	S	M	A	R	T
1년 후	예) 워드 2급 자격증 취득	예) 워드 2급필기시험 문제집 풀기	V			V	V
3년 후							
5년 후							

❖ 어른이 되어 이루고 싶은 목표들

☐ ....

☐ ....

☐ ....

☐ ....

☐ ....

Pain past is pleasure

나의
상상 인적 네트워크

사회적으로 성공한 사람들을 대상으로 하여, '성공의 비결'에 대해 묻는 미국의 여론 조사 결과, 성공의 한 중요한 요인으로 나타난 것은 바로 '일과 직업에서의 인간관계'이다. 바람직한 인간관계를 맺고 있는 사람들은 주위 사람들의 기대와 사랑을 받으면서 더욱 자신감을 갖게되고, 이렇게 높아진 자신감이 훌륭한 성취를 계속 이루게 해 준다.

반면 인간관계에 실패한 사람들은 주위 사람들의 무관심과 꾸짖음을 받게 된다. 결국 자신에 대한 열등감을 불러 일으키게 된다. 특히 직업세계에서는 여러 사람과 협력해서 일을 하게 되므로 자신의 동료, 상사, 부하직원들과 인간관계가 원만치 않을 경우 직업 수행에 많은 어려움이 따르게 된다. 무조건 다수의 사람들과 잘 어울려야 하는 것이 좋은 것은 아니다. 소수의 사람들과 진실된 관계를 맺고 있는 것도 중요하다. 따라서 이 시간에는 좋은 인간관계 맺는 것에 대해 알아보도록 한다.

📖 학습 목표

1. **지식 (이해)** : 인간관계 및 인적 네트워크가 진로의 중요한 요소임을 알 수 있다.

2. **기능 (활동)** : 사람들과의 좋은관계, 갈등관계를 분석할 수 있다.

3. **태도 (실천)** : 상상 인적네트워크를 통해 진로를 준비할 수 있다.

🪙 마음 열기

▶ **나의 주변 인간관계도**

- [활동지 1]를 나누어 주어, 자신의 주변에 있는 사람들과의 관계도를 그려 본다.

- 먼저, 우리가 만나는 사람들과의 관계를 생각해 보게 한다.

- 활동지 모서리 둥근 원에, 자신이 관계하고 속해 있는 집단의 종류를 자유롭게 쓰게 한다. 예를 들면, 가정, 학교, 교회, 동아리, 학급, 취미, 학원 등과 같은 바운더리를 의미한다.

- 각 집단에서 관계를 맺고 있는 사람들의 이름이나 이니셜을 적는다.

- 그들의 관계에 대해 생각해보고, 다음 종류의 선으로 표시한다.
(좋은관계, 보통관계, 갈등관계, 기타관계)

- 갈등관계에서는 상대방의 이름을 표현하기 어려울 경우, 이니셜이나 도형으로 자신이 알아보기 편한 방법으로 표현하라고 알려준다.

🧭 생각 키우기

▶ **인간관계 분석하기**

- 주변 사람들과의 좋은 관계 및 갈등관계를 분석하며, 원인에 대해 생각해 보는 시간을 갖는다.

- [활동지 2]에 좋은 관계에 있었던 사람과 원인은 무엇인지 적어본다.

- 갈등관계에 있었던 사람과 갈등관계가 된 원인이 무엇인지 적어본다.

- 학생을 넘어서 사회로 진출할수록 전혀 다른 인간관계가 형성됨을 인지시켜 주고, 직장에서는 사무실, 사내모임, 취미활동, 자기계발 모임 등 보다 다양한 사람들을 만나고 지금보다 폭넓은 인간관계를 형성하게 됨을 인지시켜 준다.
- 마지막으로 좋은 관계를 유지하기 위해 노력해야 할 점이 무엇인지 작성토록 한다.
- 그리고, 갈등관계를 개선하기 위해 노력해야 할 점을 작성하도록 한다.

👍 삶에 반응하기

▶ 손으로 그리는 상상 인적 네트워크

- [활동지 3]을 학생들에게 나눠준다.
- 자신이 꿈꾸는 진로과정에서 도움이 될 만한 인물을 떠 올려보고. 앞으로도 만나고 싶은 사람을 자신의 인맥 리스트를 구성해 보도록 한다.
- 상상한 인맥을 통해 무엇을 알고 싶은지 구체적으로 작성하도록 한다.
- 상상 네트워크 프로그램을 진행할 공간(벽)을 확보한다. 벽에 전지를 몇장 붙여 놓는다.
- 학생들에게 포스트 잇, 색인카드 및 싸인펜을 나눠준다.
- 학생들에게 나눠준 색인카드에 자신의 이름과 간단한 소개글을 적게한다. 소개글이 아니라 자신을 표현할 수 있는 키워드를 2~3개씩 적어도 된다. 그리고, 자신이 작성한 인맥리스트에서 만나고 싶은 사람 1인을 선정하여 알고싶은 이유와 함께 적는다.
- 자신이 알릴 수 있는 내용을 적었다면 상상 네트워크의 벽에 골고루 붙이게 한다.
- 3-5명씩 벽쪽으로 이동하여 자신이 알고 싶은 인물을 향해 화살표를 그리게 한다. 가능하면 선 위에 '같은 종목에서 직장을 찾을 것 같음', '동일한 상상리스트를 작성했음' 등과 같이 관계를 정의하는 이야기를 쓰도록 한다.
- 관계도가 다 완성되고 나면 학생들이 자신이 표시한 관계도에 대해서 설명하게 한다.

┌─ **참고자료** ─────────────────────────────┐

» 이강은 외(2013), 전환기 진로지도 프로그램 운영 매뉴얼 ,한국직업능력개발원
» 모떠꿈 매뉴얼

나의 인간관계도를 그려라

※ 좋은관계 ═══   ※ 보통관계 ───

※ 갈등관계 ∧∧∧   ※ 기타관계 자유롭게

나의 인간관계 분석하기

이름	좋은 관계의 원인	좋은관계를 유지하기 위한 노력

- 좋은관계

이름	갈등관계의 원인	갈등관계를 지양하기 위한 노력

- 갈등관계

나의 상상 인적 네트워크

만나고 싶은 인물	만나고 싶은 이유

선택의 힘 06

내 꿈을 이루기 위해서,
난 어떻게 해야 할까?

이번 수업은 최종 마무리하는 단원이다. 지금까지 진로 수업을 통해 배우고 깨달은 것을 표현하고 실천할 수 있도록 동기 부여한다.

한 가지 진로를 선택하는 것은 상실을 선택하는 것임을 깨닫도록 한다. 인생을 살면서 모든 것을 선택하여 살아갈 수 없음을 알고 선택과 집중의 원리에 따라 내 삶 속에서 집중해야 할 것과 포기해야 할 것을 찾아볼 수 있도록 한다.

또한 미래 명함 만들기와 결심 문장 만들기 활동을 통해 지금까지 배운 내용에 대하여 정리하고 표현할 수 있도록 한다. 특히 공언하기는 다른 친구들 앞에서 자기 고백을 하는 것인데, 자기 말이 자기의 삶을 규정할 수 있도록 다지는 일이다.

수업 평가서를 작성하고 이를 토대로 학생들과 지난 수업에 대하여 평가, 반성에 대한 이야기를 나눈다. 앞으로의 더 나은 수업을 위한 제언을 중심으로 풀어가도록 한다.

🎯 학습 목표

1. **지식 (이해)** : 진로 선택의 중요성을 이해한다.

2. **기능 (활동)** : 선택의 결과와 수업을 통해 배우고 느낀 것을 다른 학생들에게 공언할 수 있다.

3. **태도 (실천)** : 나에게 맞는 꿈과 진로를 찾아 선택할 수 있다.

🅱️ 마음 열기

▶ **선택의 중요성**

- 선택의 중요성에 대하여 이야기한다.

- [학습지1]을 통해 선택은 상실을 선택하는 것임을 알 수 있도록 한다.

✏️ 생각 키우기

▶ **내가 원하는 것과 가지고 있는 것**

- 내가 원하는 것과 가지고 있는 것을 [활동지2]에 기록한다.

- 내가 원하지 않는 것과 가지고 있지 않는 것도 기록할 수 있도록 한다.

👍 삶에 반응하기

▶ **결심 문장 만들기**

- 그동안 수업을 통해 배우고 느낀 것을 [활동지3] 결심 문장에 기록한다.

- 모둠 안에서 결심 문장에 기록한 내용을 발표한다.

- 희망 학생들을 선택하여 학급 전체에서 발표하도록 한다

▶ **미래 명함(+결심문장) 만들기**

- 미래 명함을 결심 문장과 함께 만든다.

- 미래 명함에는 자기의 꿈을 기록하고 결심 문장에서는 빈 문장 채우기 활동을 통해 자기 꿈을 이루기 위해 지향하는 가치와 구체적으로 현재에서 노력해야 할 내용을 기록할 수 있도록 한다.

- 미래 명함을 8장 정도 만들도록 한다.

- 미래 명함을 만들고 나서 주변의 친구와 교환하면서 나의 꿈에 대하여 이야기한다.

- 미래 명함을 손을 직접 만들 수 있고, 명함 만들기 프로그램을 통해 컴퓨터로 작업할 수도 있다.

- 미래 명함 중 좋은 내용을 학급 전체에서 발표할 수 있도록 한다.

- 학생들의 발표 내용을 사진이나 동영상으로 기록에 남긴다.

미래 명함 (앞쪽)	**결심 문장** (뒤쪽)
이름 : 직책 : 연락처 : 사진	나는 (　　　　　) 가치를 추구하는 　　　　　(　　　　　)입니다. 나의 미래의 꿈 (　　　)을 이루기 위해 1. _____ 2. _____ 3. _____ 의 노력을 기울일 것입니다. 　　　　20　　년　　월　　일 이름 :　　　　(인)

▶ **수업 평가서**

- 수업 평가서를 배부하고 아이들로부터 기록을 받는다.

┌─ **참고자료** ─────────────────────────
» 이강은 외(2012), "클릭 스마트 진로 네비게이션", 한국교육과정평가원
» 신동열(2013), '소명에 답하다', 스텝스톤
» 김현섭 외(2012), "협동학습 1,2,3", 한국협동학습센터
└──────────────────────────────────────

상실을 선택하라

청년기는 상실감을 연습하는 시기이다. 상실감은 무언가를 잃어버렸다는 느낌이다. 나의 일부가 떨어져 나가 아프고 슬프다는 것이다. 청소년기는 마음만 먹으면 가능하다고 생각했다. 시간도 많고 잠재성도 가득했다. 원하는 대로 만들어지는 것이 자신의 삶이라 생각했다.

그러나 이제는 자신의 한계를 인식하게 된다. 그리고 힘과 역량을 한 곳으로 집중해야 한다. 그러려면 선택해야 한다. 선택이 바로 상실이다. 하나를 선택했기 때문에 다른 하나는 포기해야 한다. 그래서 가질 수 있는 것의 기쁨보다 포기했기에 잃는 슬픔을 더 크게 느끼는 것이다.

원하는 것을 다 가질 수 있다는 환상을 버려야 하는 시기, 내가 가질 수 있는 것이 그리 많지 않다는 것을 받아들이는 시기가 청년의 때이다. 선택의 상실감이 싫어 아예 선택을 하지 않는다거나 모두 다 선택하려는 것은 현실을 부정하는 것이며, 동화적인 세계에 머무는 것이다. 확실히 선택을 하고, 다른 것들과는 모두 이별을 해야 한다.

상실과 친해지는 것이 성숙이다. 포기한 것이 선택한 것보다 더 좋은 것은 아니었을지 생각하며 미련과 허황된 가능성을 품는 것은 어리석은 일이다. 직업 선택은 자신 안에 있는 상실감을 얼마나 잘 다루느냐가 관건이다.

- 신동열(2013), '소명에 답하다'

1. 저자가 '선택은 상실이다'라고 말한 이유는 무엇인가?

2. 선택을 통해 잃어버린 것이 있다면 구체적인 사례를 제시하세요.

3. 내가 선택한 것과 그 선택에 따라 잃어버린 것을 분석하세요.

	선택한 것	그에 따라 잃어버린 것
직업		
친구		
기타		

내가 원하는 것(want)과 가지고 있는 것(have)

❖ 나의 관심 직업 : (   )

	내가 원하는 것	내가 원하지 않는 것
내가 가지고 있는 것		
내가 가지고 있지 않는 것		

결심 문장

❖ **다음의 결심 문장을 완성해 봅시다.**

1. 나는 중학생으로서 (   )한 사람이 되고 싶습니다.

   이번 수업을 통해 내가 깨달은 것은

   (1) _____

   (2) _____

   (3) _____

2. 나는 내 꿈을 이루기 위해 다음과 같은 노력을 기울이겠습니다.

   (1) 나는 _____

   (2) 나는 _____

   (3) 나는 _____

   (4) 나는 _____

   (5) 나는 _____

20   년   월   일

이름 :   (인)

수업 평가서

1. 이번 수업을 통하여 배운 것에 대하여 체크해봅시다.

[생각의 힘]

- 수업 내용에 대한 나의 이해

  매우 이해(5) - 이해(4) - 보통(3) - 일부분 이해 부족(2) - 전반적인 이해 부족(1)

- 수업에 대한 만족도

  매우 만족(5)- 만족(4)- 보통(3) - 일부 불만족(2) - 매우 불만족(1)

[마음의 힘]

- 수업 내용에 대한 나의 이해

  매우 이해(5) - 이해(4) - 보통(3) - 일부분 이해 부족(2) - 전반적인 이해 부족(1)

- 수업에 대한 만족도

  매우 만족(5)- 만족(4)- 보통(3) - 일부 불만족(2) - 매우 불만족(1)

[안목의 힘]

- 수업 내용에 대한 나의 이해

  매우 이해(5) - 이해(4) - 보통(3) - 일부분 이해 부족(2) - 전반적인 이해 부족(1)

- 수업에 대한 만족도

  매우 만족(5)- 만족(4)- 보통(3) - 일부 불만족(2) - 매우 불만족(1)

[선택의 힘]

- 수업 내용에 대한 나의 이해

  매우 이해(5) - 이해(4) - 보통(3) - 일부분 이해 부족(2) - 전반적인 이해 부족(1)

- 수업에 대한 만족도

  매우 만족(5)- 만족(4)- 보통(3) - 일부 불만족(2) - 매우 불만족(1)

2. 수업 방법에 대한 만족도

- 강의 :

- 동영상 :

- 토의 :

- 모둠 활동 :

- 기타 :

3. 이번 수업을 통해 내가 깨달은 것은?

4. 이번 수업에서 아쉬운 부분은?

5. 선생님에게 하고 싶은 말은?

Thinking

⊕

Heart

⊕

Insight

⊕

Selection

저자 소개

김 현 섭

eduhope88@hanmail.net

오랫동안 수업 혁신, 학교혁신 등에 관심을 가지고 다방면에서 활동하고 있습니다. 한국협동학습연구회 대표와 좋은교사운동 좋은학교만들기 위원장, 교육방송 '선생님이 달라졌어요' 수업코치, 동두천양주교육청 수업 코칭 프로그램 헤드 코치, 서울시교육청 혁신학교정책자문위원 등으로 활동하였고 전국 초중등 1정 연수, 수석교사, 교감 연수 강사를 하였습니다. 저서로는 "협동학습 1·2·3"(2012), "수업을 바꾸다"(2013), "사회적 기술"(2014) 등이 있습니다.

김 덕 경

2jmom@hanmail.net

서울 대림중학교 진로상담 교사로 근무하면서 커리어넷 사이버 상담요원, 서울 중학교진로진학상담교사 협의회 고문, 한국협동학습연구회 이사 등 진로 교육, 수업혁신 등에 관심을 가지고 여러 가지 활동을 하고 있습니다. 2013 서울시중학교 진로진학 상담교사 협의회 회장을 역임하였고 서울, 강원 등 중등 1정 연수 강사 등으로 활동하였습니다. "학교장을 위한 중학교 진로교육 운영모델(직업능력개발원)", "진로탐색집중학년제 매뉴얼", "EBS와 함께 하는 진로체험과 포트폴리오" 개발에 참여했습니다.

이 강 은   21frontier@hanmail.net

서울 인덕공업고등학교 교사로서 청소년 진로교육 연구회 '비전코디' 대표로
모임을 이끌고 있으며 진로교육, 청소년 문화 교육에 관심을 가지고 활동을 하고
있습니다. 가나안 농군학교 전임강사, 행복한 학교생활을 위한 교직실무 사이버
연수(EBS), 아이들의 행복한 비전코디네이터 되기 사이버 연수(C 채널 포도나무)
강사로 활동 하였습니다. "전환기 진로 프로그램 교육자료(한국직업능력개발원)",
중학생의 문화 소양 교육자료 "클릭! SMART 진로 네비게이션" (한국교육과정
평가원)을 개발하였고 '세상을 바꾸는 시간 15분' (349회)에 출연하였습니다.

정 연 석   kebs79@hanmail.net

인천 인평자동차정보고 교사로서 국어를 학생들에게 가르치고 있습니다. 청소년
진로교육연구회 코디 국어과 모임 대표로 활동하면서 진로 교육에 관심을 가지고
활동하고 있습니다. '진로가 미래' 원격 연수 강사로 활동하였고 "클릭! SMART
진로 네비게이션" (한국교육과정평가원) 을 개발하였습니다.

백 선 아   tjsdk100@hanmail.net

현재 협동학습센터 소장으로 일하며 다양한 협동학습 교재와 교구개발에 힘쓰고
있습니다. 도덕과 협동학습연구회 대표로서 모임을 이끌고 있으며 각종 협동학습,
도덕과 연수, 사회적 기술 관련 강사로 활발하게 활동하고 있습니다. 저서로는
"신나는 도덕수업1"(2010), "신나는 도덕 수업2"(2011), "사회적 기술"(2014) 등
이 있습니다.

한국협동학습연구회 를 소개합니다.
Korea Cooperative Learning Association

한국협동학습연구회의 비전

협동학습연구회는 협동학습을 통하여 기독교적 교수학습방법을 연구하는 공동체로서 현장 교사들의 실질적인 교실 수업 개선을 위하여 노력하는 기독교사 운동단체입니다.

1. 협동학습을 우리 교실 현장을 변화시킬 수 있는 좋은 대안으로 생각합니다.

2. 기독교적 교수학습방법으로서 협동학습을 연구하고 실천하며, 협동학습에만 머무르지 않고 협동학습을 기반으로 우리 교실을 개혁할 수 있는 대안들을 지속적으로 연구하고 실천합니다.

3. 이론적 연구보다 실천적 연구에 우선적인 관심을 둡니다.

4. 좋은교사운동의 대표적인 전문 모임으로서 기독교사들이 주축이 되어 연구하고 실천하는 모임입니다.

※ 좋은교사운동은 교육을 진리 위에 세워 다음 세대를 책임지고 국민에게 신뢰를 얻는 교직 사회를 만들기 위해 3천 5백여 기독교사들과 15개 기독교사모임이 함께 전개하는 대표적 교육실천운동입니다.

한국협동학습연구회의 활동 내용

1. 정기 연구 모임 운영

· 지역별 정기 모임 격주 운영 (서울, 서울 북부, 경기 남부, 성남, 부천/인천, 전남, 목포, 순천, 논산, 대전, 광주, 공주, 부여, 부산, 울산, 동두천양주, 경주, 대구 모임 등 2015년 3월 현재 18개 지역 모임)
· 교과모임 (국어, 영어, 수학, 사회, 과학, 도덕) 및 초등 모임 운영
· 정기 모임내 수준별 스터디 소모임 운영
· 정기적인 MT 개최 및 회원 간의 친목 도모 활동

2. 정기적인 연수 프로그램 운영

· 협동학습 세미나 개최(기본과정, 심화과정, 전문과정, 교과별 협동학습 세미나 운영)
· 협동학습 및 수업혁신 관련 워크숍 개최
· 협동학습 원격 연수 진행 (에듀니티 행복한연수원)
· 다중지능이론, 학습코칭 등 다양한 수업혁신 관련 연수 프로그램 운영

3. 협동학습 관련 자료 개발 및 보급

· 아이들과 함께 하는 협동학습1, 2 (세미나 자료집, 2002)
· 신나는 도덕 수업 1,2 (중학교 도덕과 수업지도안, 2010-2011)
· 수학×협동 (수학과 협동학습, 2009)
· 쏼라 쏼라 영어 협동학습 (영어과 협동학습, 2008)
· 협동학습 관련 도구 개발 및 보급 (모둠 칠판, 칭찬 스티커, 가방, 사회적 기술센터 등)
· 협동학습 동영상물 제작 (한국교육과정평가원 및 방송대학 TV 방영)
· 협동학습1,2,3 (세미나 자료집, 2012)
· 수업을 바꾸다 (수업혁신 단행본, 2013)
· 사회적 기술 (사회적 기술, 2014)
· 나의 소중한 다이어리 (수업 다이어리, 2014)
· 각종 교과연구 프로젝트 수행 중

한국협동학습연구회 를 소개합니다.
Korea Cooperative Learning Association

4. 전국적인 네트워크 활동 및 대외 활동

· 연 1~2회 전국 단위 모임 개최 및 지역 모임 간의 교류
· 홈페이지 운영(www.cooper.or.kr)
· 페이스북 그룹 운영(https://www.facebook.com/koreacoopers)
· 협동학습연구회 저널 「협동학습」 발간
· 좋은교사운동 전문모임, 좋은교사운동 좋은학교만들기 네트워크 참여
· 다른 수업 관련 단체 및 교과연구 단체와의 긴밀한 협력 관계
· 해외 학교 탐방 및 교류(일본, 싱가포르, 핀란드, 덴마크 등), 국제협동학습학회 가입 활동 중

협동학습연구회의 회원제도

1. 온라인 회원

· 협동학습 및 수업혁신에 관심있는 모든 사람
· 연구회 사이트 회원 가입
· 별도 회비 없음

2. 저널 회원

· 협동학습 저널 및 관련 자료를 정기적으로 받는 사람
· 연구회 주관 행사 안내 혜택
· 월 5,000원 후원금

3. 연구 회원

· 연구회 철학 및 비전에 동의한 사람
· 정기 모임에 직접 나와 활동하는 사람 (기본과정 세미나 이수한 사람)
· 월 10,000원 이상의 후원금

4. 전문위원

· 전문과정 세미나 이수하고 3년 이상 활동한 연구회원 (섬김이 역할)
· 월 20,000원 이상의 후원금

■ 회원 가입 안내

· 연구회 홈페이지(cooper.or.kr)를 통해 CMS 신청하실 수 있습니다.
· 회원 가입 관련 문의 및 신청 : 행정간사 (031-437-1060/eduhope2000@hanmail.net)
· 자세한 지역 모임 및 교과모임 활동은 협동학습연구회 홈페이지를 참고하세요.

 를 소개합니다.

'비전코디'의 사명

청소년 진로교육 연구회 '비전코디'는 진학과 취업지도를 넘어서 평생교육적 측면에서 진로교육 방법을 연구하는 공동체로서 현장 교사들이 1:다수의 진로교육 프로그램이 아닌 1:1 진로교육방법을 공교육에서 풀어내도록 돕고자 노력하는 기독교사 운동단체입니다. 이에 아래와 같은 사명을 가지고 활동합니다.

하나. 이 땅의 청소년들이 하나님께서 창조하신 모습으로 자아를 회복하도록 돕는다.

하나. 이 땅의 청소년들이 하나님이 창조하신 목적에 따라 살아가기 위한 성경적 가치관을 정립하도록 돕는다.

하나. 이 땅의 청소년들이 하나님께서 부여하신 자신을 향한 특별한 재능을 발견하고, 이를 통해 자신의 비전을 계획하고 준비하도록 돕는다.

하나. 이 땅의 청소년들이 사회의 구성원으로서 자신뿐만 아니라 타인도 윈(win)-윈(win) 할 수 있는 비전을 만들어 갈 수 있도록 돕는다.

'비전코디'의 소명

비전코디는 vision + coordinater 의 합성어입니다. 마태복음 13장에 씨 뿌리는 비유를 통해 진로교육의 소명을 발견하였습니다. 길가와 돌밭, 가시떨기의 환경에서 자라난 아이들... 이들에게 자라온 환경보다 자신이 얼마나 소중한 씨앗이었는지를 알게 해 주는 것이 진로교육의 첫 걸음이라는 것을 알게 되었습니다.

(1) 청소년들이 어두운 세상에 소금과 빛의 삶을 살아갈 수 있도록 안내하는 소명을 감당한다.

(2) 청소년들 스스로 자신의 마음 밭을 좋은 땅으로 일굴 수 있도록, 또는 마음 밭을 좋은 땅으로 함께 일구는 멘토로서 소명을 감당한다.

(3) 청소년들이 이 세상의 아픔을 발견하고, 아픔을 치유하는 이 세대의 사람으로 성장시키는 소명을 감당한다.

 를 소개합니다.

'비전코디'의 활동내용

1) 정기적인 연수 프로그램 운영

- '30년을 꿈꾸게 하는 진로교육' 교사 아카데미 개최(여름, 겨울), 10여차례 개최
- 진로교육 관련 워크숍 개최(연 1회)
- 1박2일 학생 진로 캠프 운영

2) 각종 강의 및 캠프운영 활동

- 2011 곤지암 고등학교 NTTP 교사대상 진로연수(15시간) 실시
- 2011 한광중학교 학생대상 진로캠프(1박2일 진행)
- 2012 강서침례교회 학생대상 진로캠프(1박2일 진행)
- 2012 인평자동차정보고등학교 진로캠프(1박2일 진행)
- 2012 용인 어머니 모임 진로연수 실시(10시간)
- 2012 협동학습 연구회 NTTP 교사대상 진로연수 실시(10시간)
- 2013 군포지역 사회복지사 대상 진로연수 실시(10시간)
- 2013 '세상을 바꾸는 시간 15분' 강연
- 2013 도봉성결교회 학생대상 진로캠프(1박2일 진행)
- 2013 인천권역 '전환기 진로프로그램' 학생캠프 진행(1박 2일 진행)
- 2014 제주 한림공업고등학교 진로 캠프 운영(1박 2일 진행)
- 2014 경기도 양주 갈릴리 교회 학생대상 진로캠프(1박2일 진행)
- 2014 경기도 NTTP "역량중심 교과통합 진로지도" 교과연수년 진행(60시간) 등

3) 진로교육 관련 자료개발 및 보급

- 클릭! 내 인생의 진로 네비게이션(한국교육과정평가원)
- 전환기 진로지도 프로그램 운영 매뉴얼(한국직업능력개발원)
- 좋은교사 저널, 청소년 매일성경 등 연재
- 각종 프로젝트 수행중

4) 정기연구모임 운영

· 정기모임 운영(매월 홀수 주 금요일, 서울, 경기, 인천)
· 정기모임 내 분과별 소모임
· 정기적인 MT 운영
· 홈페이지 운영(www.cafe.daum.net/visioncoordi)

청소년 진로교육연구회 '비전코디' 지역모임

· 서울 – 인덕공고, 대표 이강은
· 경기 남부 – 양명고, 대표 임병호
· 인천 – 인평자동차정보고, 대표 정연석

청소년 진로교육 연구회 회원제도

■ 자료회원

진로교육 연구회에서 연구한 자료와 정보를 공유할 수 있는 회원입니다. 자료 준회원은 홈페이지
를 통하여 별도의 회비 없이 누구나 신청할 수 있으며, 자료 정회원의 연회비는 3만원입니다.

■ 연구회원

진로교육연구회의 사명과 활동 방향에 동의하며 정기모임에 직접 참여하는 회원입니다. 연구회
원은 진로교육을 연구, 실천하며 진로교육 관련 자료개발에 참여할 수 있습니다. 또한 강사과정
을 거쳐 다양한 강의활동을 하게 됩니다. 연회비는 10만원입니다.

■ 회비납부 계좌번호 : 농협 302-0226-2107-71   예금주 임종혁

선생님의 협동학습을 응원합니다.

협동학습 시리즈

한국협동학습연구회 지음, 한국협동학습센터 2012

우리나라에서 지난 10여년 동안 협동학습을 전국적으로 보급하는 데 크게 기여하였던 한국협동학습
연구회에서 심혈을 기울여 정리한 협동학습 매뉴얼입니다. 저자들이 교실에서 오랫동안 협동학습을
실천하면서 경험을 바탕으로 정리한 책입니다. 특히 한국적 상황에 맞는 협동학습에 대하여 고민하고
실천하면서 정리한 책입니다. 이 책은 협동학습의 철학, 기본원리, 필요성 등을 이야기하면서 초보
교사도 쉽게 협동학습을 실천할 수 있는 구조 중심 협동학습을 중심으로 정리하고 있습니다.

협동학습 1 : 협동학습 기초 다지기

'왜 협동학습인가'에 대하여 진지하게 고민하면서 협동학습의 필요성과
철학을 제시하고 있습니다. 초보 교사들도 손쉽게 적용할 수 있는 구조
중심 협동학습을 중심으로 소개하고 있습니다.

협동학습 2 : 협동학습으로 수업 디자인하기

협동학습을 실천하기 위해 필요한 수업 디자인의 개념을 살펴보고 구체
적인 수업 디자인 실천 사례들을 소개하였습니다. 다양한 협동학습 모형
들을 제시하면서 한국형 협동학습 모형 만들기, 학교급별 수업 실천 사례 등
다양한 협동학습 수업 실천 사례를 보여주고 있습니다. 협동학습으로 한
단계 내 수업을 업그레이드할 수 있는 비결을 제시합니다.

협동학습 3 : 교실에서 협동학습 실천하기

협동학습을 교실에서 실천해보면 좋은 성과를 거둘 수 있습니다. 하지만
실천 과정에서 예상하지 못한 여러 가지 문제점에 직면하게 됩니다. 협동
학습 실천 과정에서 발생하는 여러 가지 문제점들을 살펴보고 이를 어떻게
극복해야 할지에 대하여 구체적으로 이야기하고 있습니다. 교사의 역할
과 운영, 학습 동기 유발, 사회적 기술 훈련 등의 내용을 담고 있습니다.

아하! 협동학습 협동학습 지침서

GEORGE M. JACOBS 지음, 한국협동학습연구회 옮김, 시그마프레스 2011

이 책은 협동학습 핵심원리에 대한 자세한 설명과 함께 다양한 협동학습 활동이 소개된 1부와 협동학습 실천과정에서 있을 수 있는 다양한 문제 상황에 대한 실제적인 조언들을 소개하는 2부로 구성되어 있습니다. 이런 구성은 협동학습을 이제 막 시작하려는 초보 교사는 물론 힘겹게 교실에서 실천하고 있는 경력 교사 모두에게 도움이 될 것이라 확신합니다.

수업을 바꾸다

김현섭 지음, 한국협동학습센터 2013

수업 혁신이란 무엇일까? 현재 내 수업이 만족스럽다고 생각하는데도 구태여 수업 혁신을 해야 할까? 수업 혁신의 필요성을 인정한다 하더라도 수업 혁신이 쉽지 않은 현실적인 이유는 무엇인가? 수업을 어떠한 관점으로 관찰해야 하는가? 다른 사람의 수업을 돕기 위해서는 어떠한 노력이 필요 한가? 어떠한 수업 혁신 모델을 따라야 하는가? 수업 혁신을 위해서 어떠한 제도적 노력이 필요한가? 수업 혁신에 대하여 고민하는 분들에게 일독을 권합니다.

사회적 기술

김현섭·박준영·백수연·백선아·오정화 지음, 한국협동학습센터, 2014

요즘 공부잘하는 아이들이 대개 싸가지가 없다고 합니다. 이는 학습 능력이 뛰어나지만 사회적 기술이 상대적으로 떨어진다고 달리 표현할 수 있습니다. 더불어 사는 사회에서 꼭 필요한 생존 능력이 사회적 기술입니다. 사회적 기술이란 남을 배려하는 협동기술입니다. 즉, 규칙 세우기, 칭찬하기, 격려 하기, 감정 다루기, 평화적으로 갈등해결하기 등이 대표적인 사회적 기술 입니다. 이 책은 일반 교과 수업 시간 뿐 아니라 재량 수업, 학급 운영 및 생활 지도 등 다양한 방면에서 구체적으로 실천할 수 있는 사회적 기술을 정리하였습니다.

선생님의 협동학습을
응원합니다.

협동학습연구회 저널 **협동학습**

한국협동학습연구회 지음, 한국협동학습센터

매년 2회 발간되는 한국협동학습연구회의 저널입니다. 매 회마다 흥미로운 주제의 "기획기사"와 현장의 선생님들로부터 듣는 교실의 이야기 "현장연구", 현 시대의 교육을 협동의 시선으로 풀어보는 다양한 "특집 기사"들, 협동학습연구회의 활동 이모저모와 전국의 지역모임 소식까지. 생생한 학교의 이야기들을 들어보세요.

나의 소중한 **수업다이어리**

한국협동학습연구회 지음, 한국협동학습센터 2014

나의 소중한 수업 다이어리는 선생님을 위한 수업 일기장으로 "수업 규칙 및 수업 속의 나의 다짐, 플래너, 수업지도안, 수업 자기 체크리스트,수업 성찰 일지, 월별 감사 일기, 수업 관찰 일지 및 수업 나눔 등"으로 구성되어 있습니다.
이 외에도 바로 찾아 활용할 수 있는 "협동학습 활동 30선"과 "사회적 기술"도 소개하고 있어 수업을 계획하고 성찰하시는 선생님들의 든든한 플래너가 될 것입니다.

✂ 수업도구 노하우를 담아 만든 협동학습 교구입니다.

모둠바구니 협동학습을 위한 학습도구함

협동학습을 통한 수업 및 모둠 수업에서 사용할 수 있는 도구들을 한 곳에 모았습니다. 사인펜 12색, 가위, 딱풀, 스카치테이프, 보드마카지우개, 보드마카3색(4개), 포스트잇, 장난감마이크, 도미노칩, 체크리스트 등을 한 바구니에 담았습니다.

사회적기술센터 왕차트 사회적기술센터 칠판

교실에서 사회적 기술 센터 운영을 도와드릴 "사회적 기술 센터" 칠판을 새롭게 선보입니다. 사회적 기술 센터는 학생들에게 필요한 사회적 기술 목록을 정하여 1주~2주 단위로 사회적 기술을 정하여 학생들에게 알리고 실천할 수 있도록 돕는 방식입니다. 사회적 기술 센터를 협동적 학급 운영 방안으로서 꾸준하게 운영하면 좋은 결과를 얻을 수 있습니다.

게시형 사회적기술센터 칠판은 대형 화이트보드로 교실의 빈 공간 어디에나 어울립니다.

부착형 사회적기술센터 칠판은 뒷면에 자석이 부착되어 있어 칠판 한쪽에 쉽게 붙여 사용할 수 있습니다.

스티커 & 모둠판 모둠·개인 스티커와 스티커 모음판

가장 열심히 참여한 개인 혹은 모둠에게는 칭찬스티커를 주세요. 아이들의 적극적인 참여를 동기부여하는데 유용하답니다. 모둠활동의 개인역할별 공간과 모둠전체 공간으로 나누어져 있는 스티커판을 통해 어떤 역할을 하는 사람이 열심히 했는지 쉽게 파악할 수도 있습니다. 함께 스티커를 모으며 협동심을 키우도록 해보세요.

솔라리움 카드 사진카드· 질문카드

솔라리움은 상대방의 이야기를 듣는 좋은 도구입니다. 50장의 사진과 질문을 통해 삶에 대한 이야기를 듣고 마음을 열어 대화할 수 있습니다. 솔라리움 카드는 한국대학생 선교회(CCC)가 제작한 카드 도구로서, 구체적인 이미지를 선택해 이야기를 시작하고, 말을 이어나갈 수 있도록 돕는 훌륭한 도구입니다. 사진카드 50장과 질문카드 1장으로 구성되어 있으며 예쁜 틴케이스에 담겨 있습니다.

선생님의 협동학습을
응원합니다.

모둠칠판 I 아크릴 모둠칠판

가볍게 들고 다니면서 모둠활동시에 발표를 하는 도구로 사용하기에
적절한 모둠칠판입니다. 모든 학교 칠판에 잘 붙는 재질이며 가끔
세제로 닦아주면 새 것처럼 사용하실 수 있어 교실현장에서 가장
사랑받는 교구 입니다. 40x30cm와 50x40cm 두가지 크기로
만나실 수 있습니다.

모둠칠판 II 고급화이트보드판 & OX판

교실 현장에서 가장 사랑받는 "모둠칠판"이 새롭게 탄생했습니다.
고급화이트보드판 재질로 스크래치 걱정없이 부드럽게 잘 써지고
잘 지워지며, 내구성이 뛰어나 반영구적 사용 가능합니다. 튼튼한
자석부착으로 절대 흘러내리거나 떨어지지 않습니다. 디자인,
안전성, 무게까지 고려한 친환경 포맥스재질의 뒷판 라운딩 처리로
예쁘고~ 안전하게~ ○×판 활용까지~ 모둠 활동은 물론, 골든벨
칠판으로도 활용도 짱!! 40x30cm와 50x40cm 두가지 크기로
만나실 수 있습니다.

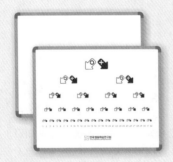

모둠칠판 III 아크릴 모둠칠판 & OX판

알루미늄테두리와 라운딩 코너로 내구성, 안전성 강화한 새로운
아크릴 칠판입니다. 기존 모둠칠판(대,소)의 중간 사이즈(45cm x
35cm)로 활용도도 높이고 초강력 자석을 테두리 안에 삽입해서
뒷면까지 깔끔한 디자인으로 선보입니다. 뒷면의 OX퀴즈판으로
모둠 활동을 더욱 재미있게~ 골든벨용으로 강력추천합니다,

www.cooper.or.kr 에서 더욱 많은 교구들을 만나보세요!

한국협동학습연구회 **mall**
Korea Cooperative Learning Association

 www.cooper.or.kr 온라인 주문
회원가입 후, 필요하신 물품을 장바구니에 담아
결제해주세요. (선불제 카드, 계좌이체)

 031-437-1060 전화주문
전화로 주문내역 말씀해주시면 끝~

 070-4201-1060 팩스주문
주문서(주문내역, 주문자, 연락처, 주소 기재), 사업자등록증사본(고유번호증
사본)을 팩스로 보내주시고, 확인 전화(031-437-1060) 주세요. (후불제)

 eduhope2000@hanmail.net 이메일주문
시간 제약없이 24시간 언제든 주문 오케이~~

 학교예산으로
구입하시려면..?

 **1** STEP
전화, 팩스, 이메일로 주문해주세요.
(주문내역, 주문자, 연락처, 주소 기재)

 2 STEP
031-437-1060 으로
확인 전화 주세요.

 **3** STEP
물품과 함께 거래내역 확인 후, 입금해주세요.
세금계산서, 행정서류등을 발급해드립니다.

발행일 · 2014년 8월 5일

저　자 · 김현섭 · 김덕경 · 이강은 · 정연석 · 백선아
발행인 · 최두진
출판인 · 김현섭
기　획 · 김현섭 이강은

편　집 · Mus.
인　쇄 · 중앙문화사

발행처 · 한국협동학습센터
주　소 · 경기도 군포시 대야1로 13 대야빌딩 301호
전　화 · 031-437-1060
전자우편 · eduhope2000@hanmail.net
홈페이지 · 한국협동학습연구회(www.cooper.or.kr)
　　　　　　진로교육연구회 비전코디(http://cafe.daum.net/visioncoordi)

가　격 · 16,000원
ISBN · 979-11-85122-02-1